LES PREMIÈRES
REPRÉSENTATIONS
CÉLÈBRES

LAGNY. — IMPRIMERIE DE A. VARIGAULT

CHARLES MONSELET

LES PREMIÈRES
REPRÉSENTATIONS
CÉLÈBRES

NOUVELLE ÉDITION

PARIS

DEGORCE-CADOT, ÉDITEUR

37, RUE SERPENTE, 37

Tous droits réservés

LES PREMIÈRES
REPRÉSENTATIONS CÉLÈBRES

PORTE SAINT-MARTIN

William Shakspeare, drame en six actes, par M. Ferdinand Dugué.
(Mai 1857.)

Propriétaire d'une étendue assez considérable de terrains dans la Beauce, marié, jeune encore, estimé de tout le monde, M. Ferdinand Dugué peut passer pour un homme heureux. Ajoutez à cela qu'il passe aussi pour un homme littéraire, — aux yeux de quelques personnes du moins.

Il y avait quelque temps que M. Dugué n'avait fait des siennes; on pouvait croire, à son silence, que sa commode était vidée. — Cette commode est une légende bien connue dans le monde dramatique ; nous allons vous la redire, si vous le voulez bien.

M. Ferdinand Dugué écrit depuis le berceau ; son premier livre fut imprimé à seize ans, son premier drame fut représenté à dix-sept. A cette époque, il entassait manuscrits sur manuscrits, si bien que force lui fut, pour les loger, d'acheter une commode. C'était une belle commode en acajou, à trois tiroirs, à fermoirs de cuivre. M. Ferdinand Dugué n'eut plus qu'une préoccupation, celle de remplir cette commode.

Il consacra plusieurs années à ce soin. Enfin, un beau jour, la commode se trouva pleine! Alors, M. Ferdinand Dugué se reposa.

La commode était, d'ailleurs, parfaitement disposée : il y avait le tiroir des drames en vers, le tiroir des drames en prose et le tiroir des comédies. Un directeur se présentait-il : « De quel tiroir voulez-vous? » lui demandait M. Dugué. — Il y a eu des tiroirs heureux et des tiroirs malheureux. Le tiroir funeste entre tous était celui qui contenait *les Pharaons*. Dans le tiroir heureux, il y avait *le Béarnais*, *la Misère* et *Salvator Rosa*.

M. Ferdinand Dugué a, comme on voit, l'audace des sujets. Prompt au travail, affligé d'une facilité d'exécution qui n'est ni la verve ni l'expérience, prenant le mouvement pour l'action, il est de ceux qui croient qu'un titre est la moitié d'un succès. Depuis hier, il doit être détrompé.

Son *Shakspeare* est en carton. Les costumes sont beaux ; il y a un décor qui représente le vieux Londres. C'est tout. La pièce est divisée en trois parties distinctes : l'amour de Shakspeare pour la comédienne Olivia, ses retours étranges vers sa femme et ses deux filles, et son dévouement au comte d'Essex. Ces trois éléments ont fourni un drame sans intérêt, sans sympathie, une lanterne magique d'une couleur vulgaire, avec des verres empruntés à *Marie Tudor*. L'imprévu fait défaut tout le long des six actes; et le dénoûment, moitié hache et moitié poison, se contente de parler aux yeux, ne pouvant parler au cœur.

Nous ne sommes pas de ceux qui défendent de toucher à Shakspeare. Selon nous, les priviléges du drame sont illimités : tout et tous lui appartiennent. Mais au moins faut-il que ce soient des mains sacrées et puissantes qui touchent à de certains noms. L'admiration et la bonne volonté ne suffisent pas pour dire au demi-dieu de la vieille Angleterre : « Lève-toi et revis! » On ne le traite pas comme un mannequin romantique; on ne le fait pas parler, crier et se démener comme *André le Mineur* ou les personnages de *la Prière des Naufragés;* on ne le traîne pas à travers une action oiseuse; on n'a pas le droit de tomber avec Shakspeare, enfin!

De la bonne volonté, de l'admiration; eh bien! après? Oui, vous avez le culte de Victor Hugo; oui, vous admirez les drames d'Alexandre Dumas; oui, votre esprit est ouvert aux choses belles et grandes. Mais après! après! Vous étiez né pour faire un excellent spectateur, la portion saine et généreuse du public, celle qui est avide, qui se passionne et chez qui l'idée du poëte pénètre en souveraine. Mais de ce que vous êtes une intelligence, vous avez conclu que vous pouviez être une force. Vous vous êtes trompé. Vous n'êtes qu'un littérateur de convention et de réminiscences; vous n'avez ni la vraie *ficelle* ni le vrai lyrisme. Ce n'est pas tout d'aimer, d'adorer son art, il faut le dominer.

A quoi cela sert-il donc de prendre une plume et de s'adresser à son époque, pour ne lui apporter aucune formule nouvelle, aucune idée même rajeunie? A quoi cela sert-il de s'emparer du porte-voix du théâtre pour crier au public ce que les autres ont dit avant vous et mieux que vous? Où sont vos scènes capitales? où est votre caractère original ou énergique? où est votre intrigue ingénieuse? Qu'est-ce que veut votre œuvre et à qui s'adresse-t-elle enfin? A la foule ou aux lettrés? Mais comment voulez-vous que la foule s'intéresse à un héros qui n'est pas même encore admis par tous les lettrés, à commencer par M. Ponsard, le railleur d'*Hamlet* en plein Institut! N'êtes-vous au contraire qu'un industriel, et ne cherchez-vous qu'à gagner de l'argent par le moyen de l'art dramatique? Alors, laissez en repos Shakspeare, qui n'est qu'un médiocre balancier de monnaie, et dont les bonnes gens et les voyous du boulevard ne sauront de longtemps prononcer le nom.

M. Mélingue s'est métamorphosé en Shakspeare, comme il se métamorphosera demain en Dante, en Voltaire, en Jean-Jacques Rousseau, pour peu que le caprice en passe par la tête imprudente de M. Ferdinand Dugué. Il a été ce que peut être un comédien nerveux aux prises avec un rôle impossible. Distingué? l'auteur n'a pas voulu. Attendri? il avait à se débattre au milieu de sentiments sans franchise. Emporté? on ne lui a donné que deux ou trois caricatures de lords à balayer du vent de son épée. Pour aiguiser ce mélodrame flasque comme une souquenille, M. Mélingue a dû faire appel à ses anciens rôles : il s'est déhanché comme d'Artagnan, il a ricané comme Lorin, il a raidi parallèlement ses deux poings vers la salle, il a fait tourner ses bras tout autour de sa tête, il a pris la pose de son *histrion*, cette statuette ; et, s'il n'a pas sauvé ce drame que rien ni personne ne pouvait sauver, il l'a mené du moins jusqu'à la fin, ce qui n'est pas un médiocre mérite, et ce qui valait bien la salve d'applaudissements qui l'a accueilli à son retour.

M. Pineux, — en littérature Alexandre Duval, — avait déjà fait un *Shakspeare amoureux*, en un acte, et qui n'a d'autre valeur que celle d'un proverbe. Cela aurait pu et dû s'appeler *Florval amoureux*; mais M. Pineux a mieux aimé *Shakspeare*, parce que depuis longtemps M. Pineux s'était réservé le monopole dramatique des Trois-Royaumes, comme en font foi son *Edouard en Écosse* et sa *Jeunesse de Henri V*.

VAUDEVILLE

Dalila, drame en trois actes et en six tableaux, par M. Octave Feuillet. (Mai 1857.)

Dalila fait partie de deux volumes de proverbes publiés par M. Octave Feuillet; quelques arrangements ont suffi pour la transporter à la scène. Comme dans tout le répertoire de cet auteur, le sentiment artistique y est sacrifié au triomphe de l'idée et de la vie bourgeoise. *Dalila* est l'histoire d'un compositeur lâche, odieux, méprisable, hésitant, qui fuit *la paix et le charme du foyer* pour suivre une fort belle princesse, malheureusement doublée de courtisane. Il cause la mort d'une jeune fille par son abandon, et, en ce qui le concerne, il ne tarde pas de voir sa verve s'user dans les fièvres de la passion autant que dans les dissipations somptueuses. Bref, il finit par expirer sur un chemin d'Italie.

Si nous avons compris le livre à la lecture et la pièce à la représentation, la moralité de *Dalila* est qu'une vie de désordre est toujours préjudiciable au talent d'un artiste ; que les grandes œuvres naissent surtout dans les milieux tempérés et légaux, au *coin du foyer*, au sein de la famille, — et qu'il est très-dangereux d'aller chercher ses inspirations dans les palais de marbre où se donnent des fêtes magnifiques, parmi des femmes admirables et couvertes de pierreries fines.

L'opinion de M. Octave Feuillet n'est pas la nôtre; et nous croyons qu'il a tort de vouloir ériger son tempérament en système. De ce qu'il craint de se casser le cou en cherchant à gravir le mont Blanc, il n'a pas le droit d'empêcher de plus braves que lui d'y monter. Déjà dans *le Village*, nous l'avions entendu s'écrier : « N'allez pas au bord du Gange, restez à Saint-Sauveur! » Aujourd'hui il met des artistes à la scène, et s'il n'ose pas absolument répéter le mot de la servante d'auberge : « Serrez les couverts! » du moins ne se gêne-t-il pas pour dire : « Serrez vos filles! serrez votre honneur! » Des trois musiciens qu'il a rassemblés, l'un, Sertorius, est un benêt qui tire sa gloire d'une infirmité, et qui remercie le ciel tous les jours de l'avoir fait timide; l'autre, le chevalier Carnioli, est une caricature; le troisième est un polisson. C'est le héros. Avec ces trois hommes, M. Octave Feuillet a essayé de prouver quelque chose, moins que rien, le ridicule et l'immoralité des artistes.

Tout est faux dans cette pièce. *Dalila* appelait un Samson, cela venait de source. Où est le Samson? Dans quelle sombre forêt de cheveux vont faucher, en zigzaguant, ces grands ciseaux préparés? Quelle force étonnante et terrible vont-ils anéantir? Nous ne voyons qu'un jeune homme élégant et doux, même dans les scènes de jalousie qui veulent des gants froissés et la musique dans le lointain. Dalila peut se rassurer : elle ne coupera, ce soir, qu'une perruque.

Dalila fait le procès à tous les hommes d'inspiration qui *désertent le foyer*. Mon Dieu! que Rossini, dans sa puissance et dans sa jeunesse, eût donc ri de votre foyer, lui dont la vie n'a été qu'éclat, plaisir, tumulte! Votre foyer, essayez d'y amener les avides de lumière, les hardis, les dominateurs, les abbé Prévost, les Mirabeau, les Balzac! Ils y resteront une heure ou un jour, juste le temps qu'il faut à Prévost pour pleurer sur Manon, à Mirabeau pour enlever Sophie, et à Balzac pour découvrir un drame derrière votre traversin. Ensuite, comme ils reprendront leur course vers la Hollande, vers Paris et vers la Russie!

On ne bâtit pas pour les aigles des guérites de douanier. Il est des hommes à qui d'excessives distractions sont indispensables après d'excessifs travaux. Le galop du cheval de lord Byron, retentissant sur les dalles de Venise, était aussi nécessaire à l'apaisement de l'auteur du *Corsaire*, que l'est sans doute chaque soir une infusion de tilleul à l'auteur de *Dalila*. M. Octave Feuillet aime la vie tranquille et cachée, c'est bien; il peut tout à son aise en célébrer les douceurs, mais sans comparaison, sans raillerie, sans blâme pour ceux qui ont choisi la lutte en public. A défaut de courage, qu'il ait la générosité; et surtout que, dans son orgueilleuse sapience, il ne jette pas toujours son foyer à la tête des gens! *Le foyer!* votre foyer! Mais qui vous en a révélé le premier la poésie, si ce n'est un de ces fainéants et de ces drôles dont vous dénoncez si bellement les mœurs dissolues et la vie extravagante? *La haie en fleur, le petit bois, l'enclos plein de lumière,* les auriez-vous inventés par hasard? Cette chanson qui s'est involontairement gravée dans votre mémoire, vous avez oublié que c'était un pauvre qui la chantait l'autre matin en passant devant votre porte. Votre foyer! Mais vous n'en êtes que les locataires vaniteux et ingrats! Le charme y a été apporté, comme un parfum dans le vent, par ces artistes et par ces écrivains dont vous cherchez à rabaisser les élans. Ces heures si douces, employées à la lecture d'un poëme qui rassemble autour de vous votre famille attentive et émue, alors qu'un voile de pluie s'abat sur nos campagnes, vous les devez à quelqu'un de ces débauchés que vous voulez avilir! Ces stances qui coulent, fortifiantes, en vos veines, ces odes que vous ne pouvez répéter sans un frissonnement d'admiration, ont été composées sur une nappe rougie par une main égarée! Tout à l'heure, les larmes de votre fille tomberont silencieuses sur le piano, et les feuillets qu'elles mouilleront seront l'œuvre d'un homme de désordre et de volupté, d'un fou, de Donizetti! La grâce de vos enfants, le ton parfait et sensé de votre femme, ne sont qu'autant de réminiscences de tant de beaux livres barbouillés par des malheureux dont le nom vous fait crier *shoking!* Ah! ne touchez pas à ces hommes et à ces mémoires! n'approchez pas votre main, gantée ou nue, de ces instruments mystérieux où Dieu a mis un écho de sa voix! Là où vous ne comprenez pas, passez, mais n'insultez pas!

Hélas! il y aura toujours la grande et la petite vue. Sous une treille latine, un homme est là, qui trébuche et qui chante. Quelqu'un passe, dédaigneux, en murmurant : Ivrogne! Un autre le salue et le nomme : Horace.

La manière de M. Octave Feuillet peut être définie en quelques mots : il retourne le style d'Alfred de Musset contre Alfred de Musset lui-même. Il va chercher Fantasio et Perdican au cabaret, il les endoctrine et il les emmène avec lui, non pas au pays où fleurit l'oranger, mais à Saint-Sauveur, où l'on fait de si bonnes confitures. Il engage Lélio, par ses conseils, à troquer son plumet contre un excellent chapeau gibus, qui se plie en voyage et est fort commode.

Après cela, il ne les empêche pas du tout d'emporter avec eux leur provision de poésie et de tabac; au contraire, il est homme à leur offrir en route un cigare bien sec et, au besoin, une tirade du meilleur jet.

Car M. Octave Feuillet est un écrivain d'un talent incontestable; nous n'avons jamais songé à le dissimuler; et voilà ce qui donne de l'autorité à ses funestes paradoxes. Sa phrase exercée, quoique un peu molle, sait s'élever par intervalles à des hauteurs prudemment calculées et emporter avec elle le spectateur sans lui donner le vertige. On dirait qu'il mesure, comme avec un thermomètre, le degré de lyrisme qui convient aux intelligences moyennes.

M. Lafontaine, le comédien de Paris préposé particulièrement aux rôles difficiles, débutait dans *Dalila* par le personnage d'André Roswein. Il a plusieurs fois, dans la soirée, forcé la sympathie par des mouvements imprévus et superbes.

GYMNASE

Les Comédiennes, comédie en quatre actes, par MM. Louis Lurine et Raymond Deslandes. (Mai 1857.)

La physionomie d'une salle de théâtre, le soir d'une première représentation, constitue elle-même un spectacle infiniment curieux. Prenons, par exemple, la première représentation des *Comédiennes* et entrons au Gymnase.

Il est clair que ni vous ni moi n'avons payé notre place, ce soir; les auteurs, dont cette pièce est le va-tout (la dernière pièce d'un auteur est toujours son va-tout), ne l'auraient pas souffert; ils ont jeté deux cents billets dans Paris. Le directeur dont l'habileté va être une fois de plus mise en question, l'acteur qui va hasarder de nouveau sa renommée, l'actrice qui va étaler une robe sans précédents, les mille intéressés du théâtre, ceux dont la vie et l'honneur dépendent d'un succès, se sont distribué la salle. Les journalistes, ces témoins de toutes les chutes et de toutes les apothéoses, forment le reste du public.

— Oh! monsieur! tout est loué! vous répondrait le buraliste avec une solennité indulgente, au cas où votre inexpérience vous pousserait vers lui.

Les *Comédiennes* ne commencent pas le spectacle. Un vaudeville de M. Scribe donne le temps d'ouvrir les portes des loges, d'apporter des petits bancs, de réparer les toilettes. A huit heures, les avant-scène s'emplissent de murmures soyeux, de bruits de fauteuils; des hommes, trop tôt sortis de table, penchent leur figure animée par-dessus quelque épaule enveloppée de cachemire. On ne se gêne pas pour parler haut. A chaque instant, le contrôleur de l'orchestre s'avance et désigne les places aux arrivants : — Le numéro 33, quatrième rang, au milieu ! — Le 67, dans ce coin!

Voici les zélés : un pince-nez se montre, précédant un personnage de petite taille, M. Jules de Prémaray, l'homme d'esprit de *la Patrie;* il est suivi par M. d'Avrigny, qui représente *l'Assemblée nationale.* M. Jouvin, dont la myopie a fait oublier celle de M. Paul Foucher, se heurte à tout le monde en cherchant sa stalle, et fait ses excuses à son beau-père qu'il ne reconnaît pas. Un peu raide, mais souriant et vêtu avec recherche, c'est M. de Calonne, un grand nom à la tête de *la Revue contemporaine.* M. Fiorentino est trop vaste pour se contenter d'un fauteuil d'orchestre, il remplit la loge du *Constitutionnel* et sourit débonnairement, en découvrant une double rangée de dents blanches au fond d'une barbe plus noire que l'Érèbe. M. Paul de Saint-Victor, fier et attentif, écoute une jeune dame assise à côté de lui, et qui parle comme un feuilleton après avoir autrefois parlé comme un vaudeville.

On frappe pour *les Comédiennes;* les musiciens sortent de dessous le plancher. A gauche du spectateur, dans une loge de rez-de-chaussée donnant sur la scène, une figure brune et soucieuse apparaît derrière un grillage qui restera clos toute la soirée, c'est M. Montigny, le directeur : il va suivre de là ses pensionnaires; sombre et boutonné, avec des moustaches épaisses, le sourcil dur, on le prendrait pour un ancien militaire. Ses regards interrogent la salle; il n'écoute pas l'ouverture.

Le premier acte s'encadre dans un site champêtre, Asnières ou Bougival ; de jeunes messieurs ont amené une carrossée d'actrices en volants, en rubans, en chapeaux de paille, avec un grand bagage d'ombrelles, de bouquets, de lignes à pêcher. Au milieu de ces évaporés et de ces évaporées se détache la figure un peu sérieuse de Fernande, comédienne de genre, jolie femme comme les autres, et qui joue indifféremment avec l'affection bruyante d'un épais marchand de soieries de Lyon. Son cœur n'attend pour s'éveiller que l'apparition du bel inconnu qui ne fait jamais défaut aux comédies sur l'herbe. Celui-ci se nomme Maurice, et ce n'est pas sa faute s'il ressemble à l'Armand Duval de *la Dame aux Camélias.* Il commence par éviter mademoiselle Fernande, qu'il redoute d'aimer; il refuse de la reconnaître, il se fait prier pour lui donner le bras, et puis, ma foi, au diable les craintes et les scrupules ! « Je t'aime! tu m'aimes! » La pièce est lancée ; c'est le moment d'arrêter le premier acte.

M. Montigny paraît content. Quelques journalistes retardataires arrivent; M. de Biéville se fait raconter le commencement par son frère, M. Fernand Desnoyers. Du reste, on ne se rend pas encore au foyer; ce n'est pas l'usage après un premier acte; on n'a pas eu le temps de se former une opinion sur la pièce. La plupart des spectateurs de l'orchestre, debout et tournant le dos à la rampe, élèvent leurs lorgnettes vers les galeries ou les dardent au fond des baignoires ténébreuses. Quelques bourrus se concentrent dans la quatrième page de *la Presse*, d'autres, tout étonnés, se surprennent à lire *l'Entr'acte*, en s'apercevant qu'il est écrit maintenant par M. Albéric Second. Un bruissement d'éventails remplit la salle.

Au deuxième acte, la comédienne est chez elle, et naturellement Maurice est chez la comédienne. Ils murmurent ensemble les premières strophes d'un poëme d'amour qui doit durer toute la vie. Mais on sonne. « On sonne toujours ici! » remarque Maurice. C'est le marchand de soieries de Lyon, qui roule, qui s'égaye et qui apporte un châle sans facture.

On sonne encore. C'est un jeune fat qui vient acheter des billets de bal de l'Association des artistes à mademoiselle Fernande, dame patronnesse. On sonne. Ce sont des fleurs et des déclarations. Ennuyé de ce carillon (passe pour la sonnette du théâtre, mais tant de sonnettes dans la vie privée!), Maurice ne trouve rien de plus ingénieux, pour le faire cesser, que d'offrir son nom et sa main à Fernande.

« Il serait possible ? » s'écrie-t-elle. « Il est possible, » répond-il, pendant que le rideau descend lentement sur la scène.

— Ce n'est pas mal, se décide à dire Darthenay, cet audacieux, en gagnant le foyer où, cette fois, les impressions de la critique vont se produire, à titre d'essai. — Un peu maigre d'action, lui répond à l'oreille Achille Denis. — De jolis mots! de jolis mots! répète Léon Gozlan, devenu depuis deux mois le très-urbain et très-original feuilletoniste du *Pays*.

Il faut monter deux étages pour arriver au foyer du Gymnase. On se rencontre. D'habitude, les financiers, les gens du monde et généralement ceux qui tiennent un rang élevé se contentent d'ouvrir leur loge et de distribuer, sur le seuil, leurs poignées de main. Il en est qui se hasardent jusque dans le couloir. Quant au foyer, ni hommes, ni femmes, tous journalistes, les quotidiens, les bi-hebdomadaires, les hebdomadaires, les mensuels, *le Tintamarre* et *la Revue des Deux Mondes*, cohue, poignées de main, brouhaha, intérêts, défiances, promesses, jugements contenus, mots d'ordre pris et oubliés, recommandations et présentations, des rires, quelquefois des colères, un mot préparé et qui avorte, un mot involontaire et qui fait fortune, les regrets et les comparaisons, le comédien qu'on invente et celui qu'on enterre, la figurante d'hier dont on fait le premier sujet de demain! Au foyer, on discute le mérite des *Comédiennes* et la valeur des deux auteurs. On estime que M. Raymond Deslandes est un jeune homme distingué, actif et obséquieux; mais les plus sérieux éloges sont réservés pour M. Louis Lurine.

On se rappelle ses débuts très-brillants dans le feuilleton du *Courrier français*, où il était le roi de la nouvelle, concurremment avec M. Marie Aycard et M. Eugène Guinot. Les gens qui se piquent d'avoir la mémoire des succès évoquent le souvenir de deux actes spirituels écrits avec la collaboration de M. Félix Solar, *le Boudoir*, joué à la Comédie-Française, et *Madame Basile*, l'épisode délicieux des *Confessions* transplanté au Vaudeville. On se plaît à répéter que M. Lurine fut un moment collaborateur de Charles Nodier, et l'on est heureux de voir enfin cet érudit et ce délicat retourner au théâtre, trop envahi par les gens d'optique et de patois.

— Et puis, dans ce domaine des mœurs galantes, il n'est pas le dernier venu, objecte avec raison M. le marquis de Belloy; *le Treizième Arrondissement* a sa date avant *les Filles de marbre* et *le Mariage d'Olympe*. — Pourquoi ne pas citer également *Ici l'on aime*, un livre qui s'est tant vendu sous le paletot? ajoute M. Xavier Aubryet. — Bref, il est décidé que la pièce sera soutenue, qu'elle a des parties exquises, qu'elle sent son auteur de race. Les correspondants de journaux étrangers, du *Nord* et de *l'Indépendance belge*, consignent cette réussite sur une feuille de leur carnet, qu'ils déchirent et jettent par la fenêtre, où un homme est aposté, avec mission de courir au chemin de fer.

Le troisième acte des *Comédiennes* commence par une scène bien trouvée : la vente aux enchères du mobilier de Fernande. C'est à se croire rue Trudon, chez mademoiselle Rachel. A combien le bracelet? à combien les dentelles? à combien ces miraculeuses robes de Déjanire? Le marchand de soieries de Lyon achète tout, en pleurant. Les robes parties et le dédit payé au directeur, Maurice surprend un regret dans les yeux de Fernande. Elle a sur sa toilette le manuscrit d'une pièce *due à la plume d'un de nos meilleurs écrivains*, et dont le principal rôle lui était destiné; il y avait là des effets nouveaux, une occasion éclatante de faire consacrer son talent : Fernande s'arrête à cette idée, et rêve. Allons! allons! Maurice n'épousera pas Fernande; il s'arme de résolution, il ne lui dit même pas adieu, il part, il est parti.

Ordinairement, à cette heure-ci, — il est onze heures, — quelques défections se déclarent parmi les critiques casaniers, les mariés ou ceux qui demeurent à Bercy, comme M. Édouard Thierry. Un gros homme, qui ressemble à un prélat, les yeux assoupis, la chevelure blanche et riante, descend avec peine l'escalier des premières galeries; avez-vous reconnu M. Jules Janin? Il va jouer aux dominos, et il rentrera chez lui parlant latin et se moquant de sa goutte. Pendant ce temps-là, les acharnés retournent au foyer; ils passent les acteurs en revue. — Geoffroy est toujours le même. — Qu'importe, pourvu qu'il soit toujours amusant! — Lesueur est, avec Got, l'homme qui réussit le mieux les silhouettes; il est parfait dans ce rôle de musicien piteux et passionné. — Les actrices? mademoiselle Victoria? mademoiselle Delaporte? Point d'autorité encore, mais de l'intelligence et des yeux à tout brûler.

Pan! pan! pan! Mademoiselle Fernande est dans sa loge; on l'habille. Six mois se sont passés depuis le départ de Maurice. Il s'est marié avec une demoiselle de province, et ce soir-là précisément il est venu au spectacle avec elle, tranquillement, dans une bonne avant-scène. Dès que Fernande les aperçoit, elle ne veut plus jouer, elle arrache son collier, elle défait ses boucles d'oreille, elle piétine sur son écharpe, et, sanglotant, elle cache sa tête entre ses mains. Il s'agit cependant de lui faire entendre raison. Maurice d'un côté, le marchand de soieries de l'autre, se chargent de ce soin. La pauvre comédienne les écoute, et, résignée, elle retourne tristement à son art.

Ce dénoûment est touchant et simple. Il a ému. M. Montigny rayonnait derrière son grillage. En fait, la pièce de MM. Louis Lurine et Raymond Deslandes a des qualités incisives; elle veut être moderne à tout prix, et pour cela elle ramasse en son chemin des historiettes qui n'ont que le tort d'avoir servi à beaucoup de gens. Ainsi, l'homme à la blouse qui écrit à l'actrice : « Levez les yeux quand vous entrerez en scène, vous me reconnaîtrez à mes jambes qui pendront en dehors de la troisième galerie. » Ainsi le collégien : « Mademoiselle, soyez jeudi à votre fenêtre, à trois heures; je passerai à la tête de ma pension. » Les petits journaux ont usé ces anecdotes. Il y a encore l'épisode de la guitare, qui nous a fait l'effet d'une dissonance : mademoiselle Fernande raconte qu'elle a autrefois chanté dans les cafés et sur la voie publique. Elle ne veut pas se séparer de sa guitare, elle lui a donné la place d'honneur dans sa chambre.

GAITÉ

Reprise d'*Antony*, drame en cinq actes, par M. Alexandre Dumas.
(Juin 1857.)

L'Auberge des Adrets a failli être un drame sérieux; *Antony* a failli devenir une parodie. L'œuvre de M. Alexandre Dumas a résisté cependant, à cause de la passion sincère qui est en elle. Il se peut que ce soit un monstre au point de vue de l'habileté dramatique; mais il reste un type et des cris qui caractérisent une époque et des sensations. Le personnage d'Antony est le produit révolté de l'hébétement qui suivit la catastrophe impériale, hébétement qui a été si admirablement décrit dans les premières pages de la *Confession d'un enfant du siècle*.

Il est évident que la jeunesse étouffait sous le ciel sans horizon de la Restauration, et qu'elle se rattachait à tout ce qu'on voulait lui faire oublier : aux colères de Jean-Jacques Rousseau, aux mélancolies de Werther, à l'ironie de Voltaire. Ce fut alors qu'on inventa le *malaise*. La maladie trouvée, on s'ingénia non pas à en chercher le remède, mais à en étudier les divers accidents, et l'on prit à cela *un âcre plaisir*. Le dernier mot de cette étude a été dit par l'*Antony* de M. Alexandre Dumas.

Rien de plus simple ne pouvait germer sous le chapeau tromblon d'un jeune-France : un inconnu a demandé la main d'une demoiselle, on la lui a refusée parce qu'il n'avait qu'un **nom** de baptême à lui offrir. Cette jeune fille est devenue la femme du colonel d'Hervey. L'inconnu, ou Antony, dont le devoir était certainement de se retirer et de se faire oublier, méconnaissant les liens sacrés du mariage, continue de poursuivre de ses assiduités madame d'Hervey, mère de famille. Il ne recule ni devant le rapt, ni devant la violence, et il finit par tourner tellement la tête à cette pauvre femme, qu'il la décide à accepter la mort entre ses bras.

Et tout cela, parce qu'Antony n'a pas *sa place* dans la société !

Au fond, cette donnée ne supporte pas l'analyse. Il y a une scène, au deuxième acte, où l'on entend ces mots : « ADÈLE. On sonne... silence... une visite... — ANTONY. Oh! malédiction sur le monde qui vient me chercher jusqu'ici! » La pièce entière est là.

Malédiction sur le monde!... parce que l'on sonne.

Robert Macaire dit : « Qu'est-ce que la vie? un lampion dont je souffle la mèche! » Antony, la tête inclinée sur l'épaule, dit : « Il est probable que j'arriverai comme les autres, après un certain nombre de pas, au terme d'un voyage dont j'ignore le but, sans avoir deviné si la vie est une plaisanterie bouffonne ou une création sublime. »

Tous les deux se trouvent également déclassés ; tous les deux ont les mêmes désirs, les mêmes ampleurs, les mêmes rancunes, les mêmes effrois : le fantôme du premier est le gendarme, le fantôme du second est le mari.

De ce qu'on lui a pris la femme qu'il aimait, Antony conclut que la vie ne lui réserve plus rien, que toute carrière lui est-fermée, que le monde est stupide et sans cœur, qu'il n'a plus qu'à se promener sombre et pâle dans les bals étincelants, qu'à ricaner devant les couples amoureux, qu'à essayer la lame de son poignard, et qu'à porter sa tête fatale sur l'échafaud, — qu'il appelle encore la Grève. Il a existé en effet des particuliers comme Antony. On n'en voit plus maintenant. Le *malaise* a disparu ; si l'on souffre, l'on sait où et pourquoi. Un *blasé* est introuvable.

Cet *état de l'âme* a été saisi et défini par Alexandre Dumas avec une autorité qu'on ne peut nier ; il l'a exagéré avec une puissance à laquelle le public ne s'attendait pas et n'a pu se soustraire. Sur ce canevas, étrangement naïf, il a semé des traînées de poudre. Toutes les audaces, il les a eues ; toutes les brutalités, il les a jetées comme en défi à la face du parterre ; — et il a réussi, comme tout écrivain passionné risque de réussir en effet.

Ce drame, écrit en grand dédain du mariage, ne se passe guère qu'entre amants et maîtresses. La vicomtesse, Olivier, Eugène, en voilà du demi-monde ! Le mari ne paraît qu'à la chute du rideau.

Eh bien, tel qu'il est, avec ses maladresses, ses ridicules, ses inconvenances grosses comme des maisons, *Antony*, s'il devait être joué aujourd'hui pour la première fois, réussirait encore comme en 1831. On n'a rien pu contre lui, ni *le Constitutionnel*, ni Arnal dans *Une Passion*. On peut en éplucher le dialogue, en railler les *enfer*, les *oh !* les *blasphèmes*, les *Satan*, on n'échappera pas à ce souvenir, à cette figure. Coupable comme morale, mauvaise comme art, cette œuvre n'en porte pas moins, à chacune de ses pages, la marque d'une volonté et d'une énergie hautaines.

Aujourd'hui *Antony* est une pièce historique ; nous croyons même que le moment serait venu de la jouer avec les costumes du temps.

Nous n'avons pas vu M. Bocage dans *Antony*, mais il nous semble que M. Laferrière est bien l'homme qu'il faut à ce chef-d'œuvre manqué. M. Laferrière a un talent bizarre, uniformément nerveux et convulsif ; il joue en égoïste ou en somnambule, c'est-à-dire sans s'apercevoir qu'il y a du monde à côté de lui. Sa première préoccupation est pour le public ; la seconde pour la pièce. — Dès qu'il entre en scène, il se dirige tout d'abord vers la boîte du souffleur, devant laquelle il s'arrête, en demeurant immobile pendant quelques minutes, de l'air de quelqu'un qui dit : — Me voilà ! Puis, lorsque la claque a suffisamment salué son apparition, M. Laferrière se retourne. C'est la deuxième position. Tout cela est aussi méthodiquement réglé que l'école de peloton pour le soldat.

Dans l'état calme, il arpente la scène, pliant les

genoux à chaque pas, en cadence. Quand la situation se monte, il étend les deux bras et secoue vivement ses mains, comme un magnétiseur qui opère sur son sujet. S'il faut pleurer, il s'appuie contre les chambranles, tout debout; ou bien il va d'un meuble à un autre.

Sa prononciation est saccadée; sa voix insiste sur les *a* et leur donne un développement d'accent considérable.

Ce que paraît affectionner ce comédien, — d'ailleurs bien fait *de sa personne*, comme on dit, — ce sont les rôles à bottes par-dessus le pantalon. Les auteurs ne le contrarient pas trop sur ce chapitre.

COMÉDIE-FRANÇAISE

Reprise des *Comédiens*, par Casimir Delavigne. — M. Empis.
(Juin 1857.)

Casimir Delavigne continue la tradition des hommes charmants et bien disciplinés qui ont eu noms : Andrieux, Ducis, Collin d'Harleville et Picard, auteurs zélés, organisations consciencieuses, qui ont plaidé pour le *goût* et qui ont conquis l'estime. Un peu plus que les autres cependant, à de certaines époques, il s'est avancé timidement sur le terrain romantique, où on l'eût tant désiré voir. Il s'est essayé au mouvement dans *Don Juan d'Autriche*, et à la couleur dans *Une Famille au temps de Luther*; mais soit qu'il ait été épouvanté de sa propre audace, soit que les reproches de son parti aient touché cette âme indécise, il n'a guère poussé plus loin ses tentatives. Victor Hugo et Alexandre Dumas sont restés les maîtres du camp.

Nous ne comprenons pas l'utilité de la reprise des *Comédiens*, qui est une pièce vieillie et vieillissante, tout à fait dans la première manière de Casimir Delavigne, et portant avec elle sa date comme un discours de la Chambre des pairs ou une ascension de mademoiselle Garnerin. Qui cela intéresse-t-il? La jeunesse est accoutumée à chercher ailleurs ses modèles littéraires; et c'est un souvenir trop récent pour les hommes mûrs. De portée morale, il n'y en a aucune : c'est une longue boutade en cinq actes, une variation sur un thème consacré tour à tour par Scudéry dans *la Comédie des comédies*, par Molière dans *l'Impromptu de Versailles* et par Piron dans *la Métromanie*. Les caractères en sont communs, depuis Granville le marin, *sensible*, *généreux*, *emporté*, jusqu'à ce lord Pembrock qui accumule sans motif les niaiseries les plus prodigieuses; les trois acteurs, Belrose, Floridore et Blinval, ressemblent à tous les acteurs ridicules connus. Rien de cherché dans les physionomies, rien d'imprévu dans les situations.

Reste le style, reste l'esprit. L'esprit, oui; il y a des mots trouvés, bien venus, au milieu d'une foule de traits ramassés et d'épigrammes d'*ana*; il y a un certain effort de comique qui aboutit quelquefois :

> Attention! j'entends notre jeune premier;
> Son asthme le trahit du bas de l'escalier.

Floridore rend son rôle à l'auteur, parce que le personnage lui en semble trop marqué :

> Cheveux gris dans les vers me semble prosaïque;
> Cheveux gris déplairait à tous les bons esprits;
> Et je ne dirai pas, monsieur : Mes cheveux gris!

Reste le style. Le style, non. A part ces deux citations, et quelques fragments de tirade où la pensée sort entière du bloc alexandrin, il n'y a que le langage de la vie usuelle traduit en assonances. C'est écrit tantôt à la façon de deux et deux font quatre, et tantôt, ce qui est pis, à la façon pindarique : Granville raconte qu'il est heureux d'avoir *échappé aux fureurs de Neptune*, et Pembrock le quitte en disant qu'*Apollon le réclame*, ce qui signifie qu'il va louer une loge grillée pour le spectacle du soir. Les attaques contre le romantisme sont nettement dessinées :

> Eh bien! moi, sans courir après un trait malin,
> Je te le dis tout net : j'ai vu Londre et Berlin,
> Je trouve à nos auteurs un air de Germanie;
> On se perd dans les cieux, chacun vise au génie;
> Pour ces penseurs profonds le rire est trop bourgeois,
> Et leur comique est gai comme l'*Esprit des lois*.

Mais comment trouvez-vous donc que soit le vôtre, ô Casimir Delavigne! êtes-vous bien certain de posséder le don de joyeuseté? Continuons à écouter vos railleries :

> Ma muse aux grands sujets se monte sans effort;
> Mon style n'est pas gai, messieurs, mon style est fort.
> Thalie a dans mes vers un air tout *romantique*,
> Et donne même un peu dans la métaphysique.
> Boileau, timide auteur, qui n'a pas toujours tort,
> Sur un point seulement est avec moi d'accord :
> Je foule aux pieds le sac où Scapin s'enveloppe;
> J'ai puisé dans Shakspear, dans Schiller et dans Lope;
> Si le genre sévère *a pour vous des appas*,
> Lisez ma comédie et vous ne rirez pas.

. . . .

Un faiseur de romans, dont la verve est glacée,
Peut, *par de vains détours*, énerver sa pensée,
Et, perdu dans le *vague*, avec nos grands esprits,
Des *brouillards d'Albion* obscurcir ses écrits.
Du théâtre français les muses plus sincères
De ce *vague innocent* ne s'accommodent guères.

Le vague, les brouillards d'Albion, l'air de Germanie, la métaphysique, voilà tout ce que l'auteur des *Comédiens*, ce jeune homme d'alors, voyait dans le romantisme. Il est vrai que sous cette enseigne on enrôlait indistinctement Chateaubriand et Baour-Lormian, madame de Staël et Perceval-Grandmaison. Les brocards dirigés par Casimir Delavigne contre l'école nouvelle devaient flatter la partie têtue ou idiote du parterre, ainsi que le juste-milieu académique où il cherchait déjà sans doute sa place. A trente-six ans de distance, ces épigrammes qui, d'ailleurs, n'ont jamais suscité autant d'éclats de rire qu'on voudrait le faire croire, paraissent misérables et donnent presque à cette reprise le ridicule caractère d'une rancune rétrospective.

Il est hors de notre pensée de prêter cette intention à M. Empis. Nous n'ignorons pas que, par son âge, par ses sympathies et surtout par ses œuvres, l'administrateur actuel du Théâtre-Français est tout gagné aux convictions dramatiques de MM. d'Epagny, Mazères et Viennet, ses contemporains. Son avénement au poste laissé vacant par la retraite de M. Arsène Houssaye fut signalé par la reprise de *Brueys et Palaprat;* quelques jours plus tard, on remit à l'étude *la Jeune Femme colère*, et il fut beaucoup question des *Templiers*. Ces manifestes successifs donnèrent immédiatement la mesure de M. Empis; il n'avait trompé personne, on eut le directeur auquel on s'était attendu. Nous concevons parfaitement la conduite de l'honorable auteur de *Lord Novart* et son acharnement à rechercher un à un les succès d'avant-hier pour en faire les succès d'aujourd'hui. Il obéit à la loi si chère du souvenir, et involontairement, sans s'en rendre compte, l'avenir se bornant pour lui chaque jour davantage, il place son culte exclusif dans le passé, certain de toujours justifier de la sorte la haute confiance qui l'a placé à la tête du Théâtre-Français. C'est bien. Il veut être infaillible ; il le sera. En tant que critique, nous associerons même notre zèle au sien : il ne songeait peut-être point à l'*Hector* de Luce de Lancival, nous le lui rappellerons. Il y a une mine dans cette idée.

En attendant, nous voudrions pouvoir signaler un succès dans la reprise des *Comédiens*, mais notre conscience nous interdit cette concession. Le pamphlet médiocrement amusant du *rimeur du Havre de Grâce*, comme l'appelait Petrus Borel, n'attirera pas les étrangers. M. Got, qui est un acteur moderne, a complétement échoué dans son rôle, mais complétement, et nous l'en félicitons.

COMÉDIE-FRANÇAISE

MADELEINE BROHAN

(Juillet 1857.)

Le talent de cette belle et agréable personne n'est point de ceux qui commandent l'admiration et déchaînent l'enthousiasme. Madame Madeleine Brohan joue bien, dit purement, plaît au regard; mais elle n'a ni cette âpreté, ni ce *coquinisme* auxquels se reconnaissent plus ou moins les actrices de race. Il ne lui arrive jamais de faire craquer ses rôles, d'outrer une situation, d'oublier ses camarades et la scène; l'éventail de Célimène s'ouvre et se déploie harmonieusement dans ses admirables mains blanches; mais n'ayez pas peur qu'il s'y brise, broyé entre deux alexandrins fiévreux de Molière. Est-il bien certain qu'elle soit née pour le théâtre? Ne semble-t-elle pas plutôt appartenir à cette classe de femmes dont les robes apparaissent sur le perron des châteaux et qui font de leur vie une perpétuelle fête sereine? Je cherche la passion sur ce visage heureux, et je n'y trouve que la grâce.

La grâce et la bonté, voilà en effet cette Madeleine Brohan tout entière; et, pour notre compte, nous estimons que dans son répertoire il n'est guère qu'un rôle dans lequel elle puisse absolument s'incarner : c'est celui d'Elmire, du *Tartufe*. Quoique complétement attrayante, madame Madeleine Brohan se rattache bien moins à l'aristocratie et à ce que nous appellerons l'*artistocratie*, qu'à l'opulente et élégante bourgeoisie parisienne. Elle en a la santé, la bonne humeur inaltérable, l'esprit facile. On ne redoute pas de l'approcher, on n'appréhende pas un de ces coups d'œil glacials par lesquels les grandes dames arrêtent l'audace en chemin. Comme Elmire, elle écoutera jusqu'au bout les déclarations, ne toussant qu'à l'hémistiche convenu; et, si elle repousse les galants, ce sera sans les foudroyer.

Après Elmire, mademoiselle de la Seiglière est le personnage où se retrouvent le plus à leur aise les qualités sympathiques de madame Madeleine Brohan. Mais la Célimène de Molière, mais la Silvia de Marivaux, mais la Marianne de Musset, ont toujours été et seront longtemps encore des types trop puissants pour elle. Où prendrait-elle les splendides arrogances de la première, l'ardeur taquine et énervante de la seconde, les cruautés froides de la dernière? Ces trois rôles, accommodés à toutes les sauces anglaises du diabolisme féminin, ne peuvent être rendus que par des comédiennes affolées, moitié femmes, moitié chimères, et non par de tranquilles jeunes femmes qui semblent sortir de la maison impériale de Saint-Denis.

COMÉDIE-FRANÇAISE

Reprise de *Bertrand et Raton*, comédie en cinq actes, par M. Scribe.
(Juillet 1857.)

Je ne sais plus à qui M. Scribe a emprunté *Bertrand et Raton*, mais je suis certain qu'il l'a emprunté à quelqu'un et à quelque ouvrage. Les puritains de la critique se sont souvent élevés, et avec raison, contre les plagiats de M. Alexandre Dumas; ils ont presque toujours gardé le silence devant les emprunts de M. Scribe. Il est vrai que ce silence recouvre un certain dédain littéraire. La plupart du répertoire du théâtre de Madame, composé de petites pièces de nuances, destinées à l'oubli comme les répertoires de Carmontelle et de Théodore Leclercq, doit sa naissance aux romans en vogue de l'époque; *les Malheurs d'un amant heureux*, *Michel et Christine*, sont des titres et des actions transportés du livre à la scène. Plus tard, M. Scribe prit *la Femme de quarante ans* de Charles de Bernard, et en fit *une Chaîne*.

Il a employé le même système dans ses opéras-comiques; *Haydée* est une nouvelle de M. Prosper Mérimée. Je n'ai pas sous la main les autres matériaux nécessaires pour poursuivre cette énumération; et ma prétention n'est pas d'ailleurs de consacrer, aujourd'hui du moins, une étude au génie dramatique de M. Eugène Scribe.

Je sens toutefois que je viens de faire vibrer, en la révoltant, une fibre chère à une portion du public, qui renoncera difficilement à ses sympathies pour ce qu'on est convenu d'appeler les petits chefs-d'œuvre de M. Scribe, c'est-à-dire pour *les Premières Amours, le Mariage enfantin, la Demoiselle à marier, la Reine de seize ans,* qui resplendissent en lettres dorées dans les médaillons des galeries du Gymnase, comme autant de titres de gloire. Ces vaudevilles ont force de souvenirs chez la génération du dernier règne, et j'aurais dû épargner peut-être ces innocentes babioles qui se sont incrustées dans ma mémoire, à moi aussi, entre une leçon de géographie et un dîner chez mon oncle : *Beaux jours de notre enfance, vous voilà, vous voilà revenus!* Mais au point de vue où l'on veut placer M. Scribe, c'est-à-dire au sommet de l'art dramatique contemporain, il m'est permis de faire taire mes impressions premières pour protester contre cette apothéose intempestive. Ce n'est pas une raison, parce que quelqu'un aura composé quelque chose comme *Girofli, girofla,* pour que mon admiration lui soit désormais acquise. Or, *les Premières Amours, le Petit-Fils, la Petite Sœur, le Grand-Papa, la Marraine,* et beaucoup d'autres ouvrages de M. Scribe, ne sont que les *Girofli, girofla* de notre adolescence. C'est typique, mais c'est sans valeur.

Quant à ses grandes pièces du Théâtre-Français, à ses comédies en cinq actes, à *Bertrand et Raton*, à *l'Ambitieux*, au *Puff*, aux *Contes de la reine de Navarre*, à *la Czarine*, je crois que l'opinion est plus exactement édifiée sur leur compte que sur ses vaudevilles; elle y a reconnu depuis longtemps l'impuissance dans la peinture des caractères, la vulgarité dans l'intrigue, l'absence ou le ridicule du style. Chacune de ces pièces-là est l'œuvre d'un homme qui ne doute de rien, qui a la conscience de son autorité et qui en abuse. Il n'y a pas de sacrifice qu'il ne fasse à la partie ignorante de ses spectateurs. Il mâche l'histoire, et dit ensuite : Avalez ! Ce que cet honorable membre de l'Académie française a fait des dates, des événements, des personnages fameux, est inimaginable. Peu de mois après les journées de juillet 1830, Louis-Philippe se plaisait à se promener dans Paris, un parapluie sous le bras, et à monter dans les omnibus. Eh bien ! M. Scribe s'est accoutumé à regarder tous les rois de l'histoire comme des rois-citoyens; il les a invités à monter dans son omnibus et il leur a prêté son propre parapluie.

Conçue dans ce système de travestissement qui change un ministre en un notaire, et une reine en une petite bourgeoise, la comédie de *Bertrand et Raton*, entée sur l'intéressante fortune de Struensée, qui avait déjà inspiré des romans et des drames, obtint dans le principe un succès qui s'est soutenu à toutes les reprises. La faute en est aux excellents interprètes qu'elle a toujours rencontrés.

COMÉDIE-FRANÇAISE

Reprise de *Philiberte*, comédie en trois actes et en vers, par M. Émile Augier. — Duel avec l'auteur. (Août 1857.)

Le souvenir de *Philiberte* est lié intimement, pour nous du moins, au souvenir de notre première affaire d'honneur. Lors de la représentation de cette pièce au Gymnase, il y a un peu plus de quatre ans, nous écrivîmes dans une revue un article où nous essayâmes de faire passer toutes nos répulsions pour la littérature alors si tiède de M. Émile Augier. Le futur académicien n'avait encore composé ni *le Gendre de M. Poirier* ni *le Mariage d'Olympe*, deux pièces dans lesquelles son talent s'est ouvert une voie nouvelle et qui ont nécessairement modifié notre jugement. Après avoir débuté spirituellement dans *la Ciguë*, il s'était arrêté tout à coup comme un danseur atteint du coup de fouet, et il était rentré en boitant dans la coulisse. Pendant sa maladie, en proie à d'incohérentes réminiscences, il avait conçu une singulière comédie intitulée *Gabrielle*, où se retrouvent, accouplés et hurlants, les procédés et les styles si divers de Picard, de M. Scribe et d'Alfred de Musset. Il avait jeté là-dedans toutes sortes de choses, comme dans les vol-au-vent à la financière : maximes, crêtes de coq, fantaisie, ris de veau, écrevisses et brutalités. Et cela avait réussi. Chacun avait pris dans cette œuvre ce qui lui convenait. L'Académie, elle-même, venue la dernière, et armée d'une fourchette plus grande que les autres, en retira un prix de vertu.

M. Emile Augier, encouragé par ce succès de marmite conjugale, n'hésita point. Entre la bourgeoisie qui l'appelait son poëte lyrique et la critique qui ne lui accordait qu'une sorte de bon sens dénué d'élévation, il se décida pour la bourgeoisie. Une sœur ou tout au moins une cousine germaine de *Gabrielle*, parut bientôt, à laquelle il donna le nom de *Philiberte*. Mêmes concessions, même fusion de toutes les manières. Ce fut alors que, la littérature dramatique nous semblant sérieusement menacée par un de ses représentants les plus écoutés, nous tentâmes de réagir contre ce second succès, dans la mesure de notre humble autorité et de nos humbles forces. Nous cherchâmes à expliquer combien, après les hardies et glorieuses tentatives de Victor Hugo, d'Alexandre Dumas et d'Alfred de Vigny, la petite réaction de M. Émile Augier nous paraissait insignifiante et hors de propos. Nous cherchâmes tant, que l'auteur de *Philiberte* trouva notre appréciation plus que sévère, et qu'il n'hésita pas à nous envoyer deux de ses amis pour nous demander compte de certains termes où les droits de la critique lui semblaient dépassés. L'un de ces amis était cet honnête et charmant poëte qui devait mourir quelques mois plus tard, emportant les sympathies générales, M. Charles Reynaud.

Nous habitions à cette époque un modeste hôtel garni; nous étions tout à fait dans les traditions du *folliculaire* qu'on cherche de mansarde en mansarde pour lui apprendre à respecter les gloires nationales. Les mandataires de M. Émile Augier, les plus galants hommes du monde, nous invitèrent à retirer de notre article quelques métaphores malsonnantes pour les oreilles de l'auteur de *Philiberte*, habitué dès son enfance, comme Montaigne, à de doux concerts. Il nous en coûta de refuser à ces messieurs une chose si simple au premier abord; mais nous tâchâmes de leur faire comprendre que notre intention, en écrivant ce compte rendu, n'ayant point été évidemment d'être agréable à M. Émile Augier, nous ne pouvions nous rétracter sans courir les risques de passer pour un étourdi, ou tout au moins pour un homme de lettres désireux d'atteindre à tout prix à la fabuleuse longévité du corbeau.

Une rencontre fut jugée nécessaire. Quoique nous éprouvions pour le duel les répugnances de tout esprit sensé et de tout cœur ouvert, nous ne crûmes pas pouvoir refuser cette satisfaction à M. Émile Augier. Il nous semblait d'ailleurs qu'il y avait derrière nous un parti de jeunes gens que l'on n'eût pas été fâché d'envelopper dans un double reproche d'injustice et d'envie. Un triste matin d'avril, au nombre de sept (M. Empis fils était là comme médecin), nous nous rendîmes dans un coin de la forêt de Saint-

Germain, avec plusieurs engins meurtriers dérobés sous des manteaux. La mise en scène fut ce qu'elle est ordinairement dans ces circonstances : froide et presque muette. Chacun de nous mit sciemment la vie de l'autre au bout de son pistolet ; chacun de nous tira. Le résultat fut nul, mais ce qu'on appelle l'honneur fut satisfait.

Il importe d'ajouter, pour ceux qui ont le courage de plaisanter sur ces événements, qu'on ne déjeuna point, et que les deux adversaires, inconnus jusqu'alors l'un à l'autre, ne se sont jamais revus depuis. Qui sait si chacun d'eux ne s'était point senti intérieurement froissé d'une résistance, poussée peut-être à l'excès des deux côtés, mais dans tous les cas puisée aux sources les meilleures de la conscience et de la dignité?

Nous n'avons raconté cet incident que pour initier nos lecteurs à quelques-unes des difficultés de la position de critique. Notre monde littéraire a, comme tout autre monde, ses passions, ses mélancolies, ses aventures. Les passants ont beau dire, à propos de plusieurs d'entre nous : « Laissez donc ! vous croyez qu'ils s'éreintent ; tout à l'heure, ils se donneront la main ! » N'en croyez qu'à demi les passants. La plupart d'entre nous, au contraire, dépensent une sincérité incroyable dans ces questions d'écoles et de doctrines, dans ces luttes d'idées où il y a trop souvent autre chose que des tropes mis hors de combat et des substantifs gisant sur le sol. Une vie extraordinaire anime plus que jamais les groupes artistiques. On hait des livres et des pièces, on en adore d'autres. Les fictions revêtent des corps.

Un certain intérêt s'attache néanmoins à cette exagération qui est le signe infaillible auquel se reconnaissent les natures véritablement et exclusivement littéraires, natures de dupes peut-être, hélas! Pour nous, épris jusqu'à la mort de cette chère folie, ne lui demandant pas autre chose que les voluptés de l'esprit, heureux seulement de vivre par elle et pour elle, nous ne nous défendons pas de l'emportement avec lequel il nous arrive quelquefois de la servir. Le dévouement n'est pas toujours discret. Mais au moins nos rares colères ne nous laissent aucun remords. Le bruit ou le duel passé, nous pouvons regretter nos paroles, jamais notre jugement. C'est ce qui se produit pour nous à propos de cette *Philiberte* dont, après quatre années, la reprise au Théâtre-Français nous a apporté les mêmes impressions que la première représentation au Gymnase-Dramatique.

Philiberte (un vilain nom de femme!) avait été écrite pour mademoiselle Rachel. Nous ne savons pas ce que cette comédie étrange et ce rôle ingrat seraient devenus entre les mains de la grande actrice; mais ni mademoiselle Judith ni, avant elle, madame Rose Chéri n'ont pu donner la vie sérieuse à cette figure de pastel terne. Plusieurs ans de repos n'ont fait qu'ajouter des poussières nouvelles à ce cadre, pour lequel M. Émile Augier paraît avoir une certaine prédilection. Nous n'avons jamais admis la possibilité de l'existence de cette jeune fille qui, placée dans un milieu de distinction et de luxe, s'obstine à se trouver laide, malgré les démentis formels de son miroir et les madrigaux qui naissent sous ses pas. Telle est cependant la donnée si peu humaine et surtout si peu féminine de *Philiberte*. Il n'y a pas là un caractère, il n'y a qu'une monomanie; aussi le public est-il plus étonné qu'intéressé. Nous ne nions pas les efforts que M. Augier a tentés pour tirer de ce sujet des scènes ingénieuses; nous disons seulement que son esprit a porté à faux. Il est des paradoxes difficiles à dramatiser, quelque habileté et quelque délicatesse qu'on puisse avoir; or, ce n'est point précisément par la légèreté de main que brille le jeune académicien. Il lui faut, plus qu'à tout autre, des situations franches et des personnages en relief. Nous croyons deviner que, dans *Philiberte*, il a voulu faire du Marivaux attendri; mais son style, embarrassé de muscles, n'a pas cette liberté molle des maîtres secondaires du dix-huitième siècle, qu'il s'est essayé çà et là à pasticher. Chez lui, le gros mot, grec, gaulois ou simplement bourgeois, se montre à chaque instant derrière le sourire.

CIRQUE IMPÉRIAL

Le Roi Lear, drame en cinq actes et douze tableaux, tiré de Shakspeare, par MM. Devicque et Crisafulli. — Rouvière. (Septembre 1857.)

MM. Devicque et Crisafulli, qui ont déjà puisé plusieurs fois aux sources des littératures étrangères, se sont chargés d'arranger un *Roi Lear* pour ce qu'on appelle le public des boulevards. Comme s'il y avait plusieurs publics! Étrange erreur, et qui encourage trop de pusillanimités dramatiques!

Le Roi Lear est un chef-d'œuvre, une grande chose, c'est convenu. Que de temps il a fallu cependant pour en arriver à l'universalité de cette opinion! La révolution romantique de 1830 a donné le coup de collier définitif, et aujourd'hui Shakspeare a sa place incontestée, parmi les divinités littéraires, côte à côte avec notre Molière.

Shakspeare et Molière ne sont pas des hommes, en effet. Ainsi que l'a défini M. Désiré Nisard, le jour qu'il s'est adressé à M. Ponsard, ce sont de grands courants d'humanité. Des critiques épilogueurs, avec un sourire malin, vous diront que ces deux talents ont fait des pièces de théâtre unissant le trivial au sublime. Nous le voulons bien. Pourtant, nous demeurons convaincu que les plus importantes situations du cœur humain ont été déterminées par ces deux hommes de génie, — telles que l'abaissement paternel, par Shakspeare, dans *le Roi Lear*, et l'abaissement marital, par Molière, dans *l'Ecole des Maris* et dans *Georges Dandin*.

Le Roi Lear éveille, à tort ou à raison, des images de noblesse et de majesté que M. Rouvière n'a pas réalisées entièrement. Il a bien eu la barbe blanche, le manteau bleu étoilé d'or, mais la grandeur épique lui a fait défaut. Si enfoncé dans les légendes brumeuses que soit ce monarque, l'imagination s'est toujours plu à l'apparenter avec les vieillards cornéliens, les plus beaux vieillards connus après ceux de la Bible. Or, pour plusieurs raisons, il était impossible à M. Rouvière de représenter cet idéal : sa taille est exiguë, ses mouvements paraissent autant déterminés par les nerfs que par les passions; il ne marche pas en scène, il court; et, quand il s'arrête, il frappe du pied comme un maître d'armes. Immobile, tout son corps frémit sur deux jambes de coq. Sa voix est une des plus désagréables et des plus rebelles voix de tête qui se puissent ouïr; de temps à autre, une note méridionale y déchire le voile d'un enrouement fréquent; toujours et comme à dessein hors du ton général, cette voix semble circuler capricieusement à travers l'action et au-dessus des personnages, comme celle d'un ventriloque. Le masque est froid et sévère, mais éclairé par des yeux qui, parfois, vomissent la haine, et contracté par une bouche où le rictus de l'ironie semble empreint dans le bronze. C'est ce que M. Rouvière a de plus dramatique en soi.

Tout cela fait sinon un grand acteur, du moins un acteur exceptionnel. Sa rupture avec les habitudes du Conservatoire est visible. Au Conservatoire, on conseille au *Roi Lear* d'abdiquer *avec solennité ;* M. Rouvière dit à ses filles : « Je vous donne cette portion de montagnes et cette étendue de vallons, » avec la même tranquillité qu'il dirait : « J'ai envie d'aller me coucher. » Il a raison ; cependant, il n'indique pas suffisamment, selon nous, la gradation de la folie. A partir du troisième tableau seulement, il va et vient, il débat ses intérêts avec une fièvre puérile ; M. Rouvière a fait ce qu'il a pu ; dans l'acte de la tempête, particulièrement, il a été tout ce qu'il pouvait être ; il a même dit avec une mansuétude d'une portée sublime : « Oh ! je n'ai pas pris assez souci des têtes et des pieds nus ! »

M. Rouvière est le succès de ce drame, auquel la riche et scrupuleuse mise en scène de la direction promet une longue suite de représentations. Nous savons depuis longtemps que M. Rouvière est voué à l'étude de Shakspeare. On le voit : l'appropriation minutieuse qu'il a faite du rôle d'Hamlet laisse un reflet sur toutes ses autres tentatives. C'est la même fougue, le même zèle. A un moment donné, la rampe, le lustre, le public, tout s'efface pour lui devant l'idée, — l'idée shakspearienne ! Il électrise ses camarades, il leur imprime ses cinq doigts de fer sur l'épaule, il tourmente les dentelles des actrices, il n'a plus conscience de leur sexe ; il va jusqu'à frapper les figurants inattentifs. Dans un drame de MM. Auguste Maquet et Alexandre Dumas, *Urbain Grandier*, on l'a vu, se battant à l'épée avec M. Mélingue, pousser la conscience de son rôle au point de blesser son adversaire. Voilà un artiste sérieux. Il y a en lui quelque chose de la fatalité gasconne de Jean Journet, l'apôtre fouriériste. C'est l'homme du sacerdoce. Longtemps méconnu, continuellement discuté, il n'a obtenu justice que par hasard. Après avoir passé plusieurs années à l'Odéon, ce temple bâti au son des alexandrins par des Amphions en cinq actes, il est sorti de la foule en allant créer au Théâtre-Historique le personnage de Charles IX dans *la Reine Margot*. On le remarqua dans *le Comte Hermann;* puis enfin *Hamlet* le révéla tout entier.

Depuis lors, M. Rouvière n'a pas cessé d'être compté en première ligne parmi les comédiens. Madame George Sand, s'intéressant à lui avec ce tact qui l'a toujours poussée vers les natures d'élite, lui a confié *Maître Favilla* et a composé à son intention un caprice sur des motifs de *Comme il vous plaira*. On avait aussi parlé d'une *Conversion de saint Paul*, restée sans doute à l'état de plan. Si court qu'ait été le passage de M. Rouvière au Théâtre-Français, ce n'en a pas moins été aux yeux du public une consécration de son talent. Il avait espéré pouvoir y jouer l'*Othello* de M. Alfred de Vigny, pour lequel il a fait de longues études ; ce n'est que partie remise. M. Rouvière reviendra tôt ou tard à la Comédie-Française. En attendant, et sans vouloir le détourner de sa propagande shakspearienne, nous nous permettrons de l'engager à se tourner un peu vers Molière, où certains rôles nous semblent convenir parfaitement à ses moyens, tels que ceux d'Alceste et d'Arnolphe.

Nous aimons à nous arrêter sur les acteurs ainsi possédés de l'amour de leur art. Si incomplets qu'ils soient, ils offrent un côté digne et honorable, qui rehausse une profession dont trop de gens font un métier.

COMÉDIE-FRANÇAISE

AUGUSTINE BROHAN

(Septembre 1857.)

La vie privée accapare vraiment trop madame Augustine Brohan au détriment du théâtre. Au lieu d'être, comme jadis, un de ces beaux astres dramatiques qui accomplissent régulièrement leur révolution autour de la renommée et de la flamme, elle n'est plus qu'un météore intermittent, une comédienne de Charles Quint ou de 1811, comme on dit des comètes. Madame Augustine Brohan devrait y songer cependant : depuis la mort de madame Allan, depuis la retraite de mademoiselle Rachel, elle est le premier rôle féminin du Théâtre-Français.

Nous nous rappelons encore les débuts de madame Brohan, il y a une douzaine d'années; sa mère, qui s'appelait Suzanne, comme si Beaumarchais lui-même l'avait tenue sur les fonts de baptême, régnait alors, mais elle régnait au Vaudeville; sa sœur Madeleine n'existait pas : elle se contentait de vivre au fond d'une vieille maison de la rue Saint-Thomas du Louvre que nous croyons revoir. Augustine Brohan était l'espérance et l'orgueil de cette famille, où le beau visage et le bel esprit semblent héréditaires. A la Comédie-Française, elle fut accueillie comme une admirable jeune fille qu'elle était : blanche peau, bouche pourprée, œil radieux, épaules de marbre palpitant, moisson de cheveux, voix argentine, et gaieté, et malice, et bonheur de vivre! Elle avait tout cela, comme elle l'a encore; mais elle en était moins avare dans ce temps-là. Pendant cinq ou six ans, elle donna tout au public et à l'art, sans restriction, en prodigue et en insouciante. Qu'elle était joyeuse dans *la Femme juge et partie!* comme elle savait communiquer de la possibilité et de l'attrait même à ce fade jeu de volant des *Rivaux d'eux-mêmes!*

Plus tard madame Augustine Brohan s'avisa qu'elle avait autant d'esprit et de style que la plupart des auteurs modernes qu'elle interprétait. D'autant à davantage il n'y a qu'un pas et qu'un adverbe; elle voulut franchir l'un et l'autre, elle les franchit. Aux teinturiers de l'hôtel Castellane revint l'honneur de colorer en bleu céleste la première paire de bas de notre jeune héroïne. Ensuite, elle s'adjoignit M. Armand Barthet, le gracieux auteur du *Moineau de Lesbie*, et elle murmura avec lui quelques doux proverbes que M. Véron inséra dans *le Constitutionnel*, si nous avons bonne mémoire.

Ce fut à partir de ce moment que la Comédie-

Française commença ses doléances, et que nous ressentîmes nos premières inquiétudes. Nous allions gagner un auteur, mais qui nous répondait que nous n'allions pas perdre une actrice? Une actrice, c'est si rare! un auteur, c'est si commun! Baissez-vous, ici ou là, vous ramasserez un auteur en vers ou en prose, tragique ou comique, thuriféraire ou contempteur. Une actrice, c'est bien autre chose : il faut la commander longtemps à l'avance.

Hélas! ce qui était prévu arriva. Madame Augustine Brohan tint bureau d'esprit. Des tapissiers furent mandés; on leur ordonna de remettre à neuf cette chambre bleue d'Arthénice, dont la maison natale de la rue Saint-Thomas du Louvre semblait provoquer la résurrection. Là, nous devons bien le dire, Monfleury et Molière se virent quelque temps oubliés pour Alfred de Musset et pour d'autres, plus actuels la moustache plus en croc, l'esprit plus en pointe. Ce n'eût été rien ; mais la femme de lettres se mit en tête de surenchérir sur la comédienne; elle pensa qu'il devait y avoir quelque chose à ajouter à la Dorine de *Tartufe* et à la Nicole du *Bourgeois gentilhomme;* elle s'imagina que Marivaux n'avait peut-être pas expliqué suffisamment la Lisette des *Jeux de l'amour et du hasard*, et qu'un peu de poivre long réveillerait ces créations assoupies. Dès lors, agaçant travail, elle se mit à ponctuer et à souligner tous ses rôles, imposant sa trop attentive collaboration aux vivants et aux défunts, jouant tour à tour *le Légataire* par Regnard et Augustine Brohan, *le Mariage de Figaro* par Beaumarchais et Augustine Brohan, *les Demoiselles de Saint-Cyr*, par Alexandre

Dumas et Augustine Brohan. Sa personnalité se développa outre mesure : ce n'était plus des représentations qu'elle donnait, c'étaient des séances ; en scène, ses mots et ses répliques étaient tous pour le public ; l'interlocuteur ne comptait point.

Heureusement que cette période ne dura pas et qu'elle est aujourd'hui à peu près passée. Madame Augustine Brohan a le jeu plus large, quoique aussi net ; elle se fond davantage dans l'ensemble, elle ne détonne que rarement et par un dernier reste d'habitude. Tout serait bientôt parfait, si elle ne se tenait éloignée du théâtre pendant de longs intervalles qui désespèrent ses nombreux admirateurs. Nous savons bien que le hasard semble prendre à tâche de s'en mêler : tantôt c'est une ophthalmie qui jette son voile douloureux sur ses yeux ardents et hardis ; tantôt c'est un lot gagné à une loterie où nous n'avons pas le courage de lui reprocher de mettre si fréquemment. Pendant ces heures de réclusion forcée, celle en qui nous nous plaisons à revoir le type adoré de Sophie Arnould se distrait en faisant jouer la comédie, et même l'opéra, dans son joli chalet de l'avenue de Saint-Cloud. Une fois, à bout de conjurations contre l'ennui, on la vit saisir entre ses doigts fins la vilaine plume hérissée des chroniqueurs et des polémistes ; la plume cracha par bonheur, et madame Augustine Brohan la rejeta bien vite.

Au degré de sympathie où nous plaçons son talent, les indiscrétions s'excusent, et l'inimitable soubrette, dont les saillies n'ont pas cessé d'amuser la ville et la cour, ne nous en voudra pas de cette esquisse légère, tracée à propos de sa rentrée. Réjouissons-nous et réjouissez-vous, vieux habitués et jeunes adorateurs, têtes chenues souriant aux beaux vers, et têtes bouclées souriant aux belles dents! réjouissons-nous deux fois, les grappes mûres ne manqueront pas à nos treilles : la comète-Brohan a reparu!

COMÉDIE-FRANÇAISE

Le Pamphlet, comédie en deux actes et en prose, par M. Ernest Legouvé. (Octobre 1857.)

Ainsi donc, M. Ernest Legouvé a intitulé sa pièce : *le Pamphlet*, de la même façon qu'il l'aurait intitulée : *le Roman, la Satire, l'Eglogue* ou *la Peinture à l'huile*. C'est un genre qu'il a voulu définir, c'est une espèce qu'il a prétendu attaquer. Paul-Louis Courier, qui était un pamphlétaire, avait fait mieux; il avait fait : *le Pamphlet des pamphlets*.

On distingue deux choses dans *le Pamphlet* de M. Legouvé : un ouvrage dramatique et une protestation. Voyons d'abord l'ouvrage dramatique.

M. Legouvé a pris pour héros de sa pièce Clavijo, un homme déjà flétri par Beaumarchais et par Gœthe. Un tireur aussi parfait que M. Legouvé se devait à lui-même de choisir un carton moins percé. Si, comme le public a tout lieu de le croire, l'auteur du *Pamphlet* a écrit une comédie d'actualité et d'allusion, son premier soin aurait dû être de prendre ses personnages en pleine moitié du dix-neuvième siècle. S'attaquant à des gens d'extrême audace, c'est-à-dire à des pamphlétaires, le cas n'était pas de les fusiller derrière le rempart de l'anachronisme avec une vieille carabine empruntée à nos pères. Puisque le principal mérite de cette sorte d'écrivains est dans le cynisme, il n'appartient pas aux hommes de demi-mesure et de demi-talent de chercher à les foudroyer. Il y a puérilité à cligner de l'œil aux spectateurs et à leur dire : — Nous sommes en Espagne, mais tâchez de vous croire en France; Madrid veut dire Paris, et vous me ferez plaisir de lire un nom moderne sous le nom de Clavijo.

C'est trop facile.

Autant vaudrait, pour un homme altéré de vengeance, acheter un cadavre à un amphithéâtre, et le percer de coups, en lui disant : — Drôle! coquin! triple fourbe! tiens! tu n'en réchapperas pas!

Le Clavijo de M. Ernest Legouvé vaut un cadavre de carabin; il n'a ni famille ni proches; il sort de dessous terre; c'est un homme en figure et en redingote vertes, qui se meut dans une intrigue d'une nudité à rendre Berquin jaloux. Il arrive au premier acte pour prendre possession d'un pavillon que quitte le jour même la fille de son plus intime ennemi, de l'homme qui l'a fait destituer. Clavijo fait appliquer au mur ses panoplies, son casier alphabétique, sa bibliothèque et ses tableaux. Et puis, il va se promener. Voilà tout le premier acte, je vous le jure.

Clavijo a cependant trouvé le moyen, dans ce premier acte, de nous apprendre sa profession de pamphlétaire, mais avec une impudence et une grossièreté de style qui ne sont d'aucun pays. Essayez donc de faire croire à un parterre parisien qu'un biographe, quel qu'il soit, va vous envoyer votre biographie avec un reçu de mille francs sous pli! Il faut vraiment avoir été aussi peu biographié que M. Legouvé pour ajouter foi à de pareilles bourdes.

Le second acte nous montre la jeune fille de tout à l'heure ouvrant une brochure où son père est diffamé. Cette diffamation peut faire manquer son mariage; alors, elle essaye, par un sentiment que n'excuse aucune habileté scénique, d'attendrir Clavijo et de l'amener à une rétractation; elle le flatte, elle le cajole; mais, s'apercevant trop tard qu'elle se heurte à un mur d'airain, elle le maudit de toutes ses forces. Ici vient se placer naturellement *l'appel aux femmes*, que M. Ernest Legouvé ne manque jamais de formuler, pour obéir aux devoirs de son nom. M. Legouvé évoque les mères, les épouses, les filles, les sœurs; il les assemble, il les groupe, il les ameute contre le pamphlétaire, l'odieux pamphlétaire, l'infernal pamphlétaire, le pamphlétaire sans entrailles! C'est le morceau principal de la pièce, celui que la claque a ordre d'enlever avec le plus d'enthousiasme et d'accord.

Resté seul et courbé sous cette malédiction, Clavijo pense avec amertume aux tristesses de son métier; et, dans un monologue dont rien n'égale la géante bouffonnerie, il se dit qu'il serait bien plus heureux s'il avait de bonnes rentes, comme M. Legouvé; s'il faisait de la littérature honnête, comme M. Legouvé; si les femmes le regardaient avec orgueil dans la rue, comme elles regardent M. Legouvé;

enfin, s'il réussissait à devenir membre de l'Académie de Madrid, comme M. Legouvé. Il adresse à sa plume cette apostrophe hors d'âge : « Dire qu'avec ceci je puis ébranler le monde, renverser mes ennemis, démolir des réputations! etc., etc. »

Allons, allons, ce pamphlétaire n'est pas fort.

Il est si peu fort, ce pauvre diable, que dans la scène suivante vous allez le voir demander grâce au canon d'un pistolet que s'avise de braquer sur lui un passant, un premier venu, qui s'est promis de délivrer Madrid de son Arétin. Cet intrus arrache à Clavijo la rétractation vainement implorée par la jeune fille ; mais il ne le tue pas, ce qui aurait été pourtant d'une logique ferme et satisfaisante, dans les données de la pièce et des personnages de M. Ernest Legouvé.

Notre jugement est écrit tout du long de cette analyse. Une comédie doit amuser ou intéresser, avant de chercher à indigner. *Le Pamphlet* n'intéresse ni n'amuse ; nous prouverons bientôt qu'il ne saurait indigner. Imagination, mouvement, caractères, tout fait défaut à cette incohérente production. Certes, un auteur a le droit de prendre pour héros un être répulsif et méprisable ; mais c'est seulement à la condition qu'il clouera ce vil insecte sur les planches du théâtre avec une épingle d'or, comme Molière a fait pour *Tartufe*.

Où il n'y a rien, l'art, comme le roi, perd ses droits. M. Geoffroy ne pouvait rien faire du rôle de Clavijo et il n'en a rien fait. M. Régnier non plus. M. Delaunay non plus. Mademoiselle Delphine Fix non plus. Le néant de l'interprétation après l'absence du drame!

Au commencement de cet article, nous avons dit qu'il y avait deux choses dans *le Pamphlet* de M. Legouvé : une pièce de théâtre et une protestation. Arrivons à cette protestation.

Si M. Legouvé n'a pas eu d'autre but que de flétrir une certaine classe d'écrivains subalternes et malhabiles, ridicules autant que mal informés, sans idées générales, aux gages d'une spéculation et non d'une pensée, chenilles du grand arbre littéraire, ce n'était vraiment pas la peine, à lui, de se déranger de son fauteuil académique. Il n'y avait pas non plus nécessité pour le Théâtre-Français à s'associer à une protestation aussi belliqueuse dans le fond que prudente dans la forme. Laissez passer les pamphlétaires gauches ou calomniateurs : gauches, ils se blesseront tôt ou tard au propre tranchant de leur arme; calomniateurs, ils seront traduits devant un tribunal. Dans l'un et dans l'autre cas, toute protestation devient inopportune, étant inutile.

Mais l'ambition de M. Legouvé est-elle plus haute, par hasard? Serait-ce bien le pamphlet en lui-même qu'il aurait voulu frapper du même coup que le pamphlétaire? la question se transformerait alors, et la prétention nous paraîtrait étrange.

On ne supprime pas un genre aussi aisément qu'on supprime un homme. On ne supprime pas Lucien, Martial, Apulée, d'Aubigné, Johnson, Fréron, Henri Heine. Un trait d'encre ou une tirade ne suffit pas à effacer la *Satire Ménippée* et *le Pauvre Diable*. Colère, esprit, vérité, tels sont les ingrédients essentiels de cette mixture qu'on appelle un pamphlet; et cela signifie qu'il faut compter avec le pamphlet, comme on compte avec la satire et avec la comédie.

Ne dites pas que le pamphlet est l'arme du faible et du lâche. Le pamphlet a été illustré par tout ce que la France admire et aime, par Rabelais et par Voltaire. Le dix-huitième siècle a préparé l'œuvre révolutionnaire avec le pamphlet. La Bastille est tombée sous un pamphlet de Linguet. Les grands seigneurs libertins sont tombés sous un pamphlet de Beaumarchais. Les cloîtres sont tombés sous un pamphlet de Monvel.

Même à notre époque, regardez : tous sont pamphlétaires. Chateaubriand, l'homme de la majesté, a fait un pamphlet : *De Buonaparte et des Bourbons*, qui valut autant qu'une armée à Louis XVIII. Victor Hugo a fait un pamphlet : *Claude Gueux*. Balzac a fait un pamphlet : *la Monographie de la presse parisienne*. Méry et Barthélemy ont fait un pamphlet : *Némésis*. Félix Pyat a fait un pamphlet : *Tibère et le Prince des critiques*. Auguste Luchet a fait un pamphlet : *le Nom de famille*. Alexandre Dumas a fait un pamphlet : *Cinq lettres au ministre à propos de M. Buloz*. Et Béranger! et Lamennais! et Cormenin! et Michelet! et Quinet!

Il faut donc que le pamphlet ait sa signification et son importance, puisque ces intelligences et ces forces n'ont pas dédaigné de s'en servir! Il faut donc qu'il ait aussi sa noblesse et son courage! Le pamphlet ne s'ordonne pas, d'ailleurs, il s'inspire. Il est l'œuvre de la sincérité exaspérée; il n'est pas le chant, il est le cri. A l'heure des situations difficiles, sous l'empire des tyrannies individuelles, dans les sociétés corrompues, le pamphlet a été plusieurs fois le moyen désespéré mais souverain, le signal ou la digue, le remède ou le châtiment. Vouloir le proscrire, c'est vouloir empêcher le sang de bouillonner.

Nous n'ignorons pas que, de tout temps, le pamphlet a été traqué par la loi. La Restauration a emprisonné Béranger ; le gouvernement de Juillet a mis la main sur le collet de Lamennais et frappé d'amende M. de Cormenin. Mais qu'est-ce que cela prouve ? Tel pamphlet d'il y a cent ou cinquante ans est la page universitaire d'aujourd'hui. — Penser que le *Bélisaire* de Marmontel a été brûlé en Sorbonne !

Peut-être va-t-on nous dire que nous remuons bien des noms et que nous agitons bien des souvenirs, à propos d'un événement secondaire. Secondaire? nous ne l'entendons pas ainsi. Comment ! nous sommes en présence du Théâtre-Français et de l'Académie française, c'est-à-dire du premier théâtre du monde et de la première société littéraire de l'époque ; où voulez-vous que nous trouvions jamais plus riche occasion d'examen et de critique ?

Après avoir épuisé contre le pamphlet les arguments de dignité et d'honneur personnel, M. Ernest Legouvé arrive avec une dernière question, irrésistible selon lui : la question de sensibilité. — Voyez, dit-il, comme une phrase malencontreuse peut désoler une mère ! contemplez l'effet de vos révélations sur cette épouse au désespoir, sur cette jeune fille si intéressante, *et que ses larmes embellissent encore* (style Legouvé Ier) ! Quel cœur barbare n'en serait attendri !

Le moyen est captieux, j'en conviens ; mais voyez à votre tour jusqu'où il peut entraîner. Voici un absurde romancier, et nous nous tairons pour ne pas faire de peine à sa mère! Voici un auteur dramatique qui vient de donner quelque chose sans nom et sans style, et nous nous tairons parce que sa femme pleurerait! Voici un versificateur ridicule, et nous nous tairons parce que sa fille est un ange! Ces raisons sont d'un ordre bien extraordinaire, si du moins ce sont des raisons.

Mais nous vous devinons. Allons, soyez de bonne foi : convenez que le pamphlet n'est qu'un mot làdedans, et surtout qu'un prétexte. Avouez que c'est à la critique tout entière que vous en voulez, à la revue, à l'épigramme, au feuilleton. La critique est polie, elle ; la critique aime à discuter, à concéder, à sourire ; elle cause avec vous familièrement et comme avec une ancienne connaissance. Cependant elle vous agace plus horriblement que le pamphlet ; elle n'est pas grossière, elle ne trahit pas votre vie privée, elle respecte votre honneur. Pourtant, vous souffrez mille supplices. Vous la regardez et l'écoutez d'un air ahuri, pendant qu'assise au coin du feu et y faisant rougir les pincettes, elle vous explique en termes choisis et mesurés l'insuccès de votre dernier ouvrage et les côtés essoufflés de votre talent. Et lorsque la critique a fini, il est de la convenance que vous la reconduisiez en la remerciant. Oh! alors, comme vous préférez le pamphlet, n'est-ce pas? le pamphlet, cet imprudent adversaire! le pamphlet qui se laisse mener sur le terrain ou conduire à la geôle, le pamphlet dont on peut se venger, au moins!

Cela se comprend. Nous sommes tellement de cet avis que nous croyons qu'il y aurait, de nos jours, un pamphlet à faire, un pamphlet de bonne humeur et de bonne compagnie, qui n'en irait pas moins directement à son but. Ce pamphlet s'emparerait sans faiblesse du nom et des œuvres d'un homme arrivé à tout, même à l'Académie française; il le féliciterait d'abord de s'appeler comme son père, avantage énorme, qui équivaut à une présentation en règle devant le public, et qui, supprimant du premier coup l'obscurité, supprime en même temps la lutte et ses mérites. Il le complimenterait ensuite, et non moins sincèrement, de posséder la fortune, ce nerf de toutes les choses, la fortune qui aplanit et fleurit les chemins, qui fait l'étude aisée et l'esprit indépendant. Ce pamphlet, après s'être appesanti sur d'aussi agréables *personnalités*, prendrait l'écrivain à partie et en ferait l'objet d'une étude plus railleuse que sévère; il le montrerait, un peu trop servilement dévoué aux traditions paternelles, continuant *Epicharis et Néron* par *Médée*, et *le Mérite des femmes* par *Louise de Lignerolles;* passant sans efforts de la tragédie à la galanterie; signant des articles du nom d'*Ernesta* et professant, après la révolution de Février, un cours de littérature à l'usage du beau sexe; poëte aux tiédeurs classiques, aux rimes insuffisantes, aux tours surannés; prosateur vulgaire; moraliste boutonné dans l'habit rétréci de M. Prud'homme; inventant comme les autres glanent; s'appuyant sur la collaboration certaine et bourgeoise de M. Scribe; évitant les points de vue élevés ainsi que les milieux compromettants; fuyant les comparaisons dangereuses; estimant que le clair-obscur a ses avantages autant que la pleine lumière; sachant et pouvant attendre, et à cause de cela arrivant plus vite que les autres ; se rendant parfaitement compte de ce qu'il veut, sinon de ce qu'il vaut ; distingué, prévenant, habile et ayant l'art extrême de ne pas dissimuler son habileté ; excellent lecteur, comme Andrieux ; enfin, pour nous résumer, personnalité très-intéressante, mais médiocrité littéraire, rien que médiocrité, en dépit de l'Académie et de son père !

Ce pamphlet, qui ne serait pas entièrement inutile à l'histoire de notre époque, nous laisserons à d'autres le soin de l'écrire, car, pour notre compte, nous redoutons trop *l'appel aux femmes*. Nous ne voulons pas, dans une cause qui nous est personnellement indifférente, nous exposer à être maudit par les mères, conspué par les épouses et voué à l'exécration publique par les sœurs !

COMÉDIE-FRANÇAISE

Le Fruit défendu, comédie en trois actes et en vers, par
M. Camille Doucet. (Novembre 1857.)

M. Camille Doucet a tous les succès. Les faiseurs de Mémoires ne manqueront pas de tracer plus tard le portrait de cet homme heureux, souriant, discret, fin, affable, qui a abrité sa poésie dans le clair-obscur de l'administration, et qui est arrivé à tout sans effort. Je souhaite qu'il lui soit alors rendu la justice qui lui est due. Il faut de ces figures aimables à côté des faces sévères et pâles des penseurs, de ces arrangeurs à côté des créateurs. Comme auteur dramatique, M. Doucet appartient à la lignée des Demoustiers, des Andrieux, des Collin d'Harleville, des Alexandre Duval, de tous ces esprits honnêtes, ingénieux, que le public aime du premier coup et comprend dès le premier vers. Casimir Delavigne lui a laissé à écrire *la Considération*. Il ne cherche pas à corriger les mœurs, il se contente de « fronder légèrement les ridicules ». Pour cela, il lui suffit du style, de ses prédécesseurs, de cette langue claire, simple, sobre d'ornements, ou qui n'admet que les images consacrées.

M. Camille Doucet semble avoir voulu, dans sa nouvelle comédie, prouver aux expérimentés et aux habiles que le premier sujet venu, eût-il la vétusté de *la Demoiselle à marier* ou du *Plus beau jour de la vie*, devient aussitôt œuvre d'art dès qu'un poëte y touche. J'entends un poëte dans la plus spirituelle et plus légère acception du mot, poudrant d'or les cheveux rares des notaires, des médecins et des avoués; suspendant les clochettes de cristal de la rime aux situations assoupies; éveillant des idées de couleur, et ouvrant, à travers l'action la plus rapide, de vastes perspectives de rêverie. Le vers, c'est l'inattendu perpétuel de la comédie, la puce continuellement à l'oreille du spectateur. Avec la prose, vous ne craignez pas grand'chose; l'intrigue vous donne à peu près le ton du style; vous savez qu'aucun éclat exorbitant ne viendra vous déranger dans votre stalle; mais avec le vers, vous n'êtes sûr de rien. C'est tantôt un pois chiche et tantôt un pois fulminant. Puis, lorsque les comédies en prose tombent, elles tombent entièrement, de tout leur long, et il n'en reste rien; tandis que les comédies en vers laissent toujours après elles un lambeau, une tirade, un alexandrin, moins que rien : un hémistiche. Un vers a quelquefois sauvé cinq actes. Il y a de quoi en sauver cinquante dans *le Fruit défendu*.

Le Fruit défendu! quel joli titre, et comme il laisse supposer un paradis terrestre, plein jusqu'aux cimes de tentations divines! La pièce ne ment pas au titre : aussitôt le rideau levé, trois Èves, trois sœurs, apparaissent aux regards éblouis du public : Laure, Marguerite et Claire. Les deux premières sont vêtues à la dernière mode des paradis parisiens : robes de neige, fleurettes d'oranger dans les cheveux, fleurettes d'innocence sur les joues, petits souliers de satin trottant sur le parquet comme des souris blanches. Elles se marient le jour même ; Laure épouse un provincial qui troque sa gentilhommière contre un hôtel de la rue Saint-Lazare ; Marguerite abandonne sa main à un ex-viveur, qui l'emmène aux champs. Partie carrée, comme on voit. Reste une troisième Ève, mignonne et fluette ; à celle-ci, on se contente de lui désigner dans l'horizon un petit cousin qui est, lui assure-t-on, du bois excellent dont on fait les maris.

Ainsi posée, la comédie de M. Camille Doucet ne demande qu'à chanter, qu'à peindre et qu'à rimer. Le deuxième acte nous montre les deux jeunes couples occupés à contempler le disque de leur lune de miel, qui à travers les arbres d'un parc, qui à travers les lustres d'un bal. A ce moment, le public voit reparaître la silhouette du cousin indiqué dans le premier acte, cousin cosmopolite, qui déjeune rue Saint-Lazare et dîne à l'Isle-Adam, cousin perfide, baisant la main à Laure et assemblant des bouquets pour Marguerite. Il s'appelle Léon, il n'a que vingt ans, il n'a pas encore passé sa thèse, les maris n'en font aucun cas. Pourtant, ce Léon est la cheville ouvrière de la pièce. Il tourne autour de ses cousines avec tant de madrigaux sur les lèvres que le provincial et l'ex-viveur s'avisent d'en prendre ombrage.

— Retournons à Paris, dit l'ex-viveur à Marguerite.
— Allons goûter la paix des champs, dit le provincial à Laure. Mais les femmes, qu'on n'a pas consultées lors du premier déplacement, s'insurgent, se trouvent bien là où elles sont, et hissent leur volonté à la hauteur de celle de leurs maris.

C'est le plateau culminant de la comédie, c'est la situation principale du troisième acte. Le petit cousin n'aime Laure, le petit cousin n'adore Marguerite, que parce que Marguerite et Laure sont mariées. Elles représentent à ses yeux le fruit défendu. C'est alors que, pour éloigner le danger imminent qui menace ses deux gendres et ses deux nièces, un oncle surgit, produisant ou plutôt reproduisant Claire, la troisième Ève, blonde comme une marmelade d'abricots. Cet oncle, serpent bienfaisant, annonce au Léon tentateur qu'un obstacle insurmontable, qu'un abîme s'opposent à son union avec Claire. Quel est cet obstacle? quel est cet abîme? ce sont, bien entendu, les mots sur lesquels s'abaisse le rideau du deuxième acte.

Je vous dirais qu'au troisième et dernier acte on s'assassine, on s'égorge, on se mange le nez, que vous ne me croiriez pas, et vous auriez raison. L'oncle, qui n'a que le tort de ressembler un tantinet aux oncles de Bouilly et de Berquin, simule une petite comédie dans la comédie de M. Camille Doucet; il dit à son coquin de neveu : — Tu n'auras pas Claire! afin que le coquin de neveu réplique naturellement : — J'aurai Claire! Et il a Claire. Le mariage s'opère alors, au grand contentement des maris de Marguerite et de Laure, qui, je vous le jure, étaient dans leurs très-petites bottes depuis la découverte du sentiment de Léon pour leurs femmes. Ne badinons pas!

Le Fruit défendu, se trouvant être le fruit de tous les maris, devait rallier un nombre énorme de sympathies. En chemin, il a rencontré celle des hommes de lettres, des délicats, des critiques, des pointilleux. Tout le monde intelligent s'est vu heureux de saluer l'œuvre d'un esprit militant et bienveillant. Étant donné le règne de l'habit noir, il serait difficile d'exprimer avec plus de tact les sentiments d'une société qui n'est ni la bourgeoisie ni la noblesse, et que nous appellerons, si vous le voulez bien, la bonne compagnie. Aux groupes effacés, pourquoi n'y aurait-il pas un peintre d'effacement? — Voilà ce que je voudrais voir dire, ou du moins à peu près, par les faiseurs de Mémoires (l'avenir en est gros, paraît-il!); mais je crains la passion, les petites rancunes et les grandes vanités. On sera injuste, on a déjà commencé à l'être. Aussi pourquoi M. Doucet est-il tant l'homme de son nom? Un peu plus d'âpreté dans l'humeur, un peu plus de hauteur dans l'accent, une charge à fond de train dans la comédie satirique, et il se débarrassera de la criaillerie.

Selon nous, *le Fruit défendu* est la meilleure pièce de M. Camille Doucet. Peut-être a-t-il exagéré l'importance et particulièrement la mathématique de l'intrigue; mais, quoi qu'il en soit, il a toujours tenu en haleine la curiosité et l'intérêt des spectateurs, — des spectateurs de première représentation! Plus que dans ses précédentes pièces,

M. Camille Doucet s'est préoccupé de la rime, ce monseigneur qui ouvre les serrures de la banalité, et des exigences nouvelles que lui imposent tous les jours des poëtes heureusement inspirés des traditions sévères du seizième siècle.

AU PETIT-FILS DE M. ERNEST LEGOUVÉ

EN SON BERCEAU (1)

Novembre 1857.

Puisqu'on fit de toi, cher petit bonhomme,
Un être public, en te dédiant
Un écrit moral qu'eût signé Prudhomme,
Et que tu liras, en l'étudiant;

Je veux à mon tour, voix douce, mais nette,
Sans que ta nourrice au pied mesuré
Cesse d'agiter ta barcelonnette,
T'adresser ces vers, enfant préféré.

Car il ne faut pas que tu puisses croire,
Un jour, que le monde était aussi laid
Et que la critique était aussi noire
Que les dépeignit l'auteur du *Pamphlet*.

---

(1) C'est à son petit-fils que M. Legouvé a dédié sa comédie du *Pamphlet*.

Quand tu seras grand, on viendra te dire
Que les gazetiers sont tous des méchants,
Parce qu'un d'entre eux, ardent à médire,
A de ton aïeul persiflé les chants.

On ajoutera : — Ces gens n'ont point d'âtres
Où sécher leurs mains, où chauffer leur cœur ;
Ils sont mal vêtus, hargneux et verdâtres ;
Tout impuissant est doublé d'un moqueur !

Je te vois déjà faisant la grimace
Devant ce portrait, qu'ils auront rêvé.
Veux-tu regarder un critique en face ?
Tourne l'œil vers moi, petit Legouvé.

Sans réaliser le beau pentélique,
Ni ces profils purs que l'art grec frappa,
Je n'ai rien d'atroce et de famélique,
Et je suis plus gros que ton grand-papa.

Pas plus tard qu'hier, à l'heure où je passe,
Pour régler ma montre, au Palais-Royal,
Un honnête couple a dit à voix basse :
— Tiens ! M. Bidaux, l'adjoint d'Épinal !

C'est que, vois-tu bien, de quel nom qu'on nomme
L'auditeur qui fuit les accents du luth,
On peut sans cesser d'être un honnête homme
Bâiller aux Français comme à l'Institut.

COMÉDIE-FRANÇAISE

Reprise de *Chatterton*, drame en trois actes et en prose, par M. Alfred de Vigny. (Décembre 1857.)

Cette reprise était annoncée depuis plusieurs années; on avait même parlé de M. Rouvière pour le rôle principal; mais M. Rouvière ayant quitté la Comédie-Française, ou la Comédie-Française ayant quitté M. Rouvière, ce rôle est revenu à M. Geffroy, qui l'avait créé il y a vingt-deux ans. On a prétendu que M. Geffroy avait longtemps et justement hésité avant de reprendre ce personnage où il lui est difficile aujourd'hui de produire une illusion physique, car Chatterton avait à peine dix-huit ans le jour de son suicide. Un pareil scrupule est honorable, mais nous sommes aise cependant qu'il ait été vaincu par les instances de l'auteur et de la direction. Autant nous serions surpris et affligé de voir M. Geffroy se charger d'un rôle de *jeune premier amoureux* (n'est-ce pas comme cela qu'on dit?) dans un ouvrage nouveau, autant nous trouvons tout naturel de le voir reparaître dans une pièce au souvenir de laquelle son nom et son talent sont demeurés étroitement attachés. Il est telle création qu'on ne peut séparer de son créateur.

Peintre habile en même temps que soigneux comédien, M. Geffroy a su se composer des traits et un costume aussi satisfaisants que possible. Sa pâleur effrayante, son abattement, l'austérité funèbre de son habit noir, ont pu donner à penser que la misère et la solitude suffisaient à éteindre sur un visage les rayons de la jeunesse. Il a bien dit le long monologue qui est presque tout le premier tableau du troisième acte, et à propos duquel M. Alfred de Vigny écrivait dans sa préface : « Le peuple le plus impatient a écouté les plus longs développements philosophiques et lyriques. »

La reprise de *Chatterton* a été *mûrie* encore, mais dans des proportions moindres, par la présence de madame Plessy dans le rôle de Kitty Bell. Malgré tous ses efforts pour entrer dans le drame, nous croyons cette belle actrice condamnée à rester éternellement sur le seuil. Elle a exagéré la simplicité de la jeune et adorable puritaine au point d'en faire une automate et une somnambule ; sa diction, monotone et musicale jusqu'à la langueur, tombait, syllabe par syllabe, sur le public, comme les gouttes de pluie des branches d'un saule.

Un troisième personnage, placé entre la passion et le devoir, tantôt comme un obstacle et tantôt comme un trait d'union, le Quaker, est représenté par M. Samson. Nous aurions préféré M. Provost. Ici, la figure narquoise de l'excellent Sganarelle, ses yeux spirituels, sa parole aigrelette ne peuvent que nuire à la dignité d'un caractère en qui l'écrivain a prétendu résumer toutes les beautés et toutes les grandeurs morales. Aussi, les spectateurs n'ont-ils pas l'air d'être absolument édifiés sur son compte, en dépit de ses cheveux blancs, de son habit marron et de son langage évangélique; on l'écoute avec défiance, on s'attend à quelque malice soudaine, on la désire presque, on sourit aux inflexions de voix qui rappellent le répertoire des valets. Ce n'est pas la faute de l'intelligence de M. Samson, qui est grande, comme on le sait; c'est la faute de son organisation. Il manque de force dans la scène importante où il se jette aux genoux de Chatterton pour le supplier de vivre; son attendrissement se traduit alors par ce tremblement des mains étendues, qui était le tic de feu Lepeintre aîné.

Peu de chose reste à dire des autres rôles, relégués sur le second plan : John Bell, lord Talbot et le lord-maire. Ils sont suffisamment remplis.

Quelques lignes sur le drame et sur l'impression qu'il a produite sur le public compléteront notre compte rendu. *Chatterton* est tiré du roman de *Stello;* les principales situations ont passé du livre au théâtre; des pages entières sont devenues des scènes, sans presque subir de mutilations. M. Alfred de Vigny a seulement élevé la profession de John Bell : au lieu d'un sellier, il en a fait un manufacturier; sa femme ne tient plus une boutique de petits gâteaux, comme dans la nouvelle; enfin, le Docteur Noir s'est changé naturellement en quaker. Quant à l'action matérielle, elle est restée la même que dans le livre, aussi nette, aussi nue, aussi foudroyante de simplicité ; l'auteur l'a ainsi définie : « C'est l'histoire d'un homme qui a écrit une lettre le matin, et qui attend la réponse jusqu'au soir ; elle arrive, et le tue. »

L'auteur n'a pas voulu admettre d'autres ressorts que ceux-là. Ailleurs et précédemment, dans *la Maréchale d'Ancre*, par exemple, il s'était montré inventif et compliqué. Mais dans *Chatterton*, le but était différent : il s'agissait de faire prédominer un système, et de réinstaller sur des planches accoutumées au bruit et aux événements « le drame de la pensée ». Pour cela, il était besoin d'une pensée violente, l'énergie de l'action morale devant se substituer à l'énergie de l'action matérielle. Le plaidoyer du suicide se présenta alors à l'esprit du poëte ; et le spectre de l'adolescent anglais sortit un instant de son tombeau pour souffleter la société actuelle sur la joue du dix-neuvième siècle, l'égoïsme français à travers l'indifférence britannique.

Le succès de *Chatterton* eut, on s'en souvient, la puissance et la rapidité d'un acide. Ce drame avait l'âpre saveur d'une vengeance, mêlée à quelque chose de calme, de certain, d'éloquent.

Assurément, il doit y avoir eu, à cette époque, en haut ou en bas, par le gouvernement ou par des individualités, il doit y avoir eu, disons-nous, du bien de fait à propos de ce drame. Les sentiments ardents qu'il tisonne, cette défense presque farouche de l'intelligence, ces imprécations dans le ton de la fatalité antique et succédant à la sérénité sombre de l'exposition ; tout cela, s'adressant pour la première fois à une société en train de s'industrialiser et de se matérialiser autant que l'Angleterre, devait y jeter, chez les uns l'inquiétude, chez les autres la pitié, chez tous la réflexion.

Sans être tenté de discuter le résultat obtenu par cette noble protestation, il nous a toujours semblé que l'enseignement voulu par M. Alfred de Vigny eût gagné à un autre exemple que celui de Thomas Chatterton. A la place de cet enfant de dix-huit années, qui n'a pas eu le temps de connaître bien à fond la lutte avec les hommes, occupé qu'il fut sans cesse de fouiller les annales et d'interroger les manuscrits; à la place de cette courte et tendre existence, qui n'a dans l'histoire que la valeur d'une élégie, nous aurions voulu voir quelque homme de trente ou de quarante ans, exercé au malheur, mûr pour l'injustice et pour la pitié. Lorsqu'on fait tant que d'agiter le fantôme du suicide pour en faire un exemple, c'est la dépouille d'un Caton qu'il faut au moins évoquer. Les misères et les désespoirs de dix-huit ans, si terribles qu'ils soient, n'atteignent jamais aux souffrances héroïques et raisonnées des maturités. La mort volontaire d'un tout jeune homme est un fait qui attriste, comme tout fait brutal, mais qui, philosophiquement, ne prouve rien ou prouve peu de chose. C'est une exception, un chagrin imprévu; chacun s'emploie, plus ou moins sensément, à blâmer la victime et à la taxer d'impatience, d'orgueil, de faiblesse, parce que chacun se sent fort de ses souffrances surmontées et de ses hésitations vaincues. On n'a pas le droit de s'instituer martyr pour des douleurs momentanées;

encore moins a-t-on le droit de casser hautainement son avenir. J'admire Camoëns envoyant mendier son esclave dans le jour, et partageant avec lui, le soir, le pain de la pauvreté avouée. Tous les grands génies sont bienfaisants ; et, comme tels, ils ne croient pas pouvoir disposer d'eux-mêmes; instruments divins, ils attendent patiemment que le souffle de Dieu se soit retiré de leur lèvre et de leur âme. Voilà pourquoi un jeune homme attentant à ses jours nous semble plus coupable qu'attendrissant.

Le véritable drame, la seule leçon qui serre le cœur, non pas seulement pendant le cours d'une représentation dramatique, mais pendant plusieurs semaines et pendant plusieurs mois, c'est le cadavre d'un quadragénaire, actif comme Bourg Saint-Edme, poétique et désolé comme Gérard de Nerval. Esprits incomplets, natures demi-aveugles et demi-illuminées, se cognant à toutes les réalités comme à toutes les idéalités, athlètes de trop de force et qu'un enfant de village renverserait d'un coup de main, ces hommes, ces auteurs, si habiles la plume aux doigts et si niais la parole à la bouche, sans guide, sans but, voilà ceux de qui devait s'emparer M. de Vigny ! Devant ces corps refroidis, devant ces visages dont la majesté dernière atteste la lenteur et la profondeur de leur résolution, le moraliste demeure stupéfié ; l'Église elle-même, en présence de ces infortunes si mystérieusement tranchées, voile ses yeux de la même façon qu'elle voile la façade de ses temples.

De tels Chattertons, galvanisés et repétris par le

chaleureux et loyal auteur de *Stello*, auraient sans doute doublé et triplé l'effroi du public. Mais le public d'alors était-il mûr pour ces tentatives? et n'était-ce pas déjà assez d'audace, de talent et de succès?

VAUDEVILLE

Les Fausses Bonnes Femmes, comédie en cinq actes, par MM. Théodore Barrière et Ernest Capendu. (Janvier 1858.)

Les Fausses Bonnes Femmes n'ont pas réussi ; nous allons essayer de dire les nombreuses causes de cet insuccès et d'en tirer un enseignement pour l'histoire dramatique de notre temps. *Les Fausses Bonnes Femmes* n'ont pas réussi, d'abord parce que la pièce ne répond pas au titre, qui était une sorte d'engagement vis-à-vis du public. On s'attendait à un pendant des *Faux Bonshommes*, et l'on n'a eu qu'un drame quelconque, avec une étiquette de fantaisie. Le sujet est celui-ci : une veuve du grand monde, abandonnée par un homme qu'elle comptait épouser, s'attache à dépraver sa rivale. Pour cela, elle la conduit à Bade, où elle lui fait faire connaissance avec une demi-douzaine de femmes équivoques, et où elle jette sur ses pas un fat qui la compromet. Le but de ce Méphistophélès en crinoline est de ramener à elle son ancien amant, après l'avoir dégoûté de sa nouvelle passion. Mais le courage lui manque à la moitié de son œuvre, et elle se sacrifie généreusement à leur bonheur commun.

Ce sujet était aussi bon qu'un autre. Depuis longtemps on a cessé d'exiger des thèmes nouveaux, mais on veut au moins des variations nouvelles. Les principales situations humaines sont épuisées, dit-on, et le public, sans trop s'attacher à vérifier cette assertion, qui sent le paradoxe complaisant, en est venu à se contenter aujourd'hui des mérites de l'exécution. Nous traversons la période des virtuoses littéraires. Pourquoi faut-il que MM. Théodore Barrière et Ernest Capendu, après avoir donné un brillant concert avec *les Faux Bonshommes*, aient si complétement failli dans l'interprétation des *Fausses Bonnes Femmes?* Maigres solistes, ils ont ajouté à l'indigence de leur mélodie une multitude de *couacs*, qui les ont fait prendre pour des amateurs. — Dès que l'action s'engage, c'est-à-dire vers le commencement du quatrième acte, il se dégage de leur pièce un air de parenté avec *les Viveurs de Paris*, avec *les Petites Lâchetés* et avec *la Calomnie*. L'amant désolé, qui a vu sortir un homme de la chambre de sa fiancée, renouvelle avec celle-ci la scène du chevalier d'Aubigny et de *Mademoiselle de Belle-Isle*.

L'intérêt ne porte sur aucun des personnages : la corruptrice mêle des questions d'argent à des questions de sentiment; l'amant est un imbécile à qui elle ordonne de partir et qui part, à qui elle dit d'amener sa maîtresse et qui l'amène, à qui elle défend de pleurer et qui remet son mouchoir dans sa poche. La femme dont elle ébauche la corruption exciterait seule la sympathie, si son rôle ne se ressentait pas tant de l'indécision générale. C'est pourtant entre ces trois personnes que la pièce se passe. Un tort fondamental a été de faire deux veuves de ces deux femmes; cela enlève du charme au point de départ. On s'inquiète de ne pas voir circuler un seul visage de jeune fille dans cette galerie; c'était cependant un contraste attendu. Comme caractères, on conviendra donc qu'il n'y a là-dedans rien de bien cherché ni, par conséquent, de bien trouvé; et lorsqu'on se demande où sont les fausses bonnes femmes, on n'en découvre ni dans les héroïnes, ni parmi les figures épisodiques que les auteurs ont groupées autour d'elles. Une bavarde, une prude, une entremetteuse et une douairière ridicule, rassemblées dans un salon de conversation à Bade, telles sont les fausses bonnes femmes qu'on exhibe; mais ce ne sont que des têtes insignifiantes, au lieu des portraits annoncés. Pas une qui ait le relief du Bassecour des *Faux Bonshommes*, ou du père Dufourré.

Malgré ces vices capitaux, et peut-être même à cause de ces vices, on était en droit de s'attendre à une pièce rapide et serrée. Ce n'aurait pas été la première fois qu'on eût vu des individualités ternes concourir à un ensemble attachant; les faits sont indépendants des caractères; la plupart des compositions de M. Scribe en fournissent la preuve. Malheureusement l'habileté et la verve ont fait défaut à MM. Barrière et Capendu, comme leur avaient fait défaut l'invention et la portée comique. Tout se passe en récits dans les trois premiers actes des *Fausses Bonnes Femmes*; et, dans les deux derniers, les situations s'accumulent et se pressent, écourtées, tronquées, pour aboutir à un dénoûment fatal. Après avoir rempli deux actes, sans les égayer ni les faire marcher, un notaire disparaît et ne revient plus ; le fat dont nous avons parlé ne se montre qu'à la fin du troisième acte, et l'on ne s'imagine pas la nullité de ce pantin en gants jaunes.

Il fallait de la gaieté cependant. Mis en demeure de tenir les promesses de leur titre de comédie, les auteurs ont découpé sur ce fond pénible et incohérent quelques silhouettes bouffonnes, entre autres un curieux et un narrateur. Le curieux est fluet ; son nez a le perçant de la vrille ; sa bouche s'entr'ouvre et sourit, comme dans l'attente d'une révélation : ses yeux vont et viennent ; on est toujours certain de le rencontrer derrière l'épaule ou dans les poches de quelqu'un. Cette figure, ou plutôt cette indication, est la meilleure de l'ouvrage. Le narrateur est moins heureux ; avec lui, les histoires s'enfilent, un mot en amène un autre ; on avait déjà ri de ce personnage dans *la Famille improvisée* : « Voulez-vous parler de Dozainville ? parlons de Dozainville ! » Une belle-mère et son gendre ont aussi à tâche de réjouir le public, mais ce genre de comique est vieux comme les rues, et il n'est pas un de leurs effets qu'on n'ait vu dans M. Bayard ou dans M. Laurencin.

Mais au moins, nous demandera-t-on, à défaut de l'invention, de l'habileté, de l'intérêt, de la gaieté, il y a sans doute de l'esprit dans *les Fausses Bonnes Femmes ?* Encore une fois, nous voilà bien embarrassé et presque honteux de notre attitude sévère.

Songez donc, cher lecteur, que l'esprit sauve tout, particulièrement à Paris, et que *les Fausses Bonnes Femmes* n'ont pas été sauvées. Nous attendions comme vous l'esprit de M. Barrière, un esprit un peu bourru, un peu déhanché, un peu rageur; mais l'esprit de M. Barrière n'est pas venu. A la place, nous avons eu par moments un pastiche du style de M. Alexandre Dumas fils : « Mon cher, aimez-vous les histoires? — Vous dités? — Je vous demande si vous aimez les histoires? — Pourquoi ça? — C'est que j'en ai une à vous raconter, etc. » Plus loin, c'est une évaporée, très-proche parente de madame de Santis, du *Demi-Monde*, qui arrive en faisant fracas : « Serrez mes domestiques quelque part », dit-elle ; et la voilà qui débite avec volubilité ces riens, ces propos, ces bâtons cassés, ce couplet archirebattu : « Ah ! ma chère, ces chemins de fer, quelle drôle de chose! ça tousse, ça siffle, ça éternue ! et ces arbres qui défilent... A propos, j'ai une robe à quatre volants, vert d'Azof; c'est d'un effet délicieux, vous verrez. » Cette même dame, qui est seule à rire de ce qu'elle dit, répond un instant après à un homme d'affaires qu'on lui présente poliment et qui lui offre ses services : « Je vous remercie, monsieur, j'ai mes voleurs. » Il faut ajouter que le mot a paru un peu fort aux oreilles du public.

Nous savons bien où ces néo-vaudevillistes prennent leur monde et leurs grandes dames : c'est dans le *Caprice*, c'est dans *Il faut qu'une porte soit ouverte ou fermée*. Les gants mis et remis, déchirés, la sonnette agitée avec impatience, le « Justine, quelle heure est-il? » la cigarette roulée vingt fois, la broderie dans un coin, le monsieur qu'on toise du haut en bas et à qui l'on jette l'éternel : « Tenez, vous êtes stupide ce matin ! » tout cela est gravé, noté dans leur souvenir avec madame Allan ; c'est un monde excentrique, fait pour la convention littéraire; à force d'art et d'esprit on peut l'admettre. Mais dans *les Fausses Bonnes Femmes*, ce faux monde détonne à force de faux goût, de fausses saillies et même quelquefois de faux français. « J'irai voyager », dit un personnage, au lieu de « Je voyagerai ». — Et vraiment, cela ne suffit pas d'avoir lu Alfred de Musset, Lamartine, *les Feuilles d'automne*, et de posséder sur une étagère en acajou une érudition de format Charpentier. MM. Théodore Barrière et Capendu se seront dit : Nous allons nous donner un vernis littéraire en semant à travers notre pièce des noms contemporains, en citant M. Alfred de Vigny et *Quitte pour la peur*, Chateaubriand, *le Figaro*, Balzac et *la Duchesse de Langeais*. Ils ne se sont pas rappelé que cet épisode des *Treize* avait déjà fourni un acte à *la Closerie des Genêts*. Ils ont cru être modernes à l'aide de deux ou trois placages de cette sorte ; ils ont cru être jeunes en invoquant à tout propos *la mémoire d'une mère, le saint nom de ma mère ;* ils ont cru montrer du cœur en ramassant des sentimentalités dans les canots d'Asnières, et jusqu'à ce refrain dont le quartier latin ne veut plus :

> Il était un petit navire,
> Qui n'avait ja, ja, ja, jamais navigué.

C'est une chose bien surprenante que ces inégalités, ces heurts, ces coups portés à faux, ces pétards mouillés, ces essieux rompus, cet essoufflement, au bout de ce bon vouloir et de cette louable ambition. Mais aussi quelle bizarre idée de donner un drame plaintif pour pendant à une comédie pétillante de gaieté ! Le titre des *Fausses Bonnes Femmes* laissait supposer une œuvre toute de grâce et d'entraînement ; l'amertume a pris le dessus, et nous n'avons eu ni satire ni comédie. M. Théodore Barrière est-il donc destiné à ne remporter des succès que par hasard et à n'avoir du talent que lorsqu'il ne s'en doute pas ? Il est le fondateur d'une littérature incertaine et qu'on pourrait qualifier de névralgique. Il se débat, il se révolte ; c'est une vocation perpétuellement en querelle avec un tempérament. Nous ne savons pourquoi, mais il nous semble que dans un récent ouvrage (*Lettres d'un mineur sur l'Australie*), M. Fauchery a dû avoir en vue M. Théodore Barrière, en écrivant les lignes suivantes :

« J'ai un de mes meilleurs amis, écrivain dramatique des plus forts, qui apprécie dans une mesure exagérée le courage des gens remuants. Il est tout flamme et rempli d'aspirations fantastiques qui procèdent, assure-t-il, d'un besoin ardent des exercices physiques de la vie active. Il abandonne un scénario qui presse, pour faire au pas gymnastique quatre lieues autour de sa chambre ; souvent, au beau milieu d'une scène pathétique, il quitte son bureau, se glisse dans la cuisine et profite de l'absence de la bonne pour fourrer deux ou trois poignées de gros sel dans le pot-au-feu ; il plante là le dénoûment d'un cinquième acte pour descendre quatre à quatre dans la cour décharger du bois avec les commissionnaires; et si, lorsqu'il se promène et rêve sous les grands arbres, vous mettiez une hache à sa disposition, pris d'une soudaine fantaisie bûcheronnesque, il serait capable de réduire en falourdes le quinconce le plus épais. »

Nous ignorons la part de M. Capendu dans le désastre des *Fausses Bonnes Femmes*, comme nous avons ignoré sa part dans le triomphe des *Faux Bonshommes;* c'est un des bénéfices et un des inconvénients de la collaboration. Il nous excusera si, dans ce compte rendu, nous avons surtout été préoccupé par la personnalité de M. Barrière, personnalité qui s'est manifestée maintes fois par des tentatives dignes d'encouragement. A l'un comme à l'autre nous exprimons d'ailleurs notre désir sincère de les voir rentrer dans la lice par une œuvre plus mûrie, et surtout conçue en dehors de toutes préoccupations industrielles. Il ne fait pas bon travailler, comme ils l'ont fait, avec l'idée fixe de suivre une veine et de continuer une vogue. Ce n'était pas d'une suite aux *Faux Bonshommes* que le théâtre du Vaudeville avait besoin, c'était d'une bonne pièce.

COMÉDIE-FRANÇAISE

RACHEL

(Janvier 1858.)

Nous consacrerons quelques lignes à mademoiselle Rachel, non pas pour venir ajouter à sa biographie, mais pour rappeler les variations de l'opinion publique à son sujet. On s'est souvent et diversement passionné pour ce talent, fait moitié de sauvagerie et moitié d'étude ; la réaction classique, un moment découragée, soutint dans ses commencements cette réputation, comme l'atmosphère soutient les ailes de l'oiseau. Afin de mieux frapper un coup, jugé nécessaire, on n'hésita pas à lui sacrifier mademoiselle Raucourt, mademoiselle Duchesnois, mademoiselle Georges, toutes les idoles de l'Empire. On s'embrassait alors dans les couloirs du Théâtre-Français, on versait des larmes d'attendrissement dans les bureaux du *Constitutionnel*. Il s'établit immédiatement autour de la jeune artiste un conseil de surveillance pour l'empêcher de sortir du cercle tragique tracé par les écrivains du grand siècle.

Pendant un certain nombre d'années, en effet, mademoiselle Rachel demeura fidèle au culte de Racine et du *père Corneille*, comme elle l'appelait dans ses lettres familières; mais toutes ses tentatives ne furent pas également heureuses : on s'aperçut que la sensibilité lui faisait parfois défaut; elle dut renoncer au rôle d'*Esther* et à plusieurs autres sur lesquels elle avait trop compté. Peu à peu ses triomphes se virent circonscrits à Camille d'*Horace*, à Émilie de *Cinna* et à Hermione d'*Andromaque*, trois physionomies admirablement rendues par elle d'ailleurs. La critique, de qui elle avait été jusque-là l'enfant gâtée, commença à la discuter sérieusement et même injustement, à l'occasion de la reprise de *Phèdre*; on ne trouva pas en elle la Phèdre d'Euripide, non plus que la Phèdre de Sénèque; on fut difficile et exigeant. Alors mademoiselle Rachel eut peur. Elle se défia de ces œuvres mortes et de ce répertoire de marbre; d'autant plus que certains poëtes illustres, certains esprits élevés, après avoir laissé passer l'engouement d'un parti et l'engouement de la foule, la sollicitaient de se tourner vers la littérature moderne. M. Théophile Gautier caractérisait ainsi son talent, et battait en brèche ce préjugé qui consistait à ne voir en elle qu'une tragédienne exclusivement :

« Mademoiselle Rachel, disait-il, qui a obtenu de si beaux succès dans l'ancienne tragédie, est précisément douée de toutes les qualités modernes, dans le talent comme dans la beauté. Cette jeune fille, élancée et mince, qui pourrait se faire une ceinture de son diadème, cette enfant au corps souple, aux mains fluettes, au pied mignon, au front bombé, aux yeux pleins de sombres éclairs, à la lèvre arquée par le *sneer*, ne ressemble en rien aux femmes antiques, à hanches étroites, à flancs épais, à larges épaules, à front bas, que nous font voir les statues grecques et romaines. Toute la passion maladive du temps où nous vivons anime ces membres frêles, inquiets, nerveux, et tirant de l'énergie morale la force que les anciens tiraient de l'énergie physique. Cette fièvre moderne, qui bouillonne sous toutes les froideurs de la vieille tragédie, et qui parvient toujours à trouver quelque échappement, est une des causes inconnues et inavouées du succès de la jeune tragédienne. Tel croit applaudir un vers antique et bat des mains à un coup d'œil byronien. »

Nous n'aurions pas dit si bien pour rendre notre impression personnelle. Ces jugements, ces aperçus renouvelés à propos finirent par agir sur l'esprit de mademoiselle Rachel, qui craignit de périr sous la monotonie. Ses premiers pas vers le drame contemporain furent d'abord timides et guidés par la transition ; elle passa par Lemercier et par M. Lebrun avant d'arriver à Victor Hugo ; elle s'essaya dans *Frédégonde* et dans *Marie Stuart* avant de revêtir les oripeaux brillants de la Tisbé. Nous avons même souvenance d'une *Catherine II* de M. Hippolyte Romand. Tout cela retarda l'ascension glorieuse de mademoiselle Rachel ; et à cette époque d'inquiétude et de transformation se rattache un article de M. Jules Janin, dont nous extrayons ces phrases assez dures :

« Non, certes, cette petite personne qui entre ainsi sans façon et sans peur, ce n'est pas là Frédégonde. Tout lui manque, tout l'écrase; et dans ces cruautés, dans ces perfidies, dans ces mensonges, dans ce sang, dans ce vice, dans ces vengeances, éperdue, hors d'elle-même, elle ne peut appeler à son aide que son ironie qui est toujours la même, et ces petits moyens si réguliers et si corrects qui composent tout son talent. La personnalité de mademoiselle Rachel, personnalité étroite et mesquine, ne peut guère s'accommoder de ces grands rôles dans lesquels il faut, avant tout, être naturellement pleine de majesté et de grandeur. La puissance lui manque, et quand elle comprend la gêne de sa position (ce qu'elle ne comprend pas toujours), soudain elle s'abandonne à je ne sais quelles ressources du métier que tous les comédiens du monde ont à leur disposition, les plus médiocres aussi bien que les plus habiles. Tant il est vrai que c'est là une femme qui n'a que de l'instinct et pas d'intelligence, qui ne comprend que ce qu'elle devine, et qui méconnait la plupart du temps l'inspiration qui est en elle pour obéir à des conseils de professeur ».

Il ne faudrait pas trop cependant prendre au pied de la lettre ce jugement. M. Jules Janin, qui passe pour avoir découvert un des premiers l'étoile de mademoiselle Rachel, s'est ingénié plusieurs fois à amonceler des nuages autour d'elle, et il y a réussi en maintes circonstances.

Deux périodes nous semblent donc se partager la carrière de mademoiselle Rachel : la période ancienne et la période moderne. Dans la première, selon nous, elle s'est montrée remarquable ; mais dans la seconde, elle a été supérieure. *Lady Tartufe* donna la mesure de tout ce que ce génie contenait d'ardeur contemporaine ; Balzac n'eût pas rêvé mieux pour la princesse de Cadignan ou pour madame d'Escars. Le costume actuel, qui la faisait si digne, si sévère et si distinguée, nous l'a montrée encore sous les traits de *Louise de Lignerolles*. Fut-elle bien comprise avec son jeu profond et sobre? Nous l'ignorons, mais l'impression qui nous en est restée ne s'effacera pas de longtemps.

Dans un autre ordre de composition fantaisiste, *Adrienne Lecouvreur* (où elle récitait si adorablement la fable des *Deux Pigeons*), *Diane* et *la Czarine*, malgré des défaillances prévues et en partie rejetables sur les auteurs, ont prouvé les services que mademoiselle Rachel était appelée à rendre au théâtre moderne.

Tout est dit à présent. Elle est morte trop tôt, pour avoir vécu trop vite. Elle a péri à la tâche, courant, allant, voyageant, avant-hier en Angleterre, hier en Russie ou aux États-Unis, quelquefois à Paris, tous les jours en province. Elle croyait se devoir à tous, et sa passion, sa fièvre se sont répandues sur le monde entier. Pourquoi la plaindrions-nous? Elle a atteint du premier bond, cette enfant de la bohême et de la rue, aux sublimes sommets de l'art et aux cimes diamantées de la fortune; elle a été aimée, adorée, admirée, honorée, enviée, — et elle est morte jeune. Tout est pour le mieux.

GYMNASE

Le Fils naturel, comédie en cinq actes dont un prologue, par M. Alexandre Dumas fils. (Janvier 1858.)

Diderot se doutait-il que, quatre-vingts ou quatre-vingt-dix ans plus tard, un jeune présomptueux lui prendrait son titre du *Fils naturel* et referait tranquillement une comédie avec les matériaux de son drame? Oui, peut-être; car Diderot possédait plus de bon sens que de vanité, et il a vu loin en toutes choses. Il applaudirait aux succès très-mérités de l'auteur du *Demi-Monde,* et son bruyant enthousiasme irait probablement jusqu'à lui dire : « Refaites aussi mon *Père de famille!* refaites mon *Est-il bon? est-il méchant?* ne vous gênez pas! »

La vérité est qu'une sympathie presque unanime environne à présent M. Dumas fils. C'est une ligne littéraire nettement tracée et sagement suivie que la sienne. Il se défait peu à peu de l'imitation paternelle et rend de plus en plus énorme la distance qui le sépare des *Aventures de quatre femmes et d'un perroquet*. Ce n'est pas que tout soit également répudiable dans l'œuvre de son adolescence; au temps où il n'était encore que « le petit Dumas », il rimait avec effusion, et nous venons de relire dans son volume de poésies, paru il y a onze ans, sous le titre de *Péchés de Jeunesse*, ces vers qui n'ont rien perdu de leur première fraîcheur. On en jugera par l'extrait suivant :

> Quoique ma vie encor sourie à son printemps,
> Et quoique six mois seuls dépassent mes vingt ans,
> C'est l'ombre du passé qui fait mon présent sombre;
> Je suis jeune et déjà j'eus des amours sans nombre,
> Qui tous, en me raillant, un jour s'en sont allés,
> Après m'avoir promis ce qu'aucun d'eux ne donne,
> Me laissant seulement, comme dernière aumône,
> Le souvenir, parfum des parfums envolés !
>
> Et pourtant, à cette heure où mon cœur se tourmente,
> J'ignore où, mais il est une femme charmante
> Qui, sans savoir encor qu'elle aura cet amour,
> Doit m'aimer ou du moins doit me le dire un jour.
> Nom que souvent j'appelle et que pourtant j'ignore,
> Vous qu'à mon grand regret je n'ai pas vue encore,
> Femme inconnue à qui ma bouche dira : — Toi !
> Que faites-vous à l'heure où je suis seul chez moi ?
> Êtes-vous gaie ou triste ? Êtes-vous brune ou blonde ?
> Dans quel coin de Paris, dans quel endroit du monde
> Vivez-vous maintenant ?...

Vous souriez, et vous supposez que M. Dumas fils a rencontré cette femme, car le souvenir vous revient de tous les romans demi-mondains nés sous sa plume depuis lors. Pendant quelque temps, en effet, et avec une insistance qui a failli faire de lui un spécialiste, il s'est constitué le chantre et souvent le champion de l'amour moderne. Il paraît avoir renoncé à écrire pour les libraires; peut-être n'a-t-il pas tort; sauf des qualités incontestables de passion et de mouvement, ses romans sentent l'improvisation; l'observation est superficielle; on voit les déviations du plan et la hâte de l'exécution. Il a donc bien fait de se tourner exclusivement vers le théâtre, où le premier rang lui semble réservé.

Docile aux avertissements, il n'a fait tenir qu'un rôle secondaire à l'amour dans la *Question d'argent* et dans *le Fils naturel;* s'il n'a pas épuré son atmosphère, il l'a changée du moins et élargie. Cela lui a réussi. On a crié au miracle; on a dit que Beaumarchais était ressuscité! Vous n'avez jamais vu une salle comme celle de la première représentation. Au milieu d'une telle fièvre, les sensations doublent de puissance et les adjectifs sont forcés de se mettre à l'unisson; ainsi, il y a un joli prologue, on l'a trouvé superbe; il y a un bon quatrième acte, on a déclaré que rien de plus fort ne s'était produit sur la scène. L'auteur a été nommé au milieu d'applaudissements qui ont donné des inquiétudes à l'architecte du théâtre, comme dit Lucien de Rubempré dans son compte rendu de *l'Alcade dans l'embarras*. Enfin, on l'a couronné de lauriers et salué comme Voltaire à la représentation d'*Irène*. Henri Delaage a parlé de dételer son coupé.

Ce n'est point la meilleure pièce de M. Dumas fils, mais c'est une de ses bonnes. Voici le sujet : c'est un fils naturel qui refuse, par un sentiment de dignité, fondé sur cinq actes de développements, la proposition que lui fait son père de le reconnaître.

Une idée antisociale ! diable ! et d'une hardiesse dont on discutera la portée et l'opportunité. Représentez-vous *Antony*, le front haut et se faisant un piédestal de sa bâtardise; ou bien l'équivalent de la *Claudie* de George Sand, cette fille séduite qui repousse la main de son séducteur. On ne me prêtera point la pensée de réagir contre une réputation naissante et contre un talent légitimé de reste; mais on me permettra de tailler dans la forêt de l'enthousiasme, qu'on n'a peut-être élevée vis-à-vis de M. Alexandre Dumas fils qu'avec l'intention lointaine de la faire marcher tout à coup contre lui, comme la forêt de Macduff.

L'insuffisance de ce plaidoyer en faveur des enfants clandestins a été reconnue par toute la presse. L'auteur a eu le tort radical d'élire une exception et d'entourer son client de tous les dons de la fortune et du hasard; or, du moment que la lutte est supprimée pour le fils naturel, l'intérêt s'amoindrit, les conséquences prennent simplement des proportions d'arrangements et de convenances; la leçon reste sans fruit, parce que l'exemple est sans force.

Comme plan et comme exécution, la pièce ne nous paraît pas non plus offrir d'harmonie. L'action s'y brise à deux places, après le prologue et après le deuxième acte. Engagé comme drame, *le Fils naturel* se termine en vaudeville ou, ce qui vaut moins encore, en petite comédie bourgeoise; on y sent un parfum de *l'Enfant trouvé*, de Picard et de M. Mazères; ces lazzis, après l'élévation du début, déroutent le spectateur et blessent le sens moral. On avait fait provision d'attendrissement pour un père et un fils, et voilà justement ce père et ce fils qui, jouant au plus fin, vous prient, en raillant, de remettre votre mouchoir dans votre poche et d'attendre une occasion meilleure. Ce père, qui était, avant tout, humain, c'est-à-dire possible au commencement, descend par gradation jusqu'à la caricature, et encore à la caricature sans couleur, à la caricature vieillie; il trouve que son fils « est un *gaillard* », il fait des plaisanteries sur la Chambre, c'est un Cassandre; on le désigne dans les derniers actes sous le nom de *papa*, du *cher papa*, et on détourne les yeux de lui. Ce n'est plus un visage, c'est un barbouillage. M. Dumas fils n'a pas d'excuse d'avoir fait un comparse de celui qui devait être le second type de sa comédie, — le père !

La mère est touchante comme toutes les mères ; elle souffre, elle pleure, elle aime ; c'est la figure sur laquelle on se repose et qui délasse des grimaces. Madame Rose Chéri est très-bonne dans ce rôle ; elle fait du prologue une pièce entière, qu'au besoin on pourrait détacher de l'ouvrage et jouer isolément.

Mais les autres caractères ! D'abord, c'est le général et sa sœur, du *Gamin de Paris*, deux êtres qui se querellent et dont l'un soulève des axiomes de cette force : « C'est l'homme qui fait le titre, et non le titre qui fait l'homme. » C'est ensuite un notaire de l'école du bon sens, farceur comme le bon sens, grossier comme le bon sens, philosophe comme le bon sens, et dont voici la théorie : « Le but de la nature est que l'homme *ait beaucoup d'enfants*, qu'il les élève bien pour qu'ils soient utiles et qu'il les aime bien pour qu'ils soient heureux. Se marier quand on est jeune et sain, choisir *dans n'importe quelle classe* une bonne fille franche et saine, l'aimer de toute son âme *et de toutes ses forces*, en faire une compagne sûre et une mère *féconde*, travailler pour élever ses enfants et leur laisser en mourant l'exemple de sa vie : voilà la vérité. » Jusque-là, c'est très-bien ; mais ce notaire, qui est bien moins un notaire qu'un lapin, a le tort d'ajouter : « *Le reste n'est qu'erreur, crime ou folie.* »

Ah! non, non. Le reste, c'est l'étude, c'est la science, c'est la poésie ; votre franchise et votre santé ne valent pas ce reste-là, ami notaire. Pas de théorie, s'il vous plaît !

Il fallait un amour au *Fils naturel* ; l'auteur a créé une héroïne très-jolie, mais sur laquelle les traits de la sympathie viennent se fausser et s'émousser comme sur un bouclier. Cédons la parole à M. Alexandre Dumas fils :

HERMINE.

« Vous rappelez-vous le jour où nous nous sommes rencontrés pour la première fois ?

JACQUES.

« Le 6 mai. Vous aviez une robe blanche à petites fleurs bleues. Vous étiez coiffée d'un grand chapeau de paille : sur votre bras gauche était jetée une écharpe de mousseline ; de votre main droite, qui tenait *un bouquet de fleurs des champs*, vous releviez un peu votre jupe pour ne pas la mouiller, car il y avait de la rosée dans l'herbe, si bien que je pus voir *que vous avez des pieds charmants. Est-ce bien cela ?*

HERMINE.

« *Parfaitement...* Continuez.

JACQUES.

« *Vous alliez boire du lait* à la ferme *voisine;* moi, je passais. Je vous suivis. Je n'osais cependant pas entrer dans la ferme où vous entriez avec votre tante.

HERMINE.

« Vous m'avez attendue à la porte.

JACQUES.

« Vous saviez que j'étais là.

HERMINE.

« On voit tant de choses derrière soi.

JACQUES.

« Quand vous avez quitté la ferme, j'étais caché derrière un buisson, dans un pli de la colline. Il vous fallait descendre un petit sentier fort étroit et dont les pierres s'égrenaient sous vos pieds. Vous aviez peur. C'est alors que vous m'avez aperçu de nouveau et que, *voulant faire la brave*, comme il arrive à toute jeune fille en présence même du jeune homme le plus indifférent, vous vous êtes élancée, au risque de tomber. Dans cette course rapide, vous avez perdu le bouquet de bluets, de boutons d'or et de marguerites que vous teniez à la main. Je me précipitai, je le ramassai et je vous le remis, en ayant soin de garder une fleur pour moi. Vous me dites :
« Merci. » — Je m'éloignai, — je me retournai

plusieurs fois. Et je revins le lendemain sur la même route. — Je vous aimais ».

C'est joli, assurément. Mais jamais le cœur ne s'attifa de la sorte et n'emprunta, même entre jeunes gens du meilleur monde, des rubans aussi brillants et surtout aussi lisses. La période est tirée à quatre épingles ; rien de moins, rien de trop ; *le pli de la colline, les pierres égrenées, la rosée dans l'herbe, le bouquet de bluets et de boutons d'or*, c'est la quintessence de nos poëtes modernes. Eh bien ! d'un amour qui s'exprime ainsi, de cet amour de dilettante, nous ne donnerions pas cher, je vous assure. Jacques et Hermine sont des peintres en ce moment ; ils *blaireautent*, pour nous servir d'une phrase d'atelier. L'attitude de ces deux jeunes gens est d'ailleurs inouïe : ils ont la gravité innée et la sagesse infuse ; ils connaissent la vie, ils connaissent le Code, ils connaissent tout. A chaque instant on craint d'entendre tomber des lèvres de l'héritière une phrase de cette nature : « Elle est forte, celle-là ! » Ou bien : « On ne me met pas dedans, moi ! » Plus tard, Jacques rencontre Hermine dans un salon, après dix-huit mois d'absence, et lorsque leurs deux familles sont brouillées. Il va solennellement à elle, et tout haut : « — Bonjour, Hermine, lui dit-il. — Bonjour, Jacques, répond-elle. — Vous n'avez pas douté de moi ? — Pas un seul instant. — Ni moi de vous. » Et comme les parents s'effarouchent, la jeune fille répond : « Nous nous tendons franchement la main devant tout le monde ; ce qui me paraît plus convenable que d'attendre une occasion de nous parler tout bas dans un coin. » Étranges tourtereaux! Ils feront un joli couple peut-être ; mais ce n'est pas chez eux que nous voudrions avoir notre couvert mis tous les jours.

Et les mots? demandera-t-on. Parbleu! il y en a à poignées, comme toujours. Mais l'esprit de M. Dumas fils n'est pas assez débarrassé de cet accent délibéré qu'il tient de son père. On l'aperçoit venir, son esprit, on distingue même le coup sec de l'arme qu'il charge, on entend le *Joue, feu!* C'est amusant, même lorsqu'on est prévenu.

En résumé, *le Fils naturel* nous semble une comédie fausse, pénible, lente par système et procédant soudain par des éclats d'une vigueur inutile. Des pièces non remarquées nous ont quelquefois offert un assemblage plus imposant de qualités. Le style, ou plutôt l'esprit, ou plutôt encore l'image, est ce qui fera vivre peut-être au delà de la durée moyenne la nouvelle œuvre de M. Dumas fils. Mais il faudra qu'il se décide à retrancher quelques saillies suspectes du genre de celle-ci. C'est une grande dame, très-fière et très-hautaine, qui demande un instant d'entretien au marquis d'Orgebac : « Est-ce un secret que vous avez avec madame Sternay? dit-elle ; alors, je vous retiens après elle. *Il n'y a pas besoin de prendre un numéro?* »

COMÉDIE-FRANÇAISE

Les Doigts de fée, comédie en cinq actes et en prose, par MM. Scribe et Ernest Legouvé. (Mars 1858.)

M. Scribe doit trouver étranges les personnes qui lui conseillent le repos. Se reposer, et pourquoi? Son bonheur est justement dans l'activité et dans la production. Vous dites que ses récents ouvrages témoignent d'une certaine fatigue d'esprit. Vous êtes des ingrats; vous consentez volontiers à ce qu'un propriétaire s'amuse à planter des choux jusqu'au dernier moment, et vous ne voulez pas qu'un honnête académicien emploie son alerte vieillesse à remuer le champ de l'art, — quitte à le bouleverser un peu! C'est manquer d'indulgence, je vous le dis, et M. Scribe fera bien de ne pas vous écouter.

Il ne vous a pas écouté en écrivant *les Doigts de fée;* il n'a écouté que M. Ernest Legouvé, le mieux intentionné des hommes, on ne le niera pas non plus. M. Legouvé, continuant la tradition paternelle, fait mieux que de tomber journellement aux pieds du sexe auquel (ou à qui) il doit sa mère. Il rêve l'affranchissement de ce sexe et son amélioration. S'il fait jamais un poëme — et il en fera un, soyez-en sûrs — M. Ernest Legouvé ne l'intitulera pas : *le Mérite des Femmes*, mais bien : *l'Utilité des Femmes*. Dans ce poëme, les Français exprimeront par leurs gestes le besoin qu'ils ont de couturières, de modistes et de repriseuses. Aussi est-il évident pour nous que le sujet des *Doigts de fée* émane de la seule imagination de M. Legouvé, car, autant l'expliquer tout de suite, ces doigts de fée sont ceux d'une tailleuse de robes. M. Scribe aura été secrètement flatté de ce titre et il s'en sera probablement attribué la dédicace : *les Doigts de fée!* c'est comme qui dirait en effet : *les Doigts de Scribe*, c'est-à-dire l'habileté, l'ingéniosité, l'élégance quelquefois, la rapidité toujours. S'il a été détrompé par la lecture du scénario, il aura été retenu par la générosité du sujet; car M. Ernest Legouvé n'est pas de ceux qui préconisent la théorie de l'art pour l'art et du beau pour le beau; il préférerait plutôt le laid utile.

Les Doigts de fée pouvaient fournir un vaudeville en un ou deux actes, mais pas davantage. Homme ou femme, vieillard ou jeune fille, c'est toujours l'histoire de la noblesse nécessiteuse, forcée de travailler pour vivre. C'est l'émigré de Coblentz assaisonnant la salade, ou le réfugié de Londres enseignant le pas de Marcel. Franchement, nous comprenons difficilement comment l'on ne cherche pas à asseoir ses enseignements sur des sujets plus nouveaux.

Votre pièce est connue dès le deuxième acte ; elle bourdonne dans la mémoire de tout le monde : c'est une mosaïque de tous vos vaudevilles de la Restauration et du temps de Louis-Philippe ; mon voisin l'eût achevée, au cas où un coup de sang vous aurait frappé pendant l'élaboration.

Cette nouvelle comédie de l'auteur qui compte le plus de succès sur toutes les scènes de l'Europe, — et qui en a mérité quelques-uns, — n'a pas réussi. Des personnes, moins jeunes que pourraient le supposer MM. Scribe et Legouvé, se sont rappelé, un peu cruellement sans doute, qu'elles avaient acheté à la porte de la Comédie-Française un droit que *Feu Lionel* n'était pas fait pour voir tomber en désuétude. Cependant, il y a dans *les Doigts de fée* des tentatives pour se mettre à la mode de l'esprit nouveau et que le public a applaudies avant la claque. — Comme la claque a été surprise ! — Ceux qui accusent M. Scribe de laisser vieillir ses mots en bouteille n'ont pas été moins étonnés ; quelques-uns allaient jusqu'à dire : « Il se sera trompé ; il aura confondu la récolte de 1858 avec celle de 1848 ; son foret l'aura égaré. »

Quant à l'habileté proverbiale de l'auteur du *Verre d'Eau*, elle n'a sauté aux yeux de personne en cette circonstance. On a retrouvé les vieux moyens de *la Camaraderie* et d'*Une Chaîne* : l'importance exagérée du pouvoir de la femme sur son mari, les anciennes relations utilisées au profit des nouvelles, les changements de fortune à vue, le libre échange échafaudé sur des bases ridicules, une couturière disant à sa cliente : « Vous aurez demain votre robe de bal, si vous m'obtenez deux voix de plus pour l'élection du Morbihan! »

M. Scribe peut vivre littérairement très-longtemps encore et M. Legouvé aussi, en recommençant ce répertoire qui a charmé la génération précédente. Mais nous avons la conviction que l'art est autre part; rien ne nous empêchera de le dire. Le théâtre obéit à une loi de progrès, comme toute chose; ouvrier fécond, M. Scribe a donné son contingent d'invention et de talent : il ne fait plus que se répéter. Plus curieuse par l'ensemble que par les détails, son œuvre complète aura sa place dans les annales contemporaines; selon nous, ses *machines* dureront plus que ses comédies, et par ses machines nous entendons ses livrets d'opéra : *Robert le Diable*, *la Juive*, *le Prophète*, très-remarquables par l'ampleur, la clarté et la force des situations.

GAITÉ

Germaine, drame en cinq actes et en huit tableaux, tiré d'un roman de M. Edmond About, par MM. d'Ennery et Hector Crémieux. (Avril 1858.)

Nous n'avons pas à juger un roman, mais un drame ; et au besoin nous pourrions nous dispenser de mettre en cause M. Edmond About, si l'occasion d'écrire quelques mots sur un homme d'esprit ne nous séduisait singulièrement. On nous paraît, dans certaines régions de la critique, estimer à trop bon marché cette expression dominante de notre nationalité, — l'esprit, — dont on voudrait presque faire aujourd'hui le synonyme d'impuissance. Le principal reproche qu'on essaye d'adresser à l'esprit, c'est de n'être pas sérieux et de ne *servir à rien*, pour ainsi dire ; d'autres le traitent de dissolvant, et certaines revues s'en garent comme de la peste. Heureusement qu'en dépit des recueils glacés et des ours blancs de l'esthétique, l'opinion publique est constamment restée fidèle à l'esprit, de qui elle a reçu plus d'une fois son mot d'ordre en des circonstances suprêmes.

C'est cette qualité, élevée à une puissance foudroyante par les grands hommes du dix-huitième siècle et vulgarisée avec éclat par le journalisme contemporain, c'est cette qualité qui a fait, dans ces derniers temps, le succès rapide de M. Edmond About. On a reconnu et salué dans ses livres la verve franche et vive des conteurs qui forment ce qu'on pourrait appeler : l'école française. On s'est dit :
— Voilà donc enfin un jeune homme bien vivant, sans système, qui ne sort ni de l'antichambre de Victor Hugo, ni de l'école de Balzac, ni du moulin de Jules Janin ; qui n'abuse ni du lyrisme, ni de la peinture, ni de l'observation ; qui a de la gaieté avec ce qu'il faut de style et de science. Pourquoi ce dernier venu ne serait-il pas le bienvenu ?

Et il l'a été ; on s'est rangé, pressé un peu, pour lui faire la place belle. Il y a bien eu quelques mécontentements, quelques murmures mal étouffés, des aigreurs passagères. Ceux qui se souviennent d'un noviciat difficile, ceux dont le travail est lent et marqué de tortures, ceux qui voient leur réputation décliner après avoir à peine eu le temps de la voir naître, tous ceux-là ont regardé avec une mélancolique envie la brillante étoile de M. About. Sans efforts visibles, sans luttes apparentes du moins, il est arrivé à une position qui n'est ordinairement que le résultat des veilles et de la persévérance. Du reste, lorsqu'il s'est agi de défendre cette position, on a vu l'auteur de *Tolla* et de *Guilleri*, en digne héritier des traditions défensives de Beaumarchais, faire bravement le coup de feu dans la petite presse, et rendre sans pitié à ses adversaires d'un moment une blessure pour une chiquenaude, une balle pour un sifflet.

Il n'est guère possible à cette heure, il serait même déloyal de porter un jugement sur l'ensemble des ouvrages de M. Edmond About. Sait-on ce que vaut l'avenir d'un homme de trente-deux ans? Espérons beaucoup de cette jeunesse qui n'est pas, croyons-nous, celle d'un écrivain de génie, mais qui est certainement celle d'un écrivain de talent, d'un littérateur dans le sens le plus étendu et le plus exquis du mot. Excepté la poésie, M. Edmond About a à peu près tout abordé. Nous abandonnons volontiers le critique d'art à ses juges naturels, qui auront peut-être le droit de lui montrer quelque sévérité; le romancier nous appartient davantage. A des réminiscences très-excusables s'allient, dans *les Mariages de Paris* et dans *Germaine*, des nouveautés de détails dont on ne pourra s'empêcher de lui tenir compte plus tard; il a, au même degré que M. Alexandre Dumas fils, la *modernité*, c'est-à-dire l'accent exact de l'époque, jour pour jour, coutume pour coutume; il sait et indique mieux que personne l'endroit où l'on mange et celui où l'on s'habille. C'est un mérite aux yeux des historiens et des bibliophiles.

L'auteur dramatique n'est pas encore advenu, mais on en peut favorablement augurer en voyant le parti qu'ont su tirer d'une de ses compositions MM. d'Ennery et Hector Crémieux. Selon nous, M. Edmond About a bien fait de ne pas se charger lui-même de ce travail de remaniement et d'optique ; les plus exercés, même l'auteur des *Mousquetaires*, y ont souvent perdu le sentiment des proportions théâtrales. Il faut être vraiment désintéressé dans la paternité d'un roman pour avoir le courage de l'étendre sur le lit de Procuste des répétitions. M. d'Ennery était parfaitement placé dans ces conditions de froideur et d'expérience : aussi a-t-il réduit *Germaine* avec une précision qui fait le plus grand honneur à son habileté proverbiale et à l'infaillibilité de son coup d'œil.

On peut reprendre cependant une vélocité trop grande dans l'exposition et dans toute la première partie de la pièce. La visite de madame Chermidy à la famille de la Tour d'Embleuse, la demande en mariage, le premier baiser de Germaine à l'enfant du comte de Villanera, tout cela se succède avec l'imprévu d'un panorama. Nous aurions voulu ne pas rééditer une plaisanterie connue sur la manière prestigieuse de M. About ; mais ceux qui ont qualifié sa littérature de *littérature de chemin de fer* auraient surtout raison de surnommer son théâtre : *théâtre de chemin de fer*.

Le public, un peu cahoté par les premières scènes, s'est insensiblement laissé entraîner ; on doit considérer aussi que trois tableaux à l'heure, c'est un progrès. Ajoutons que *Germaine* signale l'irruption de la comédie dans un théâtre habitué jusqu'à présent aux excès du mélodrame ; cette tentative a été mieux accueillie du public qu'on n'aurait osé l'espérer. Le mérite en revient principalement à M. Lafont, parfait de vérité et de tenue, un de ces rares comédiens en qui l'on devine tout de suite l'homme de race. Après lui, nous nous faisons un plaisir de nommer une jeune personne, mademoiselle Augusta, qui a trouvé dans *Germaine* un rôle à sa physionomie, à ses moyens et comme qui dirait à son tempérament, car elle s'est évanouie en scène, lors de la première représentation.

PALAIS-ROYAL

RAVEL ET ARNAL

(Mai 1858.)

M. Ravel amuse par des procédés tout différents de ceux de M. Arnal ; c'est le comédien *en dehors* dans son expression la plus développée : il *donne* de toutes ses facultés et de tous ses membres ; il ne connaît pas de demi-comique.

M. Ravel tient à ce que son entrée ait l'apprêt d'un ouragan, d'une émeute. Il ne lui déplaît pas de sauter par la fenêtre, comme dans *Marcassin*, ou d'apparaître sur la pointe d'un pied, comme dans *Un monsieur qui suit les femmes*. Avant tout, il lui faut le salut de la claque, cette rumeur ou plutôt cette clameur qui dit immédiatement : « — C'est lui ! nous allons bien être réjouis ! nous allons nous amuser pour notre argent ! »

Choyé, fêté dès son apparition, M. Ravel se sent à son aise ; il rit au public, il rit à l'orchestre, il rit aux galeries, il va jusqu'à rire aux avant-scène, dans lesquelles son regard plonge d'un air satisfait et en se dressant sur la pointe des pieds, le nez frétillant, les mains écarquillées, la bouche fendue jusqu'aux oreilles. Cet air d'intime contentement et de résolution joyeuse, M. Tétard, le minuscule statuaire, l'a parfaitement rendu dans le petit buste de sa collection dramatique.

Pourquoi faut-il que M. Ravel prolonge outre mesure cette exhibition de sa propre hilarité? A quoi bon perpétuer cette communication à la fois trop directe entre l'acteur et le public? Là est le tort, là commence le défaut. Durant la pièce, M. Ravel ne quitte pas des yeux le spectateur; il le prend pour son confident, il le veut avec lui, sur la scène, pour ainsi dire; il l'extrait de sa loge pour lui confier son embarras et lui demander conseil.

M. Arnal, au contraire, veut entrer par une fissure de la pièce; il désire qu'on ne le reconnaisse pas tout de suite, qu'on le prenne pour un figurant, pour un commissionnaire qui apporte une lettre ou pour un serviteur qui annonce que le dîner est servi. Il souhaite que le public, tranquille d'abord, se dise au bout de quelques minutes : « — Hé quoi! se peut-il que cet être pacifique, que cet homme sans toilette turbulente, sans faux-col exagéré, sans pantalon à carreaux écossais, sans grands bras, sans grands cris, se peut-il que cet homme soit Arnal, l'incomparable Arnal, celui qui a diverti toute une génération? » Et le triomphe de M. Arnal est grand quand il est reconnu peu à peu et que les rires disséminés arrivent à se fondre en un bravo général.

Mais ce triomphe préparé ne lui trouble pas la cervelle; lui-même a l'air d'en être surpris tout le premier : il reste dévoué à son rôle, comptant pour rien le public, ne visant point à le gagner par un coup d'œil ou un aparté hors de propos; il est l'homme de la pièce et non M. Arnal; voilà où est la différence avec M. Ravel, qui est toujours M. Ravel. Nous avons dit que M. Arnal devait à son jeu impersonnel une froideur quelquefois communicative; M. Ravel, lui, côtoie par intervalles l'épilepsie; nous ne nous prononcerons point entre ces deux défauts.

VAUDEVILLE

Les Lionnes pauvres, pièce en cinq actes, par MM. Émile Augier et Édouard Foussier. (Mai 1858.)

I

Comme on tourne autour de la comédie du dix-neuvième siècle ! Quels efforts pour arriver à la peinture exacte et passionnée de cette époque, si intéressante, après tout ! Comme on voudrait bien nous rendre Beaumarchais, Marivaux, Le Sage et même Diderot ! Ces ambitions sont d'un noble exemple, ces volontés méritent d'être soutenues; nous avons espoir dans le bel esprit de celui-là, dans l'âpreté de celui-ci, dans la grâce et le sentiment de ce troisième; nous ne demandons pas mieux que de saluer ces avenirs déjà en fleur. Qu'importe que, de temps à autre, nous leur chicanions un peu leurs succès !

Est-ce un succès, *les Lionnes pauvres?* Cela pourrait en devenir un, car la pièce (les auteurs n'ont pas osé l'appeler une comédie) touche à ce qu'il y a de plus séduisant et de plus terrible dans les ménages : la toilette et l'adultère. Il n'est pas question, comme on le croyait d'abord et comme on le craignait, de femmes galantes, habituées des guinguettes splendides, aventurières des eaux; non : l'action se passe en pleine bourgeoisie, dans le monde doublement légal des notaires, pour lesquels M. Émile Augier a gardé une incurable sympathie. *Les Lionnes pauvres* sont des lionnes mariées, des lionnes en puissance d'assez tristes lions, disons-le sans parenthèse. Et ajoutons que ce titre, emprunté à l'argot passager de la mode, est peu heureux pour une œuvre qui, malgré ses défauts, comptera parmi les tentatives dramatiques. L'intrigue est celle-ci : la jeune femme d'un vieux maître clerc demande à un amant le luxe que son mari est insuffisant à lui donner; et lorsque la lumière se fait sous le nez de celui-ci, il se récrie et va mourir dans un coin.

Quelques-uns trouveront peut-être que mes analyses sont brèves; elles sont condensées, voilà tout. Elles ramènent l'auteur ou les auteurs à leur point de départ, en leur demandant : « — Qu'avez-vous fait de votre idée primitive? » La pièce (les auteurs n'ont pas osé l'appeler un drame) est toute dans les développements, tandis que, selon nous, il fallait l'attaquer autant dans les prémisses que dans la conclusion. *Avant* et *après* ne sont rien pour eux, ou sont peu de chose; *pendant* est tout. C'est un point de vue, mais faussement installé.

Maintenant, s'il faut rendre justice à tout ce que

les Lionnes pauvres ont de bravoure dans l'attaque et de sang-froid dans la leçon ; si l'on exige, ou seulement si l'on réclame que nous notions les mouvements imprévus, les scènes anxieuses, les reliefs brutalement accusés et les indications dénoncées spirituellement, — deux qualités antipathiques, deux dons s'excluant et que l'on retrouve extraordinairement à un égal degré chez l'auteur de *la Jeunesse*, — nous sommes prêt à nous exécuter. A qui apprendrons-nous que M. Émile Augier doit à son cœur mille délicatesses, à son temps mille amertumes, et à son éducation mille expériences? De tous ces composés il résulte un homme, c'est le principal.

On avait tant parlé à M. Émile Augier de la chute triomphale du *Mariage d'Olympe,* qu'il a voulu sans doute avoir raison à la fois du public et de la critique avec *les Lionnes pauvres*. Le fait est que ce dernier ouvrage peut être considéré comme le pendant de ce fameux *Mariage ;* mais il laisse subsister l'éternelle question de l'opportunité de l'exhibition du vice. Chacun perd la tête à ce problème. L'opinion, la censure, tout le monde avait tellement fatigué le jeune académicien, qu'il s'est écrié, au commencement du cinquième acte, en prédisant le désordre, l'ignominie et l'hospice à son héroïne : « — J'espère qu'il y a là de quoi satisfaire les honnêtes gens! » Eh bien! non ; vous dépassez le but ; vous en finissez d'un coup avec cent blessures qui demandent cent baumes.

Il faut exhiber le vice, c'est vrai, c'est nécessaire, mais jamais le vice absolu, car c'est toujours le vice malade et relevant, non plus de l'homme de lettres, mais du médecin. Au vice dépouillé de circonstances atténuantes, ce n'est pas la rampe qu'il faut, c'est Charenton. La chirurgie ne raisonne pas avec une jambe cassée; la morale ne doit pas transiger avec un instinct criminel.

Les Lionnes pauvres mettent en scène une femme invraisemblable et sans excuse. C'est l'exception. Elle a toutes les bassesses ; quant à ses séductions, elles demeurent jusqu'à la fin un mystère pour les spectateurs. La maladresse est évidente ; on ne frappe pas sur des créatures pareilles ; on peut battre de verges la mer, comme Xerxès ; on ne fouette pas la boue. Deux hommes sont avilis par cette femme : le mari et l'amant. Le mari est vieux et obtus, l'amant est vulgaire. Un plaisant traverse aussi cette intrigue ; il est représenté par M. Félix ; on voit d'ici son genre d'épigrammes : le sel, le poivre, les épices qui emportent le palais, on les lui a prodiguées. Il est le point sur l'*i* de toutes les situations, mais un point plus gros que les *i*, ce qui est un tort.

Pour nous résumer, le public a été plus surpris que touché ; il a été remué peut-être, il n'a pas été ému.

II

Les Lionnes pauvres, de MM. Émile Augier et Édouard Foussier, viennent de paraître en librairie avec une préface qui définit très-nettement les priviléges de l'art dramatique. A propos des mutilations qu'a subies ou failli subir cette pièce, M. Émile Augier, seul signataire de la préface, replace sur le tapis l'éternelle question de la moralité au théâtre. Où commence cette moralité? Qui est-ce qui a mission d'en déterminer les limites? Jusqu'à quel point est-il opportun de démasquer les mœurs de ce temps? Voilà ce que l'auteur des *Lionnes pauvres* se demande et demande aux autres, dans une très-bonne langue d'ailleurs, franche et claire.

Il est évident qu'il y a des sujets dangereux à mettre en scène. L'insistance de certains auteurs à ne présenter depuis quelque temps que des tableaux du monde galant était faite pour alarmer toutes les susceptibilités.

On doit le dire aussi : il se rencontre parfois, dans les théâtres de deuxième ordre, des directeurs d'une instruction négligée, mettant la spéculation au-dessus de tout, les premiers à pousser les auteurs dans la voie de l'actualité, quelque scandaleuse qu'elle puisse être. Pour ces directeurs industriels, pour ces auteurs complaisants, une surveillance préalable est indispensable; personne ne l'a jamais nié, personne ne le niera jamais.

Mais il est, dans une sphère plus haute, des hommes qui, par leur talent, par leurs antécédents, par l'évidence de leurs bonnes intentions, sont faits pour échapper à l'action de ce contrôle.

Bien avant la publication de cette préface, le procès des *Lionnes pauvres* était jugé dans l'opinion. Celui qui avait écrit la pièce était un académicien, un grand prix de vertu, plus compétent que personne dans la question de moralité, et ayant lui-même fait partie autrefois de la commission de colportage; celui qui la recevait, M. de Beaufort, était également un homme du monde et un homme de lettres. Que de garanties des deux côtés ! A ce degré de position, d'honorabilité et de talent, il était clair pour tout le monde que l'auteur et le directeur devenaient seulement justiciables du public.

La préface des *Lionnes pauvres* profitera à la liberté de l'art.

M. Émile Augier a touché, en passant, à quelques autres points de pure littérature. Il a expliqué pourquoi il avait placé son intrigue dans un milieu de petite bourgeoisie, et non dans le grand monde : « Il nous a semblé, dit-il, que si nous rétrécissions notre cadre, nous élargissions notre idée en montrant cette plaie du luxe dans les régions où le luxe n'était pas encore descendu avant nos jours. »

Il est moins à son aise dans la question de collaboration, au sujet de laquelle il paraît avoir gardé sur le cœur les spirituelles et paternelles remontrances de M. Lebrun, — son tuteur à l'Académie française.

Voici en quels termes s'exprime M. Émile Augier :

« Je suis volontiers de l'avis de M. Lebrun à l'endroit de la collaboration ; mais on n'est pas toujours maître de sa destinée. Voyez en ce cas, par exemple : j'ai pour ami intime un de mes confrères qui n'a pas plus que moi l'habitude de collaborer. Mais nous ne sommes très-mondains ni l'un ni l'autre, et passons aisément notre soirée au coin du feu. Là on cause de choses et d'autres, comme le Fantasio de notre cher de Musset, en attrapant tous les hannetons qui passent autour de la chandelle ; et, si parmi ces hannetons il voltige une idée de comédie, auquel des deux appartient-elle? A aucun et à tous deux. Il faut donc lui rendre la volée ou la garder par indivis. »

C'est gracieux, — mais spécieux.

Il se peut que le hanneton des *Lionnes pauvres* ait été saisi au même instant par MM. Émile Augier et Foussier; — et l'on comprend que M. Lebrun n'ait pas prévu ce cas. Aussi n'a-t-il point voulu *tancer* la collaboration *à la chandelle;* il s'est contenté de reprendre et de remettre à sa place la collaboration qui n'est que l'exploitation de l'idée d'autrui.

Or, c'est cette collaboration seule que M. Augier a pratiquée, — jusqu'à présent.

La Chasse au roman, la Pierre de touche et *le Gendre de M. Poirier* n'appartiennent point à la classe nouvelle de hannetons qu'il produit aujourd'hui sur le bureau de la critique. Ce sont bien et bonnement trois romans de M. Jules Sandeau.

M. Émile Augier ne s'est pas davantage brûlé les doigts en attrapant, avec son cher de Musset, le petit vaudeville de *l'Habit vert*. Il n'a fait que mettre en œuvre *la Montre* de ce dernier.

Les observations de M. Lebrun n'ont porté et ne pouvaient porter que sur ces faits. *Les Lionnes pauvres* montrent un nouveau côté de la collaboration.

La préface nous a naturellement amené à la lecture de la pièce; nos impressions premières n'en ont pas été positivement modifiées. La vraie dépravation, le seul danger sérieux de cette œuvre, c'est le personnage de Bordognon. L'homme est cynique, et sa gaieté n'a pas de base. Écoutez sa biographie faite par lui-même : « — Bordognon, fils cadet d'un marchand d'huile, rue de la Verrerie, à l'enseigne des Trois-Olives... Si je te racontais mon odyssée galante ! J'ai *rudoyé* des femmes dont les laquais n'auraient pas salué mon père. » Il emménage dans le cœur des femmes et résilie quand on veut l'augmenter (*sic*). Il prend non-seulement son parti, mais encore sa part de toutes les hontes : à midi, on le voit arriver chez une femme dont il estime hautement le mari, et lui offrir dix mille francs pour prix d'une *discrétion*. « — Bah ! lui dit-il, je romps la glace, tout brutalement : vous avez à payer ce matin un billet de dix mille francs. » Un tel personnage est répugnant, et il a mauvaise grâce ensuite, au dénoûment, à emmener sous le bras le mari qu'il a voulu déshonorer. Passe si les auteurs n'en avaient fait qu'un plaisant, mais ils ont mis dans la bouche de ce monsieur les principales maximes de leur drame. Quel est cependant ce Bordognon ? Il a trente ans et il ne fait rien : il se contente de circuler en oisif et en libertin à travers les ménages qu'il rencontre, prêt à jeter un paquet de billets de banque à une femme qu'il méprise. Cette corruption joyeuse, épanouie, s'ignorant elle-même et haussant le verbe, c'était celle-là qu'il était utile de flétrir publiquement et vigoureusement.

Il y a dans le style des parties excellentes et d'autres très-inégales, comme dans toutes les pièces de M. Émile Augier ; il faut l'accepter ainsi, c'est affaire convenue. Un des mots les plus heureux est : « Les méchantes gens n'ont pas de ridicules. » Nous aimons également cette phrase dans la bouche du pauvre époux : « J'imite les Italiens, je rogne sur ma toilette pour parer la madone. » Mais, pour ces nuances vraiment délicates, que de traits hasardés et de mauvais goût! que de jeux de mots indignes de figurer sur les scènes subalternes! « Autrefois, on dansait moins chez les notaires, dit M. Pommeau. — C'est ce qui explique qu'on y levait moins le pied, » répond Bordognon. Quelques lignes plus loin, les mêmes interlocuteurs s'expriment ainsi : « Nos jeunes confrères s'étalent, s'enflent comme la grenouille… — Quitte à la manger plus tard. »

Au troisième acte, un des amis de Bordognon dit qu'il court après une somme de dix mille francs qu'il ne peut rencontrer. « La retraite des Dix-Mille! » s'écrie ce Bordognon, comme s'il venait de trouver quelque chose de très-beau.

Tout le monde s'essaye à débiter de ces mots-là dans *les Lionnes pauvres :* une domestique dit qu'elle s'appelle Victoire. « C'est la devise des Français! » lui réplique une marchande à la toilette.

Il faut avouer que ces plaisanteries sont bien inutiles et bien forcées.

Mais ce ne sont là que des broutilles; et en résumé, il reste, comme nous l'avons écrit lors de la première représentation, une œuvre d'une force et d'une valeur réelles.

GYMNASE

Les Trois Maupin ou la Veille de la Régence, comédie en cinq actes, par MM. Scribe et Henri Boisseaux. (Octobre 1858.)

Les Trois Maupin appartiennent à ce genre demi-historique dont M. Scribe avait déjà donné le modèle dans *Bertrand et Raton*, *le Verre d'eau* et *les Contes de la reine de Navarre*. Ce genre-là n'est pas précisément celui des maîtres, et s'il a pu être accueilli autrefois avec la curiosité qui s'attache à toutes les tentatives, nous le croyons maintenant frappé d'un juste discrédit. M. Scribe lui-même n'y a pas peu contribué par ses derniers essais, et surtout par l'échec de *la Czarine*, au Théâtre-Français.

L'épreuve des *Trois Maupin*, sur une scène où l'attendaient des sympathies sexagénaires, ne lui a guère été plus favorable. Elle achèvera de lui persuader qu'il n'est pas né pour l'histoire, ou du moins qu'il doit se contenter de la traduire à l'Opéra seulement, ce domaine de la fantaisie.

Le Gymnase joue de malheur; mais à qui la faute?

Son directeur a cru faire un coup de maître en rappelant à lui un homme dont les ouvrages ont presque toujours été jusqu'à présent contre-signés par le succès. Est-ce le goût du public qui a varié? est-ce le talent de M. Scribe qui a faibli? *Les Trois Maupin* nous donneront peut-être le mot de cette énigme.

Un sous-titre d'une ambition mal déguisée nous avertit que l'action se passe la veille de la Régence.

Deux jeunes d'Aubigné, un frère et une sœur, cousins de madame de Maintenon, vivent misérablement dans un château démantelé du Béarn. — A-t-elle assez servi aux auteurs dramatiques, cette pauvre famille des d'Aubigné! — Le frère s'appelle Henri; la sœur s'appelle Béatrix. Madame de Maintenon, qui s'intéresse à tout ce qui porte son nom de famille, a jeté de loin ses vues sur eux; elle destine Henri aux plus hautes dignités de l'Église et elle veut faire de Béatrix la supérieure d'un des plus riches couvents de France. Mais elle a compté sans la vocation des deux jeunes gens : Henri s'engage dans le régiment de Berri, et Béatrix vient chanter dans la chapelle de Versailles, aux appointements de quarante mille livres par an, sous le nom de mademoiselle de Maupin, — une aventurière qu'elle a rencontrée sur un grand chemin, où elle avait perdu sa voix et son mari.

A Versailles, où nous transporte le deuxième acte, la fausse Maupin est devenue la cantatrice à la mode, non-seulement par sa voix, mais encore par sa beauté. Elle profite de ce double prestige pour obtenir à Henri d'Aubigné une lieutenance et pour lui faire gagner un procès qui le remet en possession d'une fortune assez considérable. — On sait qu'en ces circonstances M. Scribe ne lésine pas. — Mais, par un contre-coup facile à prévoir, la vertu de la pseudonyme fauvette est sérieusement menacée : premièrement, par le duc de Navailles; deuxièmement, par le président de Noyon; et troisièmement enfin, par le comte d'Albret, le plus dangereux, car il est aimé. C'est en ce moment que revient de l'armée Henri d'Aubigné, juste à temps pour préserver sa sœur des poursuites très-vives de ces trois messieurs. C'est en ce moment aussi que commence l'imbroglio le plus inextricable et le plus puéril où l'auteur d'*Une Chaîne* ait jamais égaré son habileté proverbiale. L'y suivrons-nous? Pourquoi pas? Nous y surprendrons peut-être quelques-uns des secrets de ce grand Albert du théâtre moderne.

Voici d'abord M. de Maupin, un musicien perpétuellement aviné, qui apparaît et qui réclame sa femme. Béatrix est sur le point de voir sa supercherie découverte; il ne lui reste qu'à fuir; les préparatifs du départ s'organisent immédiatement. Cependant elle a promis à la princesse Palatine (bonne princesse, et vous aussi!) d'assister à un bal masqué, cette nuit même; une voiture de la cour est en bas qui l'attend. Comment faire? Bah! l'auteur de *Feu Lionel* ne s'embarrasse pas pour si peu de chose; on jette un domino noir sur l'uniforme de Henri d'Aubigné, et c'est Henri d'Aubigné qui représentera ce soir mademoiselle de Maupin au bal de la princesse Palatine. Il part donc, masqué jusqu'aux dents; et fouette, cocher! — Est-ce assez d'invention?

Au bal masqué, la Maupin masculine fait des siennes ; serrée de trop près par quelques gentilshommes, elle saisit l'épée de l'un d'eux et les blesse à tour de rôle. Le guet l'arrête et la conduit, non pas au For-l'Évêque, mais dans une maison de plaisance du duc de Navailles; là, nous nous croirions déjà en pleine Régence. En effet, autour d'une table resplendissante de bougies, une douzaine de femmes sont groupées, le verre en main, rieuses, plus que folles, se renvoyant l'une à l'autre des historiettes galamment déshabillées. Elles sont rassemblées sous prétexte d'une retraite austère et pour se conformer au caprice religieux de madame de Maintenon. La duchesse de Navailles et la présidente de Noyon représentent les abbesses de ce couvent improvisé; mais regardez-y de près, et, sous ces cheveux qui attendent la poudre libertine du règne de Louis XV, vous allez reconnaître les deux profils de la marquise de B... et de madame de Lignolles. Henri d'Aubigné, toujours costumé en femme, complète le trio. Alors se déroule une course furieuse, une chasse sans nom, un quadrille incroyable de quiproquos, un hallali de situations : flambeaux éteints, portes subitement ouvertes, soufflets reçus et rendus, la maréchaussée, les maris, « vingt-cinq louis si l'on crève un cheval pour arriver avant M. le duc! » La mise en scène, — cette fameuse mise en scène du Gymnase, — est passée des mains de M. Montigny entre celles de Robert Houdin. Les trucs des *Pilules du Diable* se devinent à l'horizon.

On comptait beaucoup sur cet acte, le quatrième; on y comptait comme sur un ballet; et si ce n'est pas tout à fait un ballet, c'est au moins une clownerie, une arlequinade. Les acteurs n'ont pas le temps d'y parler; on ne procède que par exclamations. Pour nous, ce quatrième acte nous a produit un effet des plus étranges; il nous a semblé que, pareille à une horloge qui se détraque soudainement, toute l'habileté de M. Scribe se détraquait à la fois; les situations se dévidaient avec un bruit enragé; les ressorts sautaient à droite et à gauche; quelques scènes continuaient à aller toutes seules, par un reste d'habitude.

Les Trois Maupin pouvaient comporter une trentaine d'actes, comme les romans dialogués de M. Alexandre Dumas, auxquels ils ressemblent; M. Scribe ne leur en a concédé que cinq. L'action n'aboutit point, elle s'interrompt. Trois mariages signalent le dénoûment, les mariages des trois Maupin. Maupin première, la vraie Maupin, épouse en secondes noces un seigneur russe, dont les fourrures restent dans la coulisse; Maupin deuxième, c'est-à-dire Béatrix d'Aubigné, épouse le comte d'Albret, devenu duc; enfin la troisième Maupin, celle du bal de la princesse Palatine et du couvent de Marmoutier, la Maupin du régiment de Berri, offre sa main à une petite servante, qui a appris à lire et à écrire pendant son absence.

La vérité nous oblige à déclarer que, dans tout cela, nous n'avons surpris aucun des secrets qui font la réputation dramatique de M. Scribe.

D'ordinaire, lorsqu'un auteur prend à partie une époque très-connue de notre histoire, il est permis de lui supposer l'intention de mettre en lumière ou un personnage jusqu'alors mal expliqué ou quelques côtés très-curieux des mœurs de cette époque. Sans un de ces motifs, l'excursion historique est incompréhensible.

M. Scribe, se mouvant au milieu de la cour dévote de Louis XIV, approchant madame de Maintenon, saluant la princesse Palatine, M. Scribe se promenant, une canne à la main, dans l'Orangerie de Versailles, M. Scribe manque d'un peu de tournure, d'un peu de langage, d'un peu de science, d'un peu de tout. Sa plaisanterie sort d'une boîte au gros sel. Quant à son style, deux échantillons suffiront. S'ils ne suffisent pas, nous en donnerons quatre la prochaine fois.

Pressé par la duchesse de Navailles de s'expliquer sur une affaire de cœur, le comte d'Albret hésite : « Comment l'oserai-je en présence d'une personne si méritante, si sévère... — Dites si respectable, *et que ça finisse!* » réplique la duchesse. *Et que ça finisse* n'est pas du temps. *Et que ça finisse* remonte tout au plus à *l'Auberge des Adrets;* c'est le mot de Robert Macaire aux gendarmes : « Embrassons-nous *et que ça finisse!* »

Passe pour la duchesse de Navailles et son anachronisme; mais voici à présent la petite présidente de Noyon, avec sa grosse faute de français : « J'avais une amie excessivement peureuse... tout le monde peut l'être. » *Tout le monde peut être peureuse*, cela est clair, puisque M. Scribe l'affirme, et que M. Scribe est un académicien.

Cependant, nous ne sommes pas sans éprouver une certaine inquiétude au sujet du dictionnaire de l'Académie, si M. Scribe y a, comme tous ses confrères, sa part de collaboration.

La pièce du Gymnase est jouée comme elle est écrite, au pied levé, à l'aventure. Il n'y a pas de rôles, il n'y a que des acteurs. Il n'y a pas de femmes, il n'y a que des robes. Les plus riches d'entre ces robes sont celles de mademoiselle Delphine Marquet et de mademoiselle Delaporte.

Un mot sur mademoiselle Delaporte, à qui le public semble porter quelque intérêt. Elle est bien jeune, et on se hâte de lui tailler des robes en pleine effronterie. Le personnage de la présidente de Noyon, loin d'appartenir à la veille de la Régence, est déjà tout imprégné de la corruption du Parc-aux-Cerfs; c'est un fardeau qui doit paraître un peu lourd à ces épaules encore délicates; c'est une responsabilité qui doit répugner par instants à ce jeune esprit. Mademoiselle Delaporte fera bien d'atténuer plusieurs parties de cette création, auxquelles sa bonne volonté mal conseillée serait peut-être tentée de donner trop de relief.

On trouvera sans doute singulier que nous n'ayons pas dit un mot du collaborateur de M. Scribe dans *les Trois Maupin*, de M. Henri Boisseaux. Cela est pourtant bien naturel. La personnalité de M. Scribe a évidemment dévoré celle de son jeune associé. M. Boisseaux se résignera en souriant, j'imagine, et voilà pourquoi il comprendra nos réserves vis-à-vis de lui.

GAITÉ

Cartouche, drame en cinq actes, par MM. d'Ennery et Ferdinand Dugué. (Janvier 1859.)

Il y a des héros de mélodrame avec lesquels on n'en a jamais fini. De ce nombre est Cartouche. Le *Cartouche* de la Gaité ressemble à tous les *Cartouche* connus, au *Cartouche* de Legrand d'abord, représenté en 1721 au Théàtre-Français, s'il vous plait! (Legrand, un acteur-auteur, qui était né le jour que Molière était mort); puis au *Cartouche* de MM. Armand Overnay et Théodore Nézel, représenté vers 1828 à l'Ambigu-Comique, un des premiers triomphes de M. Frédérick Lemaître. Il n'évite pas non plus la ressemblance avec les *Mandrin* et les *Poulailler* qui ont infesté les scènes du boulevard. Cela nous a surpris : nous nous attendions à une quasi-réhabilitation de Cartouche, ou tout au moins nous espérions le voir mêlé à quelque grand secret d'État; notre attente a été déçue. En gens habiles, MM. d'Ennery et Dugué se sont gardés de faire un

Cartouche de fantaisie ; ils étaient trop certains d'obtenir un succès avec celui qui avait déjà servi et qui servira éternellement. L'invention exclue comme inutile et même comme dangereuse, ils se sont rabattus sur les décorations. A ce point de vue, leur pièce est fort intéressante.

Pour ceux de nos lecteurs, cependant, qui désireraient connaître la base de l'intrigue et les principales situations, nous leur apprendrons que ce drame n'est qu'une longue lutte, aux chances diverses, entre Cartouche et le comte d'Orbesson. Ce comte d'Orbesson avait nié d'une façon méprisante le *talent* de Cartouche; de là, la haine du bandit et ses efforts d'imagination. Il vide l'hôtel du comte et le fait inviter à un bal où se trouvent tous ses meubles déménagés. C'est l'acte le plus ingénieux ; les autres se passent successivement dans la rue, au village et même sur les toits, — de véritables toits, au ras de la scène. Rien de curieux comme de voir Cartouche enjambant les tuiles, tournant les cheminées, escaladant les mansardes. A un autre moment, il grimpe à une corde et disparaît dans les frises. Ces exercices qui, en dépit de la probité profondément outragée, ne laissent pas de jeter une teinte sympathique sur Cartouche, sont interrompus par l'intervention finale et décisive de la police. Les auteurs l'installent dans sa prison, l'y aident à se repentir et ne l'abandonnent qu'au pied de la roue. Ainsi finit ce duel en partie liée d'un honnête gentilhomme, aujourd'hui sans nom, contre un filou qui tient une place énorme dans l'histoire de France et, surtout, dans l'histoire littéraire, — car, outre les pièces de théâtre qu'il a inspirées, on ne se rendra jamais compte de la vogue prodigieuse du poëme de Grandval père : *Cartouche ou le Vice puni*, qui a été réimprimé à l'infini, pendant le dix-huitième siècle.

Voici le début de ce poëme, dont l'édition illustrée est assez recherchée des bibliophiles :

> Je chante les combats et ce fameux voleur,
> Qui, par sa vigilance et sa rare valeur,
> Fit trembler tout Paris, arrêta maint carrosse,
> Vola, frappa, tua, fit partout plaie et bosse.
> Muse! raconte-moi par quels heureux hasards
> Il trompa si souvent les exempts, les mouchards,
> Et comme enfin, après tant de vaines poursuites,
> Il reçut le loyer de ses rares mérites.
> ..... Cartouche était alors à la fleur de son âge,
> Brun, sec, maigre, petit. . . . .

Il y a dans *les Prisons de l'Europe* un très-joli roman de M. Auguste Maquet sur Cartouche, mais ce n'est qu'un roman. Les renseignements les plus exacts viennent de Cartouche lui-même, qui a écrit pendant son procès des notes pour servir à son histoire. C'est sans doute avec ces notes qu'a été composé ou plutôt barbouillé un petit livre immonde qui se trouve dans toutes les balles des colporteurs et à tous les étalages des bouquinistes, et dont il a été consommé parmi le peuple un nombre effrayant d'exemplaires. Effrayant est le mot.

Le peuple aime trop les brigands. C'est un goût qu'il serait bon de moins favoriser. Le spectacle de ces luttes avec la loi, de ces appétits en révolte, de ces violences bestiales et de ces ruses dissolvantes, le triomphe passager de ces énergies coupables, tout cela devrait être exclu du programme de son amusement. Ces réflexions, qu'on trouvera peut-être d'un sentiment Prud'hommien, me sont suggérées par l'attitude des spectateurs de la Gaîté, que les turpitudes de Cartouche enivrent d'une folle joie. Ce serait à souhaiter, pour leur punition, que leurs mouchoirs disparussent de leurs poches pendant que leurs mains sont occupées à applaudir.

Pour moi, je ne me suis jamais laissé prendre aux gentillesses de ce monstre. J'en veux beaucoup à *la bande à Cartouche,* pour avoir, entre autres crimes, assassiné un pauvre poëte, l'aimable Vergier, un conteur à la façon de Grécourt. Vergier revenait tranquillement de souper chez un de ses amis, un soir du mois d'août 1720; comme c'était un excellent convive, il s'était un peu attardé; minuit le surprit dans la rue du Bout-du-Monde. A cet instant trois hommes se jetèrent sur lui, et un coup de pistolet lui fracassa la tête; ils allaient le dévaliser, lorsque l'arrivée d'un carrosse les mit en fuite. Vergier était âgé de soixante-trois ans; sa mort demeura pendant quelque temps attribuée à une vengeance de grand seigneur. Ce ne fut que deux années après qu'un des principaux associés de Cartouche, connu sous le nom du *chevalier Le Craqueur,* révéla ce meurtre avec plusieurs autres. Le vol était son seul mobile, et il n'était l'instrument de personne. Le chevalier Le Craqueur subit le supplice de la roue, comme son capitaine.

Revenons au *Cartouche* de la Gaîté, un Cartouche de fantaisie, celui-là, mais plus amusant que le Cartouche de la réalité.

M. Dumaine est bien colossal pour représenter ce

furet de potence, qui glissait entre les mains des exempts et qui se cacha un soir dans un tuyau de cheminée. Le rôle de son frère de lait est joué par M. Charles Pérey; — je ne comprends pas que MM. d'Ennery et Ferdinand Dugué, au lieu de mettre en scène un villageois apocryphe, n'aient pas préféré emprunter à la comédie de Legrand le petit frère de Cartouche, un enfant de douze ans, dont les apparitions au milieu des plus grands périls sont d'un effet saisissant et charmant. Personne, je pense, ne leur eût reproché ce plagiat à propos d'une pièce de voleurs.

PORTE SAINT-MARTIN

Reprise de *Richard Darlington*, drame en cinq actes et en sept tableaux, par MM. Alexandre Dumas et Dinaux. (Janvier 1859.)

D'où vient que la reprise de *Richard Darlington*, un des drames les plus célèbres de la période romantique, n'a pas produit tout l'effet qu'on en attendait? On n'en peut accuser ni la mise en scène ni l'interprétation, qui ont été marquées au coin de la conscience et du talent. Il faut donc remonter à d'autres causes, et peut-être au drame lui-même.

Richard Darlington est une œuvre énergique, mais froide, violente avec calcul. On sent qu'elle dut être improvisée en un temps de crise, pour les besoins d'une mêlée littéraire. L'effet en fut puissant, il y a vingt-huit ou vingt-neuf années. Le drame était alors à son aurore; chacun apportait son audace, son innovation, et M. Alexandre Dumas, on s'en souvient, n'était pas un des derniers. Le tableau des élections, si original et si mouvementé d'ailleurs, fut considéré comme un pas de plus dans l'art du théâtre. — Aujourd'hui, ce n'est qu'une bagatelle pour une direction.— Les auteurs y ajoutèrent les cris d'une femme en mal d'enfant, au prologue, et ce fameux bourreau déjà un peu usé, mais d'un prestige toujours certain. Il résulta de tous ces éléments un ensemble assez étrange et d'une force incontestable. L'action procédait par saccades, enjambait les années, parcourait les distances, allait de la Chambre des Communes à la grande route, s'élevait jusqu'à la comédie ou se traînait dans le mélodrame, brisait et rejetait en chemin les personnages utiles; mais elle marchait à son but, sûrement, à travers une gradation ascendante de monstruosités; et le dénoûment, qui s'accomplissait à l'aide d'un forfait inusité, laissait le public frappé de stupeur. N'oublions pas que *Richard Darlington* était joué par un comédien de génie, alors dans toute sa jeunesse et dans toute son autorité, M. Frédérick Lemaître.

Les passions littéraires ont, depuis cette époque, beaucoup perdu de leur intensité. La plupart des progrès réclamés et rêvés par les vaillants promoteurs de la renaissance de 1830 sont à présent réalisés ou en voie de réalisation. On peut tout au théâtre, et les spectateurs y comprennent tout; leur éducation est faite. Le drame de MM. Alexandre Dumas et Dinaux n'a donc plus la valeur d'une arme de parti; il ne lui reste que sa valeur intrinsèque. Ainsi dépouillé de ce qui fait *l'événement*, réduit aux simples proportions du premier drame venu, *Richard Darlington* n'a pas rencontré chez les spectateurs d'aujourd'hui le même enthousiasme que chez les spectateurs d'autrefois. Nous en avons été surpris pour notre propre compte, car nous nous étions accoutumé à conserver dans nos souvenirs une place importante à cet ouvrage. Nous devons reconnaître actuellement que le caractère de Richard est trop tendu; quelques échappées d'humanité, une larme ou un sourire, seraient nécessaires pour le faire accepter. Les auteurs, en voulant mettre à la scène un ambitieux, — superbe et ingrate entreprise, — devaient-ils choisir une aussi inexorable exception? Leur ambitieux ne trouve d'obstacles que dans les circonstances; n'était-il pas d'un plus saisissant exemple de lui faire trouver ces obstacles dans sa nature même? Les hommes de la trempe de Richard ont tous un vice ou une qualité qui joue dans leur existence le rôle des soupapes de sûreté dans les machines à vapeur. La soupape a été oubliée dans *Richard Darlington*, et le héros éclate, sans exciter d'autre sentiment que celui de l'effroi. Encore si le moment de cette explosion n'était pas prévu! Mais on le voit venir d'acte en acte, il est annoncé; Mawbray, le bourreau, suit Richard comme son ombre, — c'est un dénoûment qui marche. On est certain qu'à une heure donnée il lui posera la main sur l'épaule, en lui disant: — Je suis ton père. Ce n'est donc plus qu'une question de temps. Cette certitude du châtiment détruit la moitié de l'anxiété et contribue à faire de Richard un ambitieux de convention.

Les figures qui l'environnent n'attirent pas à elles une somme beaucoup plus grande de sympathies. Son compère Thompson est sinistre comme lui: l'un frappe les femmes, l'autre couche en joue les hommes. Au moins, Molière plaçait-il Orgon auprès de Tartufe, et Sganarelle auprès de Don Juan. Dans *Richard Darlington*, il n'y a place que pour l'horreur. Son père, l'exécuteur des hautes-œuvres, et sa mère, la fille séduite, partagent la répulsion qu'il inspire; et c'est justice autant que fatalité. Son grand-père, le marquis Da Sylva, qui trafique des consciences, est digne de s'agiter dans cette atmosphère malsaine. Nous ne parlons pas du docteur Gray et de sa femme, qui ne sont que des comparses. Il n'y a, à vrai dire, qu'un rôle intéressant, un seul, celui de Jenny, — intéressant comme le rôle d'une colombe entre les griffes d'un vautour, — intéressant à force de cruautés matérielles, de sang, de meurtrissures, — intéressant, enfin, au prix d'un crime.

Voilà pour les personnages.

Les situations vigoureuses et les scènes bien frappées ne manquent pas dans ce drame; l'acte où le mari tente d'arracher à sa femme son consentement à un divorce, et la lutte sur le balcon, révèlent la manière libre et large de M. Alexandre Dumas. Mais nous regardons comme au moins maladroite l'entrevue de Richard avec sa mère, au cinquième tableau. Quoi qu'il en soit, la reprise de cette pièce a été écoutée lundi, par la génération nouvelle, avec plus de curiosité et de respect que d'émotion véritable; cela se comprend. Depuis un quart de siècle, les audaces de *Richard Darlington* ont été dépassées par presque tous les écrivains, — même par MM. Alexandre Dumas et Dinaux. Mieux eût valu peut-être lui garder son prestige et sa date, car les exhumations dramatiques font tomber bien des illusions.

M. Laferrière a succédé à M. Frédérick Lemaître dans le personnage de Richard; selon son habitude, il en a fait un rôle trop en dehors.

VARIÉTÉS

Le Capitaine Chérubin, souvenir en un acte, par MM. Dumanoir et Lambert Thiboust. — Mademoiselle Déjazet. (Avril 1859.)

Le théâtre des Variétés qualifie de *souvenir* la petite pièce qu'il joue sous le titre du *Capitaine Chérubin*. Double souvenir, alors! Souvenir d'abord de Beaumarchais, souvenir ensuite de mademoiselle Déjazet; car c'est elle qui, en habit de satin et la plume blanche au chapeau, revient chanter la *chanson à madame*. La scène est en Espagne, naturellement, dans une hôtellerie où castagnettes et guitares vont leur train; quatre ou cinq grands gaillards, passementés et pailletés sur toutes les coutures, sont réunis pour un concours de chant; ils s'en donnent à cœur-joie, lorsqu'un étranger, arrivé de la veille, paraît au milieu d'eux en se bouchant les oreilles. C'est Chérubin, c'est le damné petit page, mais bien triste, bien rêveur, cette fois; il a dans sa poche son brevet de lieutenant, et la prédiction lugubre de Figaro le préoccupe moins que l'adieu plein d'émotion de sa belle marraine. Que ne donnerait-il point pour la revoir, ne fût-ce qu'une minute? Ces pensées ne l'empêchent pas de prendre une guitare des mains de l'hôtelier et de concourir comme un simple orphéoniste. Il est bien entendu qu'il gagne le prix ; nous n'étions pas inquiet de cela.

Son air terminé, Chérubin pousse un cri : dans le groupe des jeunes filles qui l'entourent et le félicitent, il a cru reconnaître la comtesse Almaviva. Il s'empresse, il court à elle : — Marraine! marraine! lui dit-il : mais la jeune fille le regarde avec des yeux étonnés, et, le saluant d'une courte révérence, elle lui répond qu'elle est servante et qu'elle s'appelle Brigitte. C'est la situation du *Domino noir :*

— D'où venez-vous, ma chère?
— J'arrivons du pays.
— Et que savez-vous faire?
— J'n'ons jamais rien appris.

Chérubin n'est convaincu qu'à moitié; resté seul avec Brigitte, il met à exécution quelques épreuves bien connues au théâtre : le baiser sur l'épaule, le tutoiement, la taille enlacée; puis il lui raconte le *Mariage de Figaro*, sans oublier, comme on le pense, a fameuse et charmante complainte : *Que mon cœur, que mon cœur a de peine!* Ces enfantillages produisent leur effet, et la fausse servante est plusieurs fois sur le point de se trahir; mais elle rassemble ses forces, et, jouant son rôle jusqu'au bout, elle laisse partir Chérubin par un épouvantable orage. Après quoi elle s'évanouit sur une chaise.

En ce moment, la pièce tourne à la féerie : un

nuage monte du sol et va se perdre dans les frises; nous préférerions le contraire. Quand le nuage a accompli son évolution, il se retire et laisse voir une salle de château; la comtesse Rosine est étendue dans un fauteuil; elle rêve. Tout à coup la porte du fond s'ouvre avec fracas, et Chérubin paraît en uniforme de capitaine. C'est presque un homme maintenant; il a fait la guerre, il s'est illustré. Dire qu'il aime toujours sa marraine est superflu; les auteurs n'auraient pas écrit leur pièce sans cette condition. N'est-ce pas son image chérie qui l'a préservé du péril au milieu des combats? (La phrase est de nous.) N'est-ce pas son souvenir adoré qui l'a aidé à supporter l'existence? (Encore de nous.) Chérubin lui raconte tout cela avec une verve, avec un feu qui ne tarde pas à se communiquer à l'inflammable Rosine. Ils en sont là de leur conversation, lorsque la voix du comte Almaviva retentit au dehors; Chérubin, quoique capitaine, ne se soucie pas de se retrouver face à face avec lui; il ne veut pas d'ailleurs compromettre de nouveau sa marraine. Il cherche à fuir, à se cacher, mais les fauteuils ne sont plus assez vastes pour le dérober aux yeux des maris; il se décide alors pour la fenêtre, comme jadis; cette fois, ce n'est pas sur les épaules d'Antonio qu'il tombe, mais sur celles du comte lui-même. Un bruit d'épées croisées se fait entendre; second évanouissement de la comtesse, et... changement à vue!

Nous nous retrouvons dans l'auberge du commencement; voici Brigitte-Rosine plus que jamais évanouie; l'orage continue à gronder, comme s'il avait été commandé en Allemagne chez le fournisseur de

M. Meyerbeer. Chérubin, couvert d'un manteau, reparaît par la fenêtre et supplie une dernière fois la fausse servante de lui dévoiler son identité; celle-ci, vaincue par tant d'amour (toujours de nous) et effrayé des dangers qu'il court, avoue sa ruse renouvelée de *la Jeunesse de Henri V*, du *Songe d'une nuit d'été*, de *Martha* et de tant d'autres œuvres. Chérubin, qui ne demandait pas d'autre viatique, se met en route.

Nous n'aurons de ses nouvelles qu'à la première représentation de *la Mère coupable*.

Ce n'est pas la seule fois qu'on met Chérubin à la scène; déjà, avant la Révolution, Olympe de Gouges avait fait ou plutôt improvisé, en vingt-quatre heures, pour le Théâtre-Italien, *le Mariage inattendu de Chérubin*.

Le *souvenir* de MM. Dumanoir et Lambert Thiboust n'a d'autre valeur que celle d'un cadre populaire, approprié plus ou moins adroitement aux qualités encore très-vivaces de mademoiselle Déjazet. Nous disons plus ou moins, parce que nous croyons que les deux auteurs se sont trompés sur le véritable caractère de son talent. L'artiste prodigieuse qui a attaché son nom aux créations de *Frétillon*, de *Sophie Arnould*, des *Premières Armes de Richelieu*, ne peut guère, avec la meilleure volonté possible, représenter des amoureux à l'état primitif et vaporeux. Ce n'est pas l'éveil d'un cœur qu'elle excelle à rendre. Il lui faut de petits mauvais sujets, corrompus jusqu'au bout de leurs manchettes, des femmes accoutumées à *rouler* leurs soupirants. Regardez plutôt son regard froid et clair, sa bouche que l'ironie et quelquefois l'amertume retroussent à chacun de ses coins, sa voix goguenarde, son geste rare, sa jambe assurée; est-ce là le Chérubin qui parle aux étoiles et dont les cheveux frissonnent sous la main d'une grande dame? Mademoiselle Déjazet a toujours eu le jeu impassible; elle entre en scène indolemment, dédaigneusement, en jetant ses premiers regards aux avant-scènes des régions supérieures; elle s'aperçoit à peine de la présence de ceux à qui elle s'adresse; elle n'écoute pas; son organe criard parcourt la gamme des plaisanteries risquées avec une certitude que rien n'ébranle. Elle, Chérubin! Comment cette idée a-t-elle pu venir à M. Dumanoir, qui la connaît au point de lui avoir taillé ses principaux rôles? — Qu'un jour, dans une représentation à bénéfice et unique, lorsque Arnal jouait Bartholo et Sainte-Foy Grippe-Soleil, mademoiselle Déjazet ait eu la fantaisie de revêtir le pourpoint de Chérubin, cela se conçoit. Mademoiselle Rachel avait eu un caprice pareil en jouant la Marinette du *Dépit amoureux*. Mais persister dans ce personnage éblouissant comme un matin de printemps, poétique comme une création de Musset ou d'Hugo, voilà où est la faiblesse, voilà où est le tort, très-rémissible sans doute, mais évident.

Mademoiselle Déjazet n'est donc pas le *Capitaine Chérubin*, elle est mademoiselle Déjazet; c'est déjà beaucoup : autant dire le persiflage, l'esprit, l'aplomb, le goût.

GAITÉ

Micaël l'esclave, drame en cinq actes, dont un prologue, par M. Joseph Bouchardy. (Avril 1859.)

L'ancienne idole du boulevard du Temple, M. Bouchardy, vient d'être traitée un peu sans façon par le public du théâtre de la Gaîté. On comptait cependant sur *Micaël l'esclave* pour renouveler les belles soirées de *Lazare le Pâtre* et du *Sonneur de Saint-Paul*. L'attente a été déçue, il en est des vieilles gloires comme des vieilles lunes. Encore quelques années, et celui qui fut Joseph Bouchardy ira rejoindre Victor Ducange, qui avait été rejoindre Pelletier-Volmérange et Caigniez. *Gaspardo le Pêcheur* ne sera plus qu'un souvenir comme *la Forêt périlleuse*. Et pourquoi s'en étonnerait-on? Qui protége ces œuvres composées uniquement pour l'amusement du peuple? Lorqu la reprise des drames de M. Alexandre Dumas lui-même (j'entends *Antony* et *Richard Darlington*) ne produit plus qu'un effet de désenchantement, pourquoi M. Bouchardy résisterait-il à ce déplacement de l'intérêt dramatique? Il n'a pas changé sa manière, il n'a pas consulté le public, le parti s'est tourné ailleurs; c'est la loi habituelle.

Nous croyons n'être pas dépourvu d'un certain courage littéraire; et cependant nous pâlissons au moment de commencer l'analyse de *Micaël l'esclave*. C'est que jamais rébus n'accumula plus d'images disparates, ne s'enroula en arabesques plus incompréhensibles. Nous n'avons pas la prétention de faire la lumière dans ce chaos : nous dirons ce que nous avons cru comprendre et, quand nous n'avons pas compris, ce que nous avons vu.

La scène se passe en Russie, un ou deux ans après l'invasion française. Le décor du premier acte représente un site montagneux. Micaël est un serf d'une belle prestance, qui a recueilli de la comtesse Ulrique un enfant anonyme, qu'il élève dans sa cabane. Cet enfant est le prince d'Archangel; nous l'apprenons par un aventurier qui rôde, avec un de ses compagnons, autour de cette cabane, et qui finit par y mettre le feu pour s'emparer du titre et du nom du petit prince. Les aventuriers ayant toujours, dans les mélodrames, la rage de parler à haute voix et en faisant rouler les *r*, ceux-ci ont été entendus par un soldat français à qui Micaël a sauvé la vie. Ce Français se promet de reconnaître ce service en prévenant Micaël, mais il n'en a pas le temps, car Micaël, convaincu d'avoir donné l'hospitalité à un ennemi de sa nation, est condamné à être fusillé. L'exécution se prépare au moment où la toile tombe sur ce prologue. Mourra-t-il? ne mourra-t-il pas? Tout Bouchardy est dans ce doute et cette anxiété. Ces deux points d'interrogation sont la touche du maître, comme qui dirait son monogramme.

Il se pourrait bien que Micaël fût mort, car on ne le voit pas paraître au deuxième acte. Vingt ans se sont écoulés ; c'est de rigueur après tous les prologues connus. L'aventurier Faustus, ou le faux prince d'Archangel, fraye avec la société aristocratique de Saint-Pétersbourg : il s'est fait présenter chez la comtesse Ulrique, dont il veut devenir le gendre. La comtesse, qui le hait d'instinct, croit se débarrasser de ses prétentions en lui apprenant que Paula n'est pas sa fille, mais une enfant recueillie et élevée par elle. Cette confidence n'arrête pas Faustus, qui est réellement épris ; il trouve, au contraire, dans ce secret, des moyens d'arriver plus promptement à son but, car Paula, née sur ses terres, est, par conséquent, sa serve. Désespérant de vaincre autrement la répugnance qu'elle éprouve pour lui, il lui signifie d'avoir à se décider dans les vingt-quatre heures à devenir sa femme, ou son esclave.

Micaël n'est pas mort! Il reparaît au troisième acte, la barbe et les cheveux blanchis, couvert d'un sayon qui lui donne trop de ressemblance avec son parent d'Italie, *Lazare le Pâtre*. On lui a fait grâce de la vie ; on lui a même accordé un petit emploi de veilleur dans une partie des montagnes qui avoisinent la Suède. C'est dans ces montagnes, exposées aux avalanches, que tous les personnages de la pièce arrivent successivement : Paula pour fuir Faustus, Faustus pour rattraper Paula, la comtesse Ulrique pour rejoindre Paula et Faustus. Une partie de barres s'engage, où les sifflements de la tempête sont chargés de l'accompagnement. Micaël reconnaît sa fille dans Paula, que la fatigue oblige à se reposer sous sa chaumière; mais, trompé par un faux signal, il la livre lui-même à Faustus. Cet acte se termine par un orage épouvantable et par la chute — dans la coulisse — d'une avalanche qui engloutit un village tout entier.

L'acte suivant est le plus décisif; Paula est redevenue serve du prince Faustus; elle a revêtu les habits de l'esclavage. Son père Micaël vient la réclamer; c'est son droit; il paraît que, grâce à lui, le village a échappé à la destruction; l'empereur, pour récompenser Micaël, l'a affranchi et a permis que cet affranchissement fût reversible, après sa mort, sur ses enfants. Micaël supplie Faustus de cesser de torturer Paula; il va jusqu'à se jeter à ses genoux; mais, le trouvant implacable, il se relève et lui déclare que Paula sera libre avant la fin de la journée. Il a un moyen sûr pour cela : il s'empoisonne.

Mourra-t-il cette fois?

Pas plus que la première; le répertoire de M. de Bouchardy est rempli de miracles. Un jeune médecin, amoureux de Paula, se présente muni d'un contre-poison, et Micaël ressuscite de nouveau. Mais alors il s'opère un chassé-croisé que nous n'avons pu réussir à débrouiller, malgré nos efforts d'attention; ce n'est plus Paula qui est la fille de Micaël; le médecin devient son fils à son tour. Micaël et le médecin tombent dans les bras l'un de l'autre. C'est étrange!

Nous voici au dernier acte. Vous souvient-il de ce soldat français qui, au prologue, a surpris la conversation de Faustus et de son complice? Aujourd'hui, vieux et décoré, ce soldat va hâter le dénoûment en dénonçant les deux aventuriers. Le vrai prince d'Archangel est le jeune médecin, qui, alors, n'est plus le fils de Micaël. Comprenez-vous? Il épouse Paula et le drame finit.

Nous avons dit que ce n'était pas un succès, ajoutons que ce n'est pas une chute non plus. *Micaël l'esclave* vaut peut-être autant que les autres ouvrages de son auteur; mais il a le tort de venir après eux et de reproduire les mêmes situations. Les jeunes habitués des régions supérieures de la salle, que leur âge empêche d'avoir été nourris dans le respect de Joseph Bouchardy, se sont montrés passablement irrévérencieux le soir de la première représentation. Pour nous, c'était avec une surprise croissante que nous assistions au retour de ce style et de ces procédés dont notre jeunesse est restée frappée malgré nous; combien nous ouvrions nos yeux en retrouvant le carrefour de la forêt, la cabane incendiée, le bourg des falaises, la petite médaille bénie, le canon de la citadelle, le poison et le contre-poison!

Si nous essayons d'entrer dans quelques critiques d'ensemble, nous remarquerons que l'auteur de *Micaël l'esclave* prépare, en général, trop lentement et trop péniblement ses drames; chaque acteur qu'il introduit en scène a une longue histoire à raconter. Ces histoires se succèdent et se croisent à l'infini, il est aisé d'en perdre le fil. Une fois l'exposition laborieusement terminée et remplissant souvent plus de trois actes, M. Bouchardy donne dans l'excès opposé : il accumule les situations, il les précipite, il les chasse en tumulte devant lui ; et, pour les faire toutes entrer dans son cadre, il les écourte, il les mutile, il en affaiblit ou en compromet l'effet. Quelques belles scènes, à peine indiquées, ont été ainsi perdues, au quatrième acte principalement.

Micaël l'esclave est joué par M. Dumaine avec une préoccupation, peut-être involontaire, des attitudes et des éclats de voix de M. Mélingue. Le rôle est mal dessiné d'ailleurs ; c'est un père dont l'affection erre de l'un à l'autre, et qui transporte son affection de tête en tête avec une facilité déplorable ; il est mené par la pièce au lieu de la mener. Les autres rôles manquent d'importance ; le traître n'a rien qui le distingue ; l'amoureuse n'a rien qui la fasse reconnaître.

FABRE D'ÉGLANTINE

(Juillet 1859.)

Bien peu de sympathie s'attache à la personne et aux ouvrages de Fabre d'Églantine. Un examen toujours très-rapide de son existence ondoyante l'a perpétuellement fait rejeter, par les historiens, dans les bas-fonds où s'agitent les intrigants sans autorité. Moins favorisés que tant d'autres, que Laclos, l'auteur des *Liaisons dangereuses*, qui mourut général d'artillerie, que Barrère, demeuré épicurien jusqu'au seuil de sa quatre-vingtième année, Fabre d'Églantine paya immédiatement de sa tête quelques heures d'opulence et de dissipation, — une tête fort expressive au dire de ses contemporains, animée par des yeux petillants. On l'embarqua dans une affaire d'agiotage, et, sans lui permettre de se défendre et de produire des témoins, mis hors des débats, par suite des réclamations emportées de plusieurs de ses coaccusés, il fut condamné à mort; il n'entendit même pas le prononcé de son jugement. Du reste, ce procès et les irrégularités de droit dont il avait été entaché eurent un fâcheux effet sur le public d'alors, quelque habitué qu'il fût à la justice expéditive.

Nous sommes loin de vouloir essayer une apologie de Fabre d'Églantine ; aussi n'examinerons-nous pas si son passage au comité de l'instruction publique eût de bons résultats. Nous n'interrogeons pas sa vie privée, acquise aux plaisirs vers les derniers temps. Ses *Lettres amoureuses*, qui forment deux petits volumes, assez rares aujourd'hui, attestent de la sensibilité et de l'exaltation. Mais nous pouvons et nous devons regretter l'écrivain si prématurément brisé, l'auteur énergique du *Philinte de Molière*.

Il est permis de supposer que, sans les événements entraînants de la Révolution, Fabre d'Églantine, maintenu par le succès dans sa vraie voie, aurait donné à la France un poëte comique d'un ordre supérieur. Tel qu'il est, arrêté à trente-neuf ans, doué de vingt facultés, peintre, musicien, homme de bureau, orateur, acteur, nous le trouvons singulièrement remarquable. Rien ne nous ôterait de l'idée qu'il aurait été plus loin que Laya, Marie Chénier, Alexandre Duval. Nous puisons cette conviction aussi bien dans *le Philinte* que dans *l'Intrigue épistolaire*; mais nos préférences sont pour cette dernière pièce, dont l'action est conduite de main de maître et remplie de détails excessivement ingénieux. On rit d'un bout à l'autre dans *l'Intrigue épistolaire*, ce qui n'a pas lieu pour *le Philinte*.

L'idée de continuer Molière, précisément dans son œuvre considérée comme la plus parfaite, était une idée hardie et qui, aux yeux de certains fanatiques, participait même du sacrilége. Pour nous, qui nous plaçons à un point de vue plus humain, nous comprenons ce désir de Fabre d'Églantine de pousser jusqu'aux conséquences extrêmes un caractère borné par Molière dans les rapports de la bienséance mondaine. La tentative lui a été heureuse. *Le Philinte* a des parties d'une noblesse et d'une éloquence peu communes. A vrai dire, c'est moins une comédie qu'un drame, et un drame placé, on le sent à chaque scène, sur les limites d'un nouveau régime.

Le sujet du *Philinte de Molière* est connu, je suppose. On sait qu'il s'agit d'un homme ruiné par la friponnerie d'un procureur, et que recommande très-vivement Alceste à Philinte. On sait que Philinte, personnification spirituelle de l'égoïsme, refuse d'employer son crédit pour cet inconnu, lequel se trouve, au troisième acte, n'être autre que Philinte lui-même. Alceste, généreux jusqu'à l'oubli, le tire du danger, mais ne lui épargne pas sa harangue. Il est vrai que cette harangue est fort belle et résume la pièce tout entière.

M. Leroux joue consciencieusement le rôle de Philinte, c'est-à-dire qu'il n'en dissimule aucun des côtés désavantageux; il entre peut-être mieux dans l'esprit philosophique de l'ouvrage que M. Geoffroy, qui continue le personnage d'Alceste sans presque y apporter de nuances.

GYMNASE

Reprise de *Marie ou Trois Époques*, comédie en trois actes, par madame Ancelot. (Septembre 1859.)

M. et madame Ancelot, il y a quelque trente ans, tenaient un salon des plus agréables; les lectures y alternaient avec les bals et même les bals travestis. L'anecdote que nous allons rapporter remonte à cette époque. C'était en hiver; madame Ancelot avait convié plusieurs intimes, — les familiers seulement, — pour entendre *Marie*. La lampe solennelle, coiffée de son abat-jour vert, avait été apportée sur la table; on n'attendait plus personne. De sa voix la plus argentine, la maîtresse de maison lisait le premier acte de sa comédie encore inédite. On connaît ce premier acte : une jeune fille, Marie de Sivry, afin de sauver l'honneur et la vie de son père compromis dans de maladroites spéculations, n'hésite pas à sacrifier son amour pour un jeune homme à qui elle était fiancée, et elle épouse un spéculateur enrichi, M. Forestier tout court.

L'auditoire avait une larme au bord des yeux; on avait beaucoup applaudi à la lettre de la mère mourante; la boîte à pistolets du vieux général avait également produit son effet. Madame Ancelot, profitant de l'attendrissement unanime, allait passer au deuxième acte. Tout à coup la porte du salon s'ouvre, et un orang-outang de la plus grande espèce s'avance en exécutant des cabrioles insensées. Chacun se regarde. Le singe, se rendant compte enfin du milieu où il se trouve, s'arrête, examine la lampe et les spectateurs d'un air effaré et balbutie des paroles humaines. On reconnaît alors M. F..., un homme de lettres, célèbre... par ses distractions. M. Ancelot, qui s'était levé, vient à lui, et d'un ton ferme : — Pouvez-vous me dire, monsieur, ce que signifie cette mauvaise plaisanterie? Le singe demeurait pétrifié au milieu du salon. Il essaya pourtant de murmurer: — Je croyais... j'arrivais pour le bal... oui, pour le bal masqué... j'ai reçu une invitation. Et, oubliant son costume, M. F..., cherchant les basques de son habit, ne trouvait qu'un appendice caudal d'une longueur à dessein exagérée. — Eh! monsieur, répliqua M. Ancelot, notre bal masqué est pour samedi : c'est aujourd'hui jeudi. Retirez-vous! votre présence ici, et surtout dans un tel moment, est indécente!

Profondément déconcerté (peut-être y avait-il de quoi), l'orang-outang salua et se retira. La porte se referma sur lui. On se reprit à la lecture de *Marie*, et le deuxième acte n'en obtint pas moins de succès que le premier. Le tableau de Marie dans son ménage, ses luttes entre le devoir et la passion, sa douleur, ses larmes, tout cela impressionna beaucoup l'assistance. Sans doute, il y eut bien quelques esprits qui pensèrent que les situations étaient trop uniformes, trop prévues, trop complaisamment développées, mais nul n'en fit la remarque à haute voix. Madame Ancelot, une modeste rougeur sur le front, recueillait les compliments les plus chaleureux, — lorsqu'un sourd gémissement venu de la porte frappa soudain les oreilles. On se tut. La même plainte recommença, inquiète, piteuse. N'écoutant que son courage, M. Ancelot se décida à aller ouvrir; et quelle ne fut pas sa colère en se retrouvant devant le singe. — Pour le coup, monsieur, ceci passe les bornes la mystification! s'écria-t-il; que voulez-vous encore? répondez! — Hélas! dit l'orang, il n'y a pas de ma faute, la queue de mon travestissement était prise dans la porte, et je n'ai pas voulu vous interrompre avant la fin de l'acte...

C'était la vérité, il était impossible de se fâcher contre M. F... Mais cette fois, M. Ancelot tint à le reconduire jusqu'au bas de l'escalier. La compagnie eut quelque peine à se remettre de cet incident grotesque. Enfin, le troisième acte de *Marie* commença. Vous rappelez-vous ce troisième acte? La fille du général de Sivry, la femme de M. Forestier, est devenue veuve; elle peut enfin se marier avec l'homme qu'elle n'a jamais cessé d'aimer; mais voyez la fatalité : cet homme s'est lassé d'attendre pendant seize ans, et maintenant c'est de la fille de Marie qu'il est amoureux. Accoutumée à se sacrifier pour tout le monde, Marie se sacrifie une fois de plus : sa fille sera heureuse.

Des accents partis du cœur, une sensibilité poussée jusqu'au déchirement dans la scène finale, émurent au dernier point les amis de madame Ancelot. Pourtant ce n'était pas sans une certaine distraction qu'ils l'écoutaient; malgré eux, au moindre bruit, leurs regards se dirigeaient de minute en minute vers la porte, comme s'ils se fussent attendus à voir revenir le singe. Mais le singe ne revint pas.

Marie ou Trois Époques fut une des dernières créations de mademoiselle Mars; la comédienne renommée se plaisait à cette trilogie larmoyante qui montrait son talent sous plusieurs faces. L'attention, accaparée entièrement par elle, ne s'arrêta pas alors aux défectuosités de la pièce, qu'un sombre ennui enveloppe. Après vingt-trois ans, en quête d'un rôle pour madame Rose Chéri, le directeur du Gymnase a été arracher à la poudre des tombeaux ce mélancolique ouvrage. C'est une idée qui ne lui serait pas venue au printemps : mais voici la saison où le ciel se brouille, où la brise devient le vent et soulève la poussière ; l'étang, quand luit la lune, n'a plus de reflets sous son manteau de feuilles sèches; l'ombre d'Young s'allonge jusque sur le boulevard Bonne-Nouvelle. — Reprenons *Marie,* s'est dit M. Montigny.

Et nous sommes allé voir *Marie.* Ce soir-là, un cortége respectueux stationnait aux alentours du théâtre. Des groupes discrets s'abordaient à voix basse : on se serrait la main sans mot dire; on se saluait du regard. Quelques personnes consultaient leurs montres en murmurant : — C'est pour huit heures ! D'autres, d'un air navré : — C'était une charmante pièce...

bien conduite... Quel dommage! Il y en avait de plus curieux qui, se glissant parmi les invités, demandaient : — Où sont les parents? A ceux-là, on désignait du doigt, silencieusement, M. Rolle et M. Matharel, la tête inclinée, le crêpe au bras, convoqués la veille pour cette lugubre cérémonie, par la voie des journaux.

La reprise de *Marie ou Trois Époques* a fait souhaiter que les qualités de madame Rose Chéri fussent mieux employées. On a remarqué M. Landrol dans le rôle sententieux et insupportable de Melcourt, M. Derval dans le rôle brutal et sot de Forestier, M. Didos dans le rôle odieux et impossible de Charles d'Arbel. On n'a pas remarqué mademoiselle Delaporte, qui joue décidément trop en *bébé*. En somme, *Marie ou Trois Époques* aurait dû être laissée au répertoire fossile de M. Empis ; — c'est une pièce qui manque de singe.

AMBIGU

Le Roi de Bohême et ses sept châteaux, drame en six actes, par
M. Paul Meurice. (Octobre 1859.)

M. Paul Meurice se sera dit : — Mon premier acte se passera dans une de ces forêts empruntées à Shakspeare, où tout le monde se rencontre et s'égare ; j'y grouperai des Bohémiens pittoresquement vêtus, qui attendent leur roi. Ce roi sera une sorte de Figaro et de Zafari, un vagabond poétique, doué de tous les dons de la gaieté et du courage ; je l'appellerai Cabrito, parce que je ne peux pas l'appeler Tragaldabas. Dans ma forêt enchantée, je ferai passer, comme c'est mon droit de fantaisie, Philippe IV, l'infante, dona Carmen, son amoureux, et le duc de Buckingham par dessus le marché. Mon Cabrito sera mêlé à tout, protégera tout le monde ; et, quand le roi d'Espagne lui demandera son nom, il répondra entre deux gambades : — « Je suis le roi de Bohême! » ce qui termine merveilleusement une exposition.

Mon deuxième acte, — se sera encore dit M. Paul

Meurice, — évoquera au bord de la mer bleue un ancien temple à Phébus-Apollon, hanté par une belle devineresse du nom de Sylvana. J'aurai là une scène de bonne aventure qui est tout à fait dans les mœurs d'alors; Sylvana cachera sa jeunesse sous le masque effroyable d'une vieille de cent ans; de longues mèches de cheveux blancs tomberont sur son manteau rouge et vert, constellé de signes infernaux; elle s'appuiera sur la béquille des fées mauvaises; sa voix sera cassée; son regard sera éteint; mais sa main blanche et douce la trahira à son insu; aussi quand, après avoir tiré leur horoscope au roi d'Espagne et au roi de Bohême, elle leur donnera rendez-vous pour la nuit suivante, au château en ruines de Maria Padilla, chacun d'eux se dira en souriant : — J'irai!

Mon troisième acte transportera le spectateur au pays des visions, en pleine fantasmagorie. Je dirai les mystères des cloîtres éclairés par la lune; je ferai rouler sans bruit les portes d'airain sur leurs gonds invisibles; des formes indécises passeront le long des galeries enveloppées de nuées. Cela rappellera peut-être *la Dame blanche,* mais j'aurai le soin de remplacer la musique de Boïeldieu par une action vive et animée. Le fantôme de Maria Padilla causant amoureusement, au bord d'une table de mosaïque, avec le bohémien Cabrito, ne sera pas, je crois, sans intérêt, ou du moins, sans originalité. Devineresse ou fantôme, on reconnaîtra facilement Sylvana, qui, si elle le voulait, aurait bien des choses à révéler à Cabrito sur sa naissance; mais elle se contentera, pour le moment, de lui apprendre qu'il est d'une grande famille; et comme on m'a quelquefois raillé sur mes petites médailles et mes crucifix d'argent, j'éviterai qu'elle lui donne aucune preuve de ce qu'elle avance.

— Je compte beaucoup sur cet acte, baigné d'une pâle lumière; je le considère comme un heureux cadre aux amours de mes deux Bohémiens. A un moment donné, c'est-à-dire au point du jour, le roi d'Espagne, qui aura été berné toute la nuit par des fantômes subalternes, fera cerner le château, et il en emmènera le personnel entier à la cour.

Je suppose, — se sera toujours dit M. Paul Meurice, — que le public ne verra pas sans une grande satisfaction, au quatrième acte, le palais de Philippe IV avec ses jardins embaumés, ses jets d'eau, ses lauriers, ses murailles dorées par le soleil; il éprouvera également un grand plaisir, s'il a gardé religieusement la mémoire du romantisme, à retrouver les pourpoints de soie, les manteaux de velours, les chapeaux à plumet, les dagues et les dentelles. Voilà l'important. Je ne mettrai guère qu'une scène dans cet acte, mais elle sera capitale : le roi d'Espagne et le roi de Bohême se disputeront le cœur de Sylvana; Philippe IV ira jusqu'à provoquer en duel Cabrito, et, sur son refus très-sensé de croiser le fer, il se jettera sur lui, l'épée haute. C'est alors que Sylvana s'écriera, épouvantée : « C'est votre frère ! » Je ne mets pas en doute l'effet que produira ce cri, surtout si l'actrice le lance avec puissance; je ne crains qu'une chose, c'est que quelque critique ne rapproche cette situation de celle de *Don Juan d'Autriche*.

Mon cinquième acte fera reparaître sur l'eau le

duc de Buckingham, — « mylord duc, » comme on disait au temps de *Marie Tudor*. Je n'ai pas la conscience très-nette à l'endroit de ce personnage, dont je me suis embarrassé maladroitement. J'imaginerai que le duc de Buckingham, perdu de dettes en son pays, a jeté ses vues sur l'Espagne pour refaire sa fortune ; en conséquence, il aura placé dans une malle ses plus galants ajustements de satin et il se sera mis à la recherche d'une opulente héritière. Le hasard placera dona Carmen sur son chemin, et ce sera dona Carmen qu'il convoitera. D'après ses principes, et pour arriver plus vite à son but, il commencera par la compromettre en s'introduisant nuitamment dans sa chambre, grâce aux intelligences que son or lui aura créées dans le palais du roi. Il suffit à Buckingham (Bouquinquant, comme écrit Tallemant des Réaux) qu'on le voie sortir des appartements de dona Carmen ; mais il aura compté sans Cabrito, qui veille sur l'honneur de la jeune fille. Ici, je placerai entre mylord duc et le Bohémien un duel au poignard, les duels à l'épée ayant fait leur temps. On accourra au bruit et on forcera Buckingham à épouser la personne qu'il a compromise et qui est, non pas dona Carmen, comme il l'avait espéré, mais Sylvana la Bohémienne.

M. Paul Meurice aura continué : — Toute chose a une fin ; il faut que mon drame en ait une. J'ai besoin d'un sixième acte très-rapide, parce qu'au fond j'ignore jusqu'à quel degré j'aurai réveillé ou lassé l'attention de mes spectateurs. Quoi qu'il en soit, ils ne seront pas insensibles à un splendide décor qui représentera le septième château du roi de Bohême.

Là, je mystifierai pendant quelques minutes le duc de Buckingham ; après quoi, je le renverrai dans les boudoirs embrumés de Londres, pour arriver plus promptement au mariage de Cabrito et de Sylvana. En bon frère, Philippe IV viendra signer au contrat, avec sa cour, et je renverrai tout le monde content, — entre minuit et une heure.

Ainsi se sera dit M. Paul Meurice, et ainsi les choses se sont passées — ou à peu près. *Le Roi de Bohême et ses sept châteaux* a surpris plutôt qu'ému ; c'est une féerie sans trucs, un conte où la grâce se fait jour aux dépens de l'intérêt. J'ai cherché la pièce, et je n'ai trouvé qu'un spectacle. Rien ne justifie le titre emprunté à l'un des plus spirituels ouvrages de Charles Nodier.

Et d'abord, jusqu'à quel point avait-on le droit de s'emparer de ce titre qui réveille les souvenirs les plus littéraires et les moins dramatiques ? Qu'est-ce que l'Ambigu avait à démêler avec ce volume, qui est l'expression la plus fine, en même temps que la plus goguenarde, de la grammaire, du style, de la science, de tout ce qui ne ressemble guère au mélodrame courant, il faut l'avouer ? C'est une enseigne, répliquera M. Paul Meurice, comme *Fanfan la Tulipe*. Très-bien ! mais que diriez-vous d'un traiteur de barrière qui décrocherait l'enseigne des *Frères provençaux* pour en décorer sa modeste boutique ?

Je m'en voudrais d'exagérer la sévérité à l'égard de M. Paul Meurice, qui est un romancier de valeur. Avez-vous lu ses *Tyrans de village*? Avez-vous lu sa *Famille Aubry*? Un écrivain comme lui a certes droit à plus d'égards que les fabricants habituels des théâtres de boulevard. Ses drames accusent tous quelques louables tentatives : je me souviens du point de départ étrange de *Paris;* je me souviens du dessin sauvage et fier de *Schamyl;* je me souviens même de *l'Avocat des pauvres,* qui contenait des scènes pleines de noblesse. Je ne crois pas que *le Roi de Bohême* précise un progrès dans sa manière; ce n'est pas une erreur, si l'on veut; mais c'est la conséquence d'un système poussé jusque dans ses plus extrêmes limites : le drame fait au point de vue d'un seul acteur.

M. Paul Meurice est un des fournisseurs accoutumés de M. Mélingue, qui, comme tous les acteurs parvenus au sommet de leur réputation, ont soif de domination absolue, et ne tolèrent pas qu'en un drame aucune tête s'élève à côté de la leur. M. Mélingue entend, non pas jouer dans une pièce, mais être la pièce elle-même. Il prétend incarner à la fois la beauté, l'esprit, la vaillance, la générosité; il veut que tout parte de lui et que tout retourne à lui. De là, ces œuvres serviles, incomplètes, qui ressemblent à des monologues; de là, un rôle continuellement recommencé, celui d'un matamore qui traine un grand manteau, qui brandit une grande épée, qui fait de grandes enjambées, de grands gestes, qui ouvre une grande bouche, — pour mieux te manger, ô public !

Jamais M. Mélingue ne s'est plus stérilement agité que dans cette pièce à fracas et à paysages. Il insulte les rois, il délivre les infantes, il pourchasse les Bohémiens, il brise les portes d'une prison, — j'ai vu le moment qu'il allait s'envoler! Il ne cause pas avec ses interlocuteurs, il les comprend à demi-mot, il les interrompt, il leur ferme la bouche, il les magnétise, il les éblouit, il les pétrit, il pose ses deux mains sur leurs épaules, il les pousse dans la coulisse; et lui, — lui, — ses poignets croisés sur le ventre, il reste seul avec le public, triomphant et ricanant!

VAUDEVILLE

Ce qui plaît aux femmes, pièce en trois actes, en prose et en vers, mêlée de chant et de danse, par M. Ponsard. (Juillet 1860.)

M. Ponsard au Vaudeville ! Une féerie par l'auteur de *la Bourse* et de *Lucrèce !* Il y a de quoi s'étonner, — et même encore aujourd'hui nous ne sommes pas bien revenu de notre étonnement. Il faut que M. Louis Lurine ait une grande influence sur M. Ponsard pour avoir pu le décider à abandonner le chemin de Mycène. Avant toutes choses, nous devons les féliciter tous les deux, car ils ont rencontré un succès qui peut aisément tourner à la vogue :

Ainsi, nous disions donc que cet affreux Voltaire...

C'est de ce dernier vers de *l'Honneur et l'Argent* que M. Ponsard s'est souvenu sans doute en écrivant le titre de sa nouvelle pièce. *Cet affreux Voltaire* a rimé, en effet, le joli conte de *Ce qui plaît aux dames;* mais là s'arrête le rapprochement. Selon Voltaire, ce qui plaît aux dames c'est l'amour de la domination; selon M. Ponsard, c'est... L'analyse de son ouvrage va nous l'apprendre.

Le théâtre représente le boudoir d'*Il faut qu'une porte soit ouverte ou fermée.* Dans ce boudoir, une comtesse s'ennuie. Son cousin Gontard est auprès d'elle, essayant de la distraire et de réveiller son cœur. La comtesse est veuve et riche; un essaim de prétendants s'empresse autour d'elle; le moment viendra bientôt où elle sera forcée de faire un choix parmi eux. Avant de se résoudre à cette extrémité, elle embrasse un projet que lui suggère son cousin : c'est de mettre à l'épreuve ses soupirants, quitte à accorder sa main à celui qui aura le mieux réussi à l'amuser. Ils acceptent avec transport, et en sa qualité d'inventeur, le cousin Gontard n'est pas exclu du concours. — Voilà le premier acte; il est en prose, et l'on s'en aperçoit bien. M. Ponsard est en plein braconnage sur les terres d'Alfred de Musset, mais il ne tire que les lapins domestiques de Wafflard.

Le second acte est en vers. Il forme une pièce à part dans la pièce. C'est une invention du vicomte d'Artas pour amuser la comtesse. Les décors, les ballets, les costumes, les ariettes, le style, tout a été spécialement composé pour elle. — On voit la reine des fées au milieu de son cortége, siégeant au bord de l'étang, près des roseaux verts; chaque fée a un petit compliment qu'elle récite à son tour; le lutin Robin broche sur le tout en racontant les espiégleries dont il accable les villageois. — On ne peut refuser à ce tableau de la fraîcheur et de la grâce. — Survient un chevalier *égaré dans la forêt;* la reine des fées, qui en est secrètement éprise, lui apparaît sous trois formes successives : l'Amour des voluptés, l'Amour de l'or et l'Amour du pouvoir. Olivier repousse vertueusement ces trois figures tentatrices, ce qui ne l'empêche pas, à l'imitation de Robert-le-Diable, de jouer aux dés, de boire des élixirs dans des coupes d'or et de prêter les bras aux pirouettes des danseuses. Enfin, la reine des fées se montre au chevalier sous sa forme véritable ; et le lutin Robin bénit un hyménée que couronnent des danses sans fin.

Cet acte est la curiosité de la pièce; on y sent la préoccupation des effets romantiques ou plutôt le parti pris d'une franche imitation des magies de Shakspeare et de Gœthe. Les rhythmes se déroulent et se croisent en liberté; l'idylle alterne avec l'ode; et je ne doute pas que cet intermède ne présente un certain attrait — à la lecture. A la scène, c'est différent. Le souvenir des *Noces d'or,* d'*Obéron* et de *Titania* cède par instants la place au souvenir des compositions anodines et merveilleuses qui se jouent, aux distributions des prix, par des demoiselles en écharpe bleue, et où se trouvent, comme au Vaudeville, des ermites à longue barbe, des troubadours, des fées déguisées en petites vieilles à béquille. D'autres fois, la dissonance éclate brusquement; la personnalité de M. Ponsard fait invasion dans la fantaisie; il déclame entre deux ronds de jambe; il fustige la société sur les blanches épaules de mademoiselle Delphine Marquet. — Je vous demande un peu ce que la société a à voir dans ce pot-pourri!

> Une aristocratie importe à l'équilibre;
> Rien ne sera debout si l'examen est libre.

Qui est-ce qui s'exprime ainsi? C'est la reine des fées. Quels yeux doivent ouvrir les nénuphars en entendant ce lyrisme de premier-Paris!

En homme modeste, M. Ponsard omet de nous dire l'opinion de la comtesse sur sa féerie. Il est hors de doute qu'elle a adressé les plus vifs compliments au vicomte d'Artas, — mais il ne paraît pas cependant qu'il ait remporté le prix d'*amusement*.

Le troisième acte de *Ce qui plaît aux femmes* nous ramène à la prose et est consacré au triomphe du cousin Gontard. Le cousin Gontard s'est laissé paisiblement distancer par ses rivaux, et, pendant que le vicomte d'Artas demandait au romantisme ses moyens de fascination, lui les empruntait tout bonnement au réalisme. — Gontard conduit sa cousine dans un grenier, où une jeune ouvrière souffre de faim et de froid et se raidit de toute la force de ses pauvres bras violets contre les offres de la séduction. Cette peinture préméditée rappelle les premières lithographies; rien n'y manque, ni l'infâme entremetteuse passant un collier de perles au cou de la jeune fille, ni les gémissements de la petite sœur dans son berceau, ni l'honnête portier, ni la porte s'ouvrant tout à coup pour livrer passage au beau monsieur et à la belle dame, *enveloppés de somptueuses fourrures*. Il est facile de provoquer l'attendrissement par ces procédés extrêmes. L'art n'est pour rien là-dedans. Un cadavre n'a pas besoin d'être signé Ponsard, pour exciter la terreur et la pitié.

Il va sans dire que la comtesse vide son porte-monnaie entre les mains de l'ouvrière, et qu'elle remercie chaleureusement son cousin de lui avoir procuré l'occasion de cette bonne action. Elle l'accepte pour époux, en convenant que ce qui plaît aux femmes, c'est... la charité. Conclusion imprévue, — mais éminemment morale !

Singulière pièce, n'est-il pas vrai ? Eh ! c'est cette singularité qui a fait sa réussite. Il est bien entendu que singularité n'est pas pris ici dans le sens d'originalité. Classique ou fantaisiste, correct auteur de tragédies ou léger rimeur de féeries, le sort de M. Ponsard est de demeurer constamment attaché au pastiche. — Il serait injuste néanmoins de ne pas lui tenir compte de l'effort qu'il vient de faire pour varier son talent. J'y vois surtout le désir de réagir contre une accusation de réaction littéraire qui a toujours — et injustement — pesé sur sa carrière si droitement tracée et si honorablement parcourue.

Une seule audition de *Ce qui plaît aux femmes* ne nous permet pas de nous prononcer d'une manière bien définitive sur le style ; tout ce que nous pouvons en dire aujourd'hui, c'est que, sous ses nouvelles et sémillantes allures, il garde encore des tours vieillis, des épithètes parasites. La métamorphose n'est pas complète et ne pouvait pas l'être. Combien d'amis maladroits crieront néanmoins au chef-d'œuvre, à propos de ce deuxième acte, — que trente poëtes à Paris auraient écrit aussi bien, pour le moins, que M. Ponsard ! Je les nommerai quand on voudra.

VAUDEVILLE

Rédemption, pièce en cinq actes et un prologue, par M. Octave Feuillet. (Octobre 1860.)

M. Octave Feuillet ne s'est jamais donné pour un inventeur, et il ne sera jamais pris comme tel. Venu après tout le monde, il est une aimable réduction des esprits élégants et des poëtes en prose du dernier règne; tantôt il se complaît à la découpure de l'auteur du *Caprice;* d'autres fois, on le voit descendre le limpide courant des moralités dans la barque fleurie de Jules Sandeau. Son charme principal est l'égalité et le souci perpétuel du bon goût; c'en est assez pour légitimer la faveur qui accueille ses livres. Les mêmes motifs expliquent l'intérêt attaché à ses tentatives dramatiques, bien que la plupart ne soient que des transplantations de ses romans et de ses nouvelles.

C'est le cas de *Rédemption*, qui a huit ou dix ans de volume et qui sort d'un des meilleurs plants de M. Octave Feuillet, — retour de la *Revue des Deux*

Mondes. Comme *Dalila*, *Rédemption* n'a eu à subir que de légères modifications pour passer du libraire chez le directeur. On commence à s'apercevoir que tout est possible au théâtre.

Rien n'est moins nouveau que le sujet de cette composition, dont la femme déclassée fait encore les frais. Madeleine, la comédienne adulée du théâtre de Vienne, Madeleine s'ennuie, malgré son esprit et sa beauté. Au moment où le drame s'en empare, elle est à bout de caprices notés et de fantaisies prévues; elle commence à s'engager dans les cercles de l'ironie et de la désespérance. On la voit fouler d'un pied impie les dalles d'un cloître de Camaldules; on l'entend répondre par des sarcasmes aux éloquentes exhortations du prieur. Elle ne croit plus à son cœur, monceau de cendres sous la dentelle.

Sa seconde visite est pour un assez mauvais drôle d'alchimiste, qui n'a de Rembrandt que la houppelande fourrée et de Faust que le vieux soufflet asthmatique. Madeleine est possédée de la manie des consultations. Elle interroge l'alchimiste sur toutes choses, sur le ciel, sur l'opinion, sur la vertu, sur l'or, et elle finit par lui acheter une petite fiole de poison.

> Vois-tu, sur cette planche,
> Ce flacon de couleur brune, où trempe une branche ?
> Approches-en ta lèvre, et tu sauras après
> Si les discours qu'on tient sur les philtres sont vrais.

Ainsi parle la sorcière dans le *Don Paëz* d'Alfred de Musset.

Jusqu'à ce moment, ces allées et ces venues, ces tirades à chaque propos, ce fantastique de troisième main, ces contrastes de moines et de comédiennes, tout cela, qui peut chatoyer sur le papier, a paru puéril et importun à la scène. Heureusement que les actes ou les tableaux suivants, qui se passent chez Madeleine, viennent donner l'essor à l'action. — Madeleine est entourée de ses adorateurs : le comte Jean, le duc d'Estival, lord Sheffield et le Russe de rigueur. Elle a promis, ce soir-là, de *couronner la flamme* de l'un d'eux, comme on disait au dix-huitième siècle ; et, toute défaite de ce genre étant habituellement précédée d'un souper, on soupe. Souper de théâtre! ivresse de théâtre! Mais le décor est charmant, battant neuf, somptueusement éclairé ; on y remarque des dessus de porte, où des bousculades d'Amours sont fort agréablement peintes. A ce festin, l'actrice a invité, pour s'en railler, un jeune homme d'aspect grave, un Alceste allemand, qui l'aime et qui la maudit. Ce petit monsieur, aussi fier qu'inconséquent, se nomme Maurice Fœder et est le cousin du comte Jean. Il n'a pour son écot que des paroles poétiques, mais lugubres ; et cependant Madeleine l'écoute et le regarde avec attention ; il pique sa curiosité, il agace son désœuvrement, il ne ressemble pas à tout le monde enfin. Cela n'empêche pas Madeleine, à la fin du souper, de jeter le mouchoir au comte Jean en lui disant, du ton de Lucile à Éraste : « Ramenez-moi chez nous. »

Mais une fois chez elle, et le comte à ses pieds, voilà que le ressouvenir de Maurice Fœder vient poigner la comédienne. Elle veut revoir Maurice à tout prix ; elle l'envoie chercher, et il vient. Prenez note que la pièce n'a été faite que pour cette scène : c'est la lutte de la courtisane amoureuse et du moraliste épris. Marion et Didier sont de nouveau en présence. Qui l'emportera?. — Les transports de madame Fargueil sont très-beaux dans cette scène toute en dehors jetée. — Le cœur de Madeleine se ranime au contact du dédain et de l'insulte; elle aime, elle croit; mais ne pouvant réussir à convaincre Maurice Fœder, elle vide la fiole que lui a vendue le vieil alchimiste. Le drame devrait finir là; il aurait ainsi sa moralité et sa raison d'être. L'auteur, trop indulgent, a substitué de l'eau claire au poison. De la sorte, les âmes tendres s'en vont satisfaites, rêvant chacune une conclusion que M. Octave Feuillet n'a pas osé indiquer.

Rédemption! Jamais titre ne fut moins justifié que celui-là. On cherche en vain une leçon ou une consolation dans ce drame inutilement fantasque; on n'y trouve que de la grâce et de l'esprit, deux jolis lots pour un livre. M. Feuillet a placé son action à Vienne. Pourquoi Vienne? Son héroïne est profondément parisienne; elle a l'impertinent attrait de nos reines du demi-monde. En recommençant cette étude de la femme blasée, il se devait d'y apporter un accent particulier, au lieu de se contenter du rire de la *Dame aux Camellias* et du bâillement de Marco. Le rachat par l'amour, après avoir été une de ces questions palpitantes qui réclament des conciles d'écrivains dramatiques et de romanciers, est rentré aujourd'hui dans la classe des problèmes résolus. La pièce de M. Octave Feuillet n'a pas même la valeur d'un post-scriptum.

La direction du Vaudeville a, comme toujours, fait merveille pour son auteur favori. Costumes et ameublements, tout sort de chez la meilleure faiseuse; il est impossible de mieux s'y prendre pour forcer la main à un succès. Ce que j'en dis s'applique aussi aux artistes : j'ai nommé madame Fargueil et je n'y reviendrai pas; elle serait la première comédienne de Paris sans madame Rose Chéri, qui laisse indécise la préférence. M. Brindeau a le jeu distingué, quoique épanoui; sa parfaite aisance fait passer sur ce que son embonpoint offre d'excessif. On a affublé M. Félix d'une perruque de vieillard; Desgenais s'est vu métamorphosé en alchimiste; Bordognon est devenu le docteur Wolfram Mattéus. Mais l'illusion a été nulle ou à peu près, grâce à la verdeur de M. Félix.

J'arrive à M. Ribes, pour qui la création de Maurice Fœder est importante. M. Ribes paraît appelé à succéder à M. Lafontaine; il ne le remplacera pas du premier coup. Son corps maigre, son visage anguleux et sévère lui enlèvent beaucoup de ces séductions qui, jusqu'alors, avaient semblé inséparables de l'emploi des amoureux. En revanche, il dit bien; et, s'il a le tort d'accuser trop les passages de transition, de mettre du zèle où il ne faut que de l'intelligence, en revanche — et c'est là une étrange qualité — il se possède très-habilement dans les morceaux de force; il joint la simplicité à la passion; il a la conviction et la dignité. L'autorité viendra plus tard. Il a raconté, au quatrième acte, assis sur une chaise, à demi tourné vers le public, la mort d'une petite fille, et il a été justement applaudi.

ODÉON

L'Oncle Million, comédie en cinq actes et en vers, par M. Louis Bouilhet. (Décembre 1860.)

Je ne suis pas absolument ennemi de la poésie appliquée à la comédie bourgeoise. Il est une espèce de vers mâles et précis qui conviennent à tous les caractères et s'adaptent à toutes les professions. M. Louis Bouilhet a une fois parlé cette langue dans le premier acte d'*Hélène Peyron*, lequel formait un petit drame sombre et sévère comme la fatalité. Moins bien inspiré dans *l'Oncle Million*, qui semble une comédie ébauchée au collége, il a essayé de divers styles et n'a abouti qu'à une mosaïque maladroite. Il voulait être varié, il n'a été que discordant. A côté de plusieurs beaux vers, nettement frappés, on en remarque d'autres, chevillés, mal faits.

Madame Duvernay, une femme qui ne peut pas souffrir la poésie, s'exprime en ces termes :

Mon esprit inquiet flotte dans l'inconnu.

Une jeune fille de dix-huit ans, Clara, dit à son amie Alice :

Après la trahison dont ton âme est ternie.

Employées sans discernement, ces nuances d'expressions, tantôt emphatiques, tantôt communes à l'excès, ont fortement compromis la cause de la comédie nouvelle. Le public a paru agacé de voir fleurir ces métaphores sur les lèvres des rentiers, des notaires, des domestiques, des bourgeois et des bourgeoises qui composent les personnages de *l'Oncle Million*. De son côté, la critique s'est déclarée lasse de tant de lyrisme accouplé à tant de réalisme; peu s'en est fallu qu'elle n'enveloppât le genre tout entier dans une injuste proscription. Encore une fois, la faute en est exclusivement à M. Louis Bouilhet, et la comédie en vers n'a rien à voir de l'échec du poëte. La comédie en vers a ni plus ni moins sa raison d'être que l'ode, le conte, l'églogue ; elle n'a pas besoin d'être défendue lorsqu'elle s'appelle, au dix-septième siècle, *l'École des Femmes* et *les Plaideurs ;* au dix-huitième siècle, *Dupuis et Desronais ;* elle est alors dans sa plénitude et dans son harmonie.

C'est un enfantillage de soutenir que la poésie est incompatible avec nos habits noirs. La poésie transfigure tout ; et, si incomplètes que soient ces œuvres, il est tel trait de satire dans *l'Honneur et l'Argent*, tel mot de sentiment dans *Gabrielle*, tel courant de passion dans *Hélène Peyron*, qui font facilement oublier le milieu bourgeois de l'intrigue et la maussaderie du costume. Le seul et véritable écueil de la comédie en vers réside dans la transition : il surgit toujours un moment où il est indispensable de s'écrier :

> Voici monsieur Dubreuil; que vient-il faire ici?

Vous avez été très-brillant dans la scène de bal, très-ému dans la scène d'amour, très-énergique dans la scène de provocation; vous n'en arrivez pas moins à ce terrible moment où il faut annoncer, en un distique ou en un quatrain, que le dîner est servi. Un plaisant a spirituellement raillé en deux vers ces nécessités prosaïques :

> Le prix exorbitant de ces locaux motive
> Mon rapide départ par la locomotive.

L'auteur de *l'Oncle Million* n'a pas toujours été habile à cet art des transitions, mais cela s'apprend. Ce qui s'apprend moins, c'est l'invention, l'observation, la vérité. L'absence de ces qualités essentielles m'a induit à prendre la comédie nouvelle (je l'ai dit plus haut) pour un essai de jeunesse, attardé dans les tiroirs de M. Louis Bouilhet. Je serais heureux d'avoir deviné juste.

J'ai commencé cet article par des considérations générales qui auraient été mieux à leur place après l'analyse de la pièce. Mais il y a si peu de pièce dans ces cinq actes! Un honnête négociant d'une ville de province, M. Rousset, a un fils qui est amoureux et qui fait des vers. Passe pour l'amour, car la jeune fille qu'aime Léon Rousset possède entre autres vertus un oncle millionnaire; mais la poésie! Abomination de la désolation! honte de la famille! opprobre du département! Rousset défend à son fils tout commerce avec la muse; et Cadet-Rousset de se faire imprimer vif dans *l'Abeille cauchoise* ou dans *l'Écho de la Lozère.* Pour le coup, Rousset octroie bien et dûment sa malédiction à Cadet-Rousset. Ces débats remplissent les deux premiers actes. Au troisième, on assiste aux hésitations de Léon, qui est tout près de sacrifier sa Muse à son amante, son lyrisme à son mariage; et peut-être ferait-il aussi bien, ce pauvre garçon, car il ne convainc personne de son génie; lui-même n'en est pas du tout convaincu; il faut que ce soit Alice, sa fiancée, qui relève son courage. Ici, une scène jolie, mais diantrement idéale.

> Pour tomber sans espoir sous l'arbre de la route,
> Le sang de votre cœur a-t-il fui goutte à goutte?
> Connaissez-vous le poids de la lutte sans fin?
> Avez-vous eu la soif? avez-vous eu la faim?
> Le mépris? la pitié? l'insulte? l'ironie?
> Mon Dieu! c'est ici-bas la rançon du génie!

Et l'oncle Million? direz-vous. Cet oncle-là traverse la pièce, mais il ne s'y arrête pas. Il pourrait s'appeler l'oncle-Providence, l'oncle-Dénoûment, l'oncle-Scribe; il est tout cela à la fois et un peu *l'Habitant de la Guadeloupe.* Il prend, absolument comme s'il n'avait pas le sou, le parti des lettres contre l'argent; il défend Léon, il imprime à ses frais son premier volume, et, un exemplaire sous le bras, il se rend chez le père Rousset. — Asseyez-vous, dit-il, je m'en vais vous lire des idylles ravissantes : *la Ferme, la Pervenche*... — Allez au diable ! » L'oncle Million continue sa lecture :

> Un nouveau plaisir à chaque page !
> Le *Vieux-Moulin !* — Morbleu ! c'est un joli tapage ;
> Le flot glapit, la roue a de l'écume aux dents :
> On dirait que l'auteur a vécu là-dedans.
> Tous les vers font tic-tac et sont blancs de farine ;
> Et moi, je sens mon cœur battre dans ma poitrine,
> Car je songe, en lisant, au vieux moulin que j'ai,
> Celui qu'on entend geindre ainsi qu'un homme âgé,
> Quand on passe le soir dans ces plaines superbes
> Dont Alice bientôt fera faucher les herbes.

Voilà de charmants vers, à coup sûr ; l'oncle Million les déclame à ravir, et, pour mieux persuader Rousset père de leur excellence, il fait don à Rousset fils de tout ce qu'il a si bien chanté, c'est-à-dire de la ferme et du moulin. Il y ajoute même le château, l'étang, le vallon et la plaine. Oncle Carabas ! oncle *galantuomo !* Ce commentaire éloquent laisse sans réplique le père impitoyable : Léon se marie avec Alice, comme dans toutes les comédies connues, et voilà un département menacé d'une avalanche de stances et de strophes !

Cette action-là ne prouve pas grand'chose ; les deux ou trois scènes ingénieuses ou gracieuses qu'elle renferme pouvaient tenir en un acte. M. Louis Bouilhet n'a rien tiré de nouveau de la lutte de l'intelligence et de la matière ; son poëte est presque ridicule. On pouvait s'attendre du moins à une galerie piquante d'originaux ; mais, de ce côté encore, l'auteur de *l'Oncle Million* s'est dérobé à l'attente générale et sympathique. Ses personnages sont des silhouettes s'agitant derrière le papier huilé de la convention.

Et puis, toujours ridiculiser les notaires ! c'est bien usé.

COMÉDIE-FRANÇAISE

Les Effrontés, comédie en cinq actes, par M. Émile Augier.
(Janvier 1861.)

Il n'y a plus de sujets, il n'y a que des titres; et encore les titres s'amoindrissent-ils. Au dix-huitième siècle, Palissot nommait bravement ses comédies : *les Courtisanes, les Philosophes*. Nos auteurs satiriques sont plus bénins. Ainsi la pièce d'aujourd'hui devrait s'appeler : *les Cyniques ;* c'est son vrai titre, et ce titre aiderait à comprendre les violences de l'exécution. Mais voyez-vous, sur une affiche, l'effet de ces syllabes brutales, et le *tolle* des gens de goût! *Les Effrontés*, à la bonne heure. Il y a dans cet assemblage de lettres une issue au sourire; cela s'entend derrière les branches d'un éventail; et Augier-Duclos, après avoir averti son auditoire, peut commencer sans crainte un de ces récits semi-scandaleux où il excelle.

Les *Effrontés* se groupent, dès le lever du rideau, dans le salon d'un banquier véreux, M. Charrier, au demeurant le meilleur homme du monde. Le fils et la fille de M. Charrier, Henri et Clémence, un effronté de plaisir et une effrontée de sentiment, s'entretiennent de leur avenir. Henri n'a d'autre occupation que de faire des dettes et de se consacrer au bonheur de mademoiselle Taffetas, une effrontée dansante de l'Académie impériale de musique. Clémence n'a d'autre rêve que d'épouser M. de Sergines, encore un effronté, et de la pire espèce celui-ci : un effronté sans le savoir. M. de Sergines vit publiquement avec une femme séparée de son mari, la marquise d'Auberive, une effrontée s'il en fut jamais. Quant au marquis, je vous le présente pour la fine fleur de l'effronterie, pour un docteur ès impertinence ; aussi n'est-on pas fâché de voir « *accommodé au safran* ce voltigeur de Louis XV. » C'est un personnage de la pièce qui s'exprime ainsi. Premier échantillon du style de M. Augier.

Nous n'avons pas encore notre compte d'effrontés ; voici le maître à tous, le sieur Vernouillet, homme de rien, homme d'affaires, sans figure, sans conscience, sans cœur, le roi des drôles, comme on l'appelera tout à l'heure. Il entre chez le banquier, le front bas, le regard à terre ; car il sort de la sixième chambre du tribunal de police correctionnelle, où on l'a rudement admonesté. En voyant cette penaude figure, le marquis d'Auberive, qui passe par là, s'amuse un instant du Vernouillet ; et moitié railleur, moitié sérieux, il lui donne une leçon d'effronterie qui n'est pas perdue. « Allons, relevez la tête, lui dit-il ; vous avez l'air d'avoir votre condamnation dans la bouche ; *le niais l'avale, l'homme fort la crache.* » Le marquis ajoute encore de fort bonnes choses ; par exemple, il conseille à Vernouillet d'être le premier à oublier ses antécédents judiciaires ; puis, de tendre la main à tout le monde, comme une menace, certain que personne ne la refusera. Vernouillet, qui ne demandait qu'à être *remonté*, remercie chaleureusement le marquis d'Auberive et part, plein d'enthousiasme, à la conquête d'une nouvelle toison d'or.

La première action de ce coquin est d'acheter un journal : *la Conscience publique*. Autour de ce journal manœuvre la pièce. Vernouillet, devenu un des quatre grands pouvoirs de l'État (cela se passe sous le dernier règne), force les salons, dîne chez les ministres, prétend à tout, vise à tout. Pour commencer, il demande à M. Charrier la main de sa fille, et comme le banquier hésite par un reste de pudeur, Vernouillet lui laisse entrevoir la possibilité d'agrafer le manteau de la pairie par-dessus sa redingote financière. Le consentement de Charrier n'est pas, il est vrai, le seul qu'il lui faille obtenir ; reste celui de la jeune fille, celui de sa marraine, celui de son frère. Vernouillet fait face à tout : il a facilement raison de Clémence, qui croit insurmontables les obstacles entre elle et Sergines ; mais il rencontre une sérieuse et méprisante opposition chez la marraine et chez le frère. La marraine est cette marquise d'Auberive, dont une faute a motivé la séparation conjugale ; Vernouillet exploite cette situation dans la chronique de son journal, et il reçoit, en échange, un coup d'épée du marquis, son protecteur ; mais pour des espèces telles que Vernouillet, un coup d'épée est une bonne fortune. Reste le frère à gagner à sa cause; c'est là le plus difficile; Henri ne peut dissimuler son dégoût pour Vernouillet; alors, celui-ci, décidé à tout, ne trouve rien de mieux pour anéantir ses scrupules que de lui communiquer un numéro de la *Gazette des Tribunaux*, contenant le compte rendu d'un procès correctionnel intenté jadis à son père. Bien en prend à Vernouillet d'être venu chez Henri le bras en écharpe; sans cela, il ne sortirait pas par la porte. Mais Henri n'en reste pas moins frappé au cœur par cette déshonorante révélation : la fortune paternelle a une source impure. Vainement M. Charrier lui *offre-t-il* de désintéresser jusqu'au dernier sou ses anciens créanciers, Henri, qui ne peut plus le regarder sans rougir, s'engage dans le corps des chasseurs d'Afrique, comme *le Grand Godard*. Avant de partir, l'aimable jeune homme assure le mariage de sa sœur avec Sergines, rendu libre par le rapatriage du marquis et de la marquise d'Auberive.

J'ai concentré en ces cinquante lignes une action singulièrement éparse. Au bout de mon résumé, je cherche une conclusion, je ne trouve qu'un dénoûment; on m'avait annoncé une comédie, je n'ai à m'incliner que devant une tentative. La nouvelle pièce de M. Augier contient de nombreuses qualités, mais la principale en est absente : l'intérêt. Ce n'est pas sans fatigue que le spectateur suit ces différentes intrigues, mal jointes à l'aide de vieux ressorts; ce n'est pas sans impatience qu'il retrouve ces types d'aventuriers subalternes taillés dans le paletot géant de Mercadet.

Au moins, dira-t-on, *les Effrontés* ont de larges tendances, et le satiriste s'en est donné à cœur joie; il a frappé sur tout et sur tous, il a presque soulevé des masques; il a fait plus : après s'être montré plus goguenard, plus acerbe et plus aristophanesque qu'aucun petit journal, il a discuté la question de l'enseignement et l'abolition de l'héritage; il a défini le rôle du socialisme et celui de la légitimité; il a parlé pendant une demi-heure environ des appétits, des instincts, des passions, des aptitudes; pendant une demi-heure, ce satiriste s'est transfiguré en homme d'État. C'est vrai; mais dans quelle bouche a-t-il placé ce discours éloquent et original, ce plaidoyer très-généreux quand il n'est pas diffus? dans la bouche d'un faquin de bas étage, le pire de ses *Effrontés*, une caricature entée sur une canaille, un bohème sale de corps et d'esprit, dont nous n'avons pas parlé, répondant au nom de Giboyer et exerçant des fonctions subalternes dans *la Conscience publique*. Voilà l'homme que M. Émile Augier a choisi pour porte-voix. C'est affaiblir à plaisir l'autorité du moraliste et du tribun, convenez-en. Malgré cela, je ne demande certainement pas mieux que de faire à M. Augier un mérite des vérités plus ou moins utiles, mais à coup sûr hardiment exprimées par Giboyer-le-fripon. Placé sur le terrain exceptionnel qu'il doit à son incontestable mérite, M. Émile Augier en profite librement et courageusement. Sa situation est haute, il la rend noble. Un autre écrivain, M. Ponsard, aussi exceptionnellement et aussi légitimement favorisé que lui, avait déjà essayé, l'an dernier, d'introduire des paroles politiques dans une féerie dansée et chantée. Le public avait souri à l'essai audacieux du poëte viennois; il est demeuré insensible aux témérités de l'auteur des *Effrontés;* — peut-être s'est-il souvenu des allusions moins arrogantes de *Diane*.

Les Effrontés ont-ils réussi? Ils ont étonné, ce qui est un très-grand point; ils ont choqué quelques classes de la société, dit-on; ce ne peuvent être les journalistes ni les financiers. Si l'on a été rebelle au drame et indifférent à la leçon, en revanche on s'est livré sans réserve à cet esprit tapageur, forcené, aussi contemporain que possible, à ces mots drus comme grêle ou sel gris, qui rappellent *le Mariage d'Olympe* et *les Lionnes pauvres*. Un entre autres; on parle d'une demoiselle extrêmement majeure, qui va ceindre la fleur d'oranger. « A trente-cinq ans! s'écrie quelqu'un; oh! elle a bien droit à des oranges! »

Certes, il y a un tempérament comique dans M. Émile Augier. Mais, jusqu'à présent, sa devise littéraire semble avoir été : *En deçà, au delà*.

Quelques coupures ont été pratiquées dans *les Effrontés*, dont la première représentation s'était prolongée jusqu'à une heure du matin. Les comédiens, surexcités par la présence de Sa Majesté l'Empereur, ont joué avec un entrain infini. Est-il possible de rencontrer un meilleur trio que MM. Régnier, Samson et Provost? Mademoiselle Plessy chante moins la prose que les vers; elle a un rôle dans ses cordes. Quant à M. Got, l'enfant gâté de la maison de Molière, je suis fâché de le voir aux prises avec ce malséant Giboyer, qui, à être considéré de très-près, ressemble un peu, beaucoup, furieusement, au Taupin de *Diane de Lys,* un autre bohème mélancolique, que jouait avec le même talent et la même barbe l'excellent Lesueur. M. Got et M. Émile Augier ont cru devoir compléter la physionomie de Taupin avec un article de journal, un jeu de cartes biseautées et la pipe du Schaunard de M. Henry Murger. Et voilà comment les types s'altèrent!

VAUDEVILLE

Je vous aime, comédie en un acte, par M. Charles Hugo.
(Mars 1861.)

J'ai rarement connu deux jeunes gens aussi richement doués que les deux fils de M. Victor Hugo. Il serait ridicule de s'en étonner, lorsqu'on songe à la puissance d'électricité intelligente que dégage l'auteur des *Légendes du siècle*. Cette électricité est telle, que tous ceux qui l'ont approché d'un peu près et fréquemment ont gardé malgré eux un reflet de sa manière et de ses procédés de style. Sans compter ses enfants, en qui cette analogie est toute naturelle, nous pourrions signaler bien des écrivains d'un mérite élevé, chez qui se retrouvent, même à l'état involontaire, la plupart des effets du maître, l'emploi de l'antithèse simple et de l'antithèse à incidentes, la métaphore à ressort, l'hyperbole tranquille, la phrase courte comme un javelot. M. Charles Hugo et M. François-Victor Hugo, bien qu'ils se soient trouvés mêlés, et très-sympathiquement, au plus grand nombre des gens de lettres de leur âge, ont conservé plus que personne ces marques de leur illustre origine. Chez eux, ce n'est plus du pastiche, c'est de l'hérédité. L'un et l'autre sont aujourd'hui des hommes. Le premier semble particulièrement acquis à la littérature de roman : *le Cochon de Saint-Antoine, la Bohême dorée, la Chaise de Paille* se distinguent tout d'abord par des portions excessivement brillantes. Cependant, nous ne pouvons voir là-dedans encore qu'un premier mot; et nous espérons qu'un jour, laissant de côté sa spirituelle insouciance, M. Charles Hugo se décidera à se liver tout entier. Depuis longtemps sa place est gardée au milieu de la nouvelle génération littéraire; quand viendra-t-il la prendre?

En attendant, *Je vous aime*, qu'il vient de faire représenter au Vaudeville, est une de ces gracieuses bulles soufflées dans le chalumeau de Marivaux. L'invention y a sa part pourtant. Trois jeunes gens font la cour à une jeune veuve et emploient des moyens différents : celui-ci tient pour la déclaration, celui-là pour la lettre, l'autre pour l'enlèvement. De ces trois systèmes ingénieusement mis en présence et en action, naissent des scènes fort amusantes et qui n'ont d'autres défauts que d'être bourrées d'étincelants quolibets, répartis avec une telle prodigalité que plusieurs se trouvent hors de situation. La belle assiégée accorde sa main à celui des trois assiégeants qui n'a ni parlé, ni écrit, ni enlevé. — M. Brindeau sait son métier; il joue élégamment et rondement le personnage de Darcet, qui a peur « de ce joli pistolet de salon qu'on appelle l'œil d'une femme ».

PORTE SAINT-MARTIN

Les Funérailles de l'Honneur, drame en sept actes, par M. Auguste Vacquerie. (Avril 1861.)

La destinée dramatique de M. Vacquerie ressemble à celle du pétrel, l'oiseau des tempêtes. Sans atteindre au vacarme épique de *Tragaldabas*, la première représentation des *Funérailles de l'honneur* a rappelé les luttes premières du romantisme, alors que la seule vue d'une cotte de mailles ou d'un masque de velours faisait battre les cœurs de vingt ans. Il y avait en vérité quelque chose de touchant dans la composition du public, ce soir-là ; personne n'y manquait, pas même Bocage, blanchi, ossifié, ayant à l'œil l'immuable lorgnon d'*Antony* ; on reconnaissait des spectateurs d'*Hernani*, ventrus et chauves, mais toujours prêts au coup de poing ; le parterre était rempli des épaves de *Marion de Lorme* ; aux galeries et au balcon s'étalaient avec superbe des chapeaux despotiques, des chevelures n'ayant jamais pactisé, des gilets construits en forme de pourpoint. A une variante près, l'anecdote du *vieil as de pique* s'est même renouvelée. Rouvière, au dernier acte, avait à dire : « Je ne suis pas venu ici comme vous, madame, *incognito!* » La moitié de la salle a entendu : « *En coquelicot!* » et quelques ci-devant jeunes hommes de 1830 de s'écrier : — *En coquelicot* est très-fort ! *En coquelicot* est tout simplement un trait de génie !

Quelque prévention que l'on ait, à quelque point de vue qu'on se place, le sujet des *Funérailles de l'Honneur* est beau, ample et parfaitement taillé pour le théâtre. C'est déjà quelque chose. La scène se passe dans l'Espagne de don Pèdre le Justicier ; et, ayant affaire à M. Marc-Fournier, on est immédiatement rassuré sur l'exactitude et la splendeur de la couleur locale. Un jeune héros, don Jorge de Lara, revient dans son château natal, après avoir, à lui seul, forcé des villes, défendu des ponts, culbuté des armées, selon le devoir de tout Espagnol qui se respecte un peu. Don Jorge a deux fétiches, l'honneur et le roi. Cette déclaration de principes, qu'il formule en termes très-éloquents, ne tarde pas à être mise à l'épreuve. Un rebelle se réfugie dans son palais. Ce rebelle, ce révolté, dont la tête est mise à prix, est l'infant don Manuel, le frère bâtard du roi. En homme qui possède les traditions de Ruy Gomez, Jorge se refuse à livrer son hôte ; mais les alguazils, n'ayant pas les mêmes scrupules, vont s'en emparer de vive force, lorsqu'ils sont arrêtés par un mot que murmure à l'oreille de l'un d'eux dona Béatrix de Lara, la mère de don Jorge de Lara. L'infant Manuel, luttant de délicatesse et jugeant sa cause désespérée, se livre volontairement, malgré les prières de Florinde, sa femme. On l'emmène Restée seule avec don Jorge, Florinde lui murmure ces mots : « Trouvez-vous cette nuit, à deux heures, dans la rue San-José. — Pourquoi faire ? — Pour apprendre comment votre mère sait se faire obéir des alcades. »

Le décor qui représente cette rue San-José est d'un large et poétique effet. On voit arriver don Pèdre avec un de ses familiers; don Pèdre est de la famille aventureuse d'Haroun-al-Raschid : il aime à errer la nuit. « Roi qui veille, peuple qui dort ! » dit-il. Mais, après avoir erré, il ne déteste pas non plus d'entrer dans certain logis mystérieux où l'attend chaque soir dona Béatrix, sa maîtresse. Hélas ! oui, dona Béatrix de Lara, la mère de don Jorge. Et c'est pour lui révéler cette tache et pour le faire témoin de cette honte que Florinde a donné rendez-vous à don Jorge. Par ses ordres, un spadassin d'une taille colossale, habillé des guenilles de Zafari et armé de la longue flamberge de Saltabadil, se livre à un tel branle-bas dans la rue San-José que dona Béatrix accourt sur son balcon, un flambeau à la main, et suivie de son amant. « — Le roi ! » s'écrie avec stupeur don Jorge de Lara, caché sous un porche. Car toute rue San-José suppose un porche; tout porche, un homme caché; tout homme caché, un mystère. Trémolo.

Le troisième acte est rempli par l'exécution de l'infant don Manuel. L'échafaud a été dressé, sur les instructions du roi lui-même, dans un des carrefours les plus populeux de la ville. A l'heure dite, le funèbre cortége débouche en scène : une haie de pénitents, le condammé, et puis le bourreau, la hache à l'épaule. Nous attendions les fameuses paroles : « Celui qui marche à ma droite a nom Fabiano Fabiani, marquis de Clanbrassil... » Elles sont remplacées par les adieux et les embrassements de Florinde ; après quoi, don Pèdre ayant pris place avec toute sa cour sur une estrade tendue d'étoffes d'or, on entend dans la coulisse le bruit de la hache. Contrairement à tous les usages, ce n'est pas l'infant don Manuel qui harangue le peuple avant de mourir, c'est le roi qui, dans un *speech* bien senti, se justifie de sa conduite et explique à ses sujets la théorie des nécessités d'État.

Après la mort, l'enterrement. Après l'échafaud, le cercueil. Le goupillon après la hache. Il faut son cadavre à la fosse. Un vide dans le monde, un trou dans la terre. Don Pèdre, sur la demande de dona Florinde, a permis que l'infant don Manuel fût inhumé dans le tombeau qu'il s'était fait construire aux portes de Séville ; il a poussé la condescendance jusqu'à autoriser le masque pour ceux de ses partisans qui voudraient le porter en terre. Sept personnes usent de la permission ; parmi elles se trouvent don Jorge de Lara, poussé par un vague espoir de haine, et dona Béatrix, entraînée par un non moins vague sentiment d'inquiétude. Lorsqu'ils sont arrivés à la chapelle funéraire, la veuve de l'infant, Florinde, exhorte ces sept individus à venger la mort de don Manuel et à frapper le roi par l'épée. Un seul acquiesce à ce souhait : c'est don Jorge. Il est reconnu par sa mère, au moment où celle-ci, qui a fait cerner la chapelle funéraire, ordonne aux conspirateurs de se démasquer.

Dès lors, dona Béatrix de Lara n'a plus qu'une idée, qu'une préoccupation : éviter une rencontre entre son fils et son amant, entre don Jorge et le roi. Pour cela, cette tendre mère n'hésite pas à livrer don Jorge aux mains du coupe-jarret du deuxième acte; elle le charge, lui et ses affidés, de le bâillonner, de lui lier les poignets et de le transporter à Alcala. Mais dona Florinde, que le soin de sa vengeance rend vigilante, fait échouer ce dessein; — et, au sixième acte, nous retrouvons don Jorge dans l'antichambre du roi. Dona Béatrix l'y a précédé. La scène est dramatique au dernier point, et elle est rendue avec une singulière puissance par Rouvière et par madame Laurent. Jorge veut tuer le roi, sa résolution est implacable. « Frapper un homme endormi ! s'écrie dona Béatrix. — Je le réveillerai ! » dit-il. Elle se jette au-devant de lui, elle défend la porte avec son corps. Don Pèdre accourt au bruit. La pâleur de don Jorge, ses vêtements en désordre, ses doigts crispés, tout le dénonce, tout l'accuse ; lui-même, d'ailleurs, rougissant des mensonges de sa mère, avoue hautement sa criminelle tentative. La situation de don Pèdre est embarrassante : frappera-t-il le fils de sa maîtresse? lui fera-t-il grâce? C'est cette dernière résolution qui l'emporte. « Allez, partez ! lui dit-il, vous avez la vie sauve. »

Cette grâce inattendue est plus cruelle au cœur de don Jorge qu'un arrêt de mort. Que fera-t-il de la vie à présent? En quel lieu ira-t-il cacher son front déshonoré? Il sollicite une suprême faveur : il invite le roi et dona Béatrix à se rendre le lendemain au couvent de Saint-Barthélemy où, dit-il, doit avoir lieu un enterrement d'importance.

C'est cet enterrement, base du dernier acte, qui a tout compromis le soir de la première représentation. Jusque-là le drame avait bien marché; on l'avait trouvé curieux, rapide, émouvant, grandiose par intervalles. Mais lorsque don Jorge s'est avisé de montrer un cercueil vide à toute la cour assemblée, le désappointement du public a égalé celui de la cour. « Qui donc est mort? demande le roi. — Mon honneur! et c'est à ses funérailles que je vous ai convoqué! » L'idée est fort belle sans doute, mais à la Porte Saint-Martin elle ressemble à une mystification. Ce cercueil béant exige un cadavre; les tombes ne se payent pas d'abstractions. Dona Béatrix de Lara, la mère déchue, le comprend si bien que, tombant au pied d'une croix, elle s'empoisonne en présence de son fils, qui pourra désormais rentrer tête haute dans la vie.

J'ai loué la conception des *Funérailles de l'Honneur*; j'ajouterai qu'on y trouve un souffle généreux et des aspirations loyales, mérites qui ne crèvent pas absolument les yeux dans le répertoire actuel. La forme a ce parti pris de violence et de trivialité, qui fut de tout temps le caractère des œuvres de M. Auguste Vacquerie; je regrette qu'il n'ait pas appliqué à cette action romanesque le vers, qu'il travaille en ouvrier de premier ordre. Assez d'autres relèveront les étrangetés et les emphases dont il lui a plu de semer sa pièce; le pastiche du style de

M. Victor Hugo y est perpétuel. « Vous savez ce qui est convenu? — Pour ce qui est convenu? » répond le bandit Zórzo. Et autre part, don Jorge de Lara, cachant son visage avec ses cinq doigts gantés de noir, s'écrie : « Moi, fils ténébreux d'un père flamboyant! » N'allons pas plus loin; l'arbitraire auteur de *Profils et Grimaces* a sa poétique faite; nous perdrions notre temps et notre encre à vouloir le détacher d'une glorieuse idolâtrie, dont tout son talent est empreint et enveloppé. A peine lui arracherions-nous un sourire.

RELACHE

(Juillet 1861.)

Ce mercredi matin, jour de la mise en page
Du journal illustré, je lorgne, soucieux,
L'horizon dramatique où luit Adèle Page ;
Et je n'entends au loin ni bravos ni tapage,
Et je ne vois briller nul acte dans les cieux.

Rien de la tragédie et rien du vaudeville.
Que fait donc Saint-Ybars ? à quoi pense Avenel ?
Jenneval est à Blois ; Pétersbourg prend Ravel ;
Arnal, la lyre en main, veut égaler Clairville.
Moi, j'attends la marée, — et je songe à Vatel.

Il faut cependant bien parler de quelque chose,
Lorsque ce ne serait que des *Comédiens*,
Encourager Maubant, applaudir Louis Monrose,
Et de Delphine Fix plaindre la bouche rose
S'entr'ouvrant à ces vers antédiluviens.

Il faut cependant bien, pour remplir ma chronique,
Explorer tes confins, criminel boulevard,
Où vingt héros grivois, sur l'affiche cynique,
(Coquenpot! Balembois! Panari! Roustoubique!)
Comme des révolvers attendent mon regard.

Je déplore souvent le sort de mes confrères,
(Moi, je ne me plains pas ; moi, cela m'est égal!)
Obligés, pour combler deux pages de journal,
De causer gravement de toutes ces misères
Et de rompre leur style à ce métier banal.

Sujet d'étonnement pour la race future!
Les noms les plus charmants de la littérature
Auront été rentés dans ces âges blasés,
Pour nous entretenir d'actrices sans figure,
D'ouvrages sans grammaire et de loustics rasés.

On s'appelle Gautier, le graveur de camées,
L'artiste au front cerclé d'or comme un souverain ;
On rêve d'Orient, de palais et d'almées,
On verse le torrent des strophes enflammées
Dans le moule idéal d'un immortel airain.

On s'appelle Janin, on a dompté la phrase,
On est le petit-fils de Denis Diderot,
On n'écrit pas, on chante, on rit, on pleure, on jase,
On se grise d'Horace, on s'habille de gaze,
On monte sur sa mule, au trot, au trot, au trot!

On a nom Saint-Victor, un vrai nom de fanfare ;
On sonne comme un cor, on brille comme un phare ;
On raffole de pourpre, on possède un cerveau
Meublé comme le quai Voltaire, — chose rare!
On sait tout, on a lu tout, vieux et nouveau.

Fortifié comme en une place conquise,
Au bas d'un feuilleton doué de ruse exquise,
Signature coquette, on lit : Fiorentino.
Ailleurs, reconnaissable à sa plume marquise,
De Belloy, fin et pur, se souvient de l'Arno.

Eh bien! de tous ces noms; eh bien! de tous ces hommes
Voués, en dépit d'eux, à ces amusements,
On aurait aisément, pour de pareilles sommes,
De hautes œuvres d'art, poëmes ou romans,
Qui vaudraient leurs travaux sur les Délassements.

Mais non. On n'y tient pas. On préfère qu'ils disent
Ce qu'ils pensent vraiment de Bache et de Pradeau ;
On veut qu'à l'Ambigu demain ils nous conduisent,
Ensuite, à l'Odéon: et puis, qu'ils analysent
Minutieusement *Amour et Fricandeau*.

O le calice amer! ô la coupe d'absinthe !
O le rhume de Kopp! ô le nez d'Hyacinthe !
Que vous nous avez pris de chefs-d'œuvre, ô bouffons!
Que d'essors empêchés dans votre étroite enceinte,
Lorsqu'un rire niais déchire vos plafonds !

Voilà tout mon regret. Voilà toute ma peine.
Pour moi, je vous l'ai dit, par bonheur, rien de tel :
Je suis un paresseux qui se plaît à sa chaîne;
Et je vous apprendrai, la semaine prochaine,
Le mélodrame en vogue et l'auteur actuel.

GYMNASE

Piccolino, comédie en trois actes, mêlée de chant, par
M. Victorien Sardou. (Juillet 1861.)

On n'est pas plus modeste en son titre : *Piccolino!* c'est-à-dire l'infiniment petit de la comédie, un joli rien, le souffle d'un homme d'esprit. En faut-il davantage pour le mois de juillet? Ma foi, non. Les provinciaux et les étrangers voudront bien se contenter de cette bluette souriante, qui ne prouve rien, qui est à peine intriguée, mais qui amuse l'œil et l'oreille. Les fortes pièces, les pièces ambitieuses viendront toujours assez tôt; les brumes automnales ramèneront assez vite les études de mœurs; aux premiers frimas, nous aurons des *peintures de la société* autant que nous en voudrons; aux neiges et aux glaces, les auteurs dramatiques fronderont à l'envi les ridicules, saperont les préjugés, s'évertueront à nous corriger en riant, — et même en pleurant. C'est une tâche à laquelle le Gymnase ne manque jamais. Que *Piccolino* soit donc le bien accueilli, lui qui n'a de projet ni de prétention d'aucune sorte ; et vivent les pièces d'été !

Frais et légèrement colorié, *Piccolino* donne assez l'idée d'un éventail, sur lequel un peintre de fêtes galantes, Voillemot, par exemple, aurait disposé trois dessins, — les trois actes de M. Victorien Sardou. Le premier de ces dessins représente un intérieur suisse, la nuit de Noël ; une table est dressée, brillante et chargée d'un arbre où pendent des joujoux et des bonbons ; trois petits enfants, coiffés de mitres en papier doré, et dont l'un a le visage plaisamment barbouillé de suie, s'annoncent comme les trois rois mages : Gaspard, Melchior et Balthazar ; ils sont précédés d'un grand garçon en bas rouges, qui balance au bout d'une perche un transparent huilé en forme d'étoile. Après que ces petits enfants, chargés des présents traditionnels, ont chanté leur cantique, on apporte une bûche enrubannée, devant laquelle un pasteur en habit marron et en souliers à boucles d'acier, débite avec une onction aimable un sermon que Toppfer aurait signé. Pendant ce temps, une jeune fille, une orpheline recueillie par ce pasteur, s'enveloppe à la hâte d'une mante, et, malgré la nuit périlleuse, part à la recherche de son séducteur. — Cette composition, où s'agite sans confusion un certain nombre de personnages, se recommande par un sentiment distingué de la grâce et de la lumière.

Dans le second dessin, on voit la campagne de Tivoli : des briques au premier plan, des pins dans le fond. Une bande d'artistes français et de grisettes cosmopolites, escortés d'un âne chargé de victuailles, anime le paysage. On soupait dans le précédent dessin, on déjeune dans celui-ci; après le repas aux flambeaux, la nappe sur l'herbe. Ce n'est pas moi qui blâmerai cette prodigalité d'alimentation. Au moment où l'on éventre un innocent pâté, — qui n'a d'autre tort que d'avoir déjà servi à *la Vie de Bohême*,— paraît un petit bonhomme portant sur la tête un assortiment de lapins en plâtre et de *santibelli;* on le trouve intéressant sous sa veste de peau de mouton; les hommes lui versent à boire, les femmes l'embrassent; bref, on l'élève à la dignité de rapin, et on le baptise du nom de *Piccolino*. Le peintre a fait en sorte qu'on reconnût dans ce petit Italien la jeune fugitive du premier acte, et qu'on devinât également son séducteur aux regards qu'elle dirige constamment sur un des artistes parisiens. — Il y a dans ce second tableau autant de mouvement que dans le premier; mais la couleur en est plus commune et moins heureusement distribuée : on dirait une aquarelle inspirée par la *Claudine* de Florian.

Le troisième dessin de cet éventail tourne à la sépia. C'est un atelier à Rome; les élèves travaillent d'après une académie quelconque; Piccolino lui-même, en petite vareuse de velours, feint de promener un crayon sur un album, mais en réalité il ne quitte pas des yeux et du cœur son maître, autour duquel il exerce une surveillance jalouse, interceptant les billets doux, jetant au feu les bouquets, faisant manquer les rendez-vous. Il n'est pas difficile de comprendre qu'à un moment donné l'orpheline suisse trahira son sexe, et qu'en retour de son dévouement l'artiste français lui rendra l'honneur en l'épousant. La dernière partie de ce roman sentimental étant celle qui prête le moins à la couleur, l'auteur y a introduit une scène de carnaval spirituellement traitée : — des masques, hissés sur une voiture, s'accoudent à la fenêtre de l'atelier et échangent avec les locataires les aménités accoutumées; bientôt la farine s'en mêle, c'est un nuage, une bataille... Un autre épisode, que j'aime moins, montre une douzaine de rapins costumés en guerriers grecs, d'après les bas-reliefs et Daumier. Tout cela fait diversion au fond élégiaque du tableau et constitue un ensemble suffisamment attrayant. Alexandre ou Duvelleroy se contenterait à moins.

Quittons la comparaison. *Piccolino* est une pièce facile, où se retrouvent la plupart des qualités qui ont fait la fortune de M. Victorien Sardou, c'est-à-dire le tact, la légèreté de main. Ses personnages de l'artiste-Lovelace et de la Suissesse séduite sortent un peu de la boîte en bois blanc que se repassent tous les vaudevillistes depuis *Ketly;* heureusement leur langage est simple, moderne, et cela sauve tout. — Mademoiselle Victoria est bien l'actrice qui convient au double rôle de Piccolino; elle a la voix émue, le regard pénétrant, un fond de sincérité. Un sculpteur qui ne sculpte pas (presque le Lacervoise d'*Aristide Froissard*), et un musicien qui exprime tout en musique, sont représentés avec une gaieté originale par MM. Landrol et Lesueur.

DUFRESNY

(Août 1861.)

« Je veux envoyer aux Petites-Maisons, — dit Le Sage dans son *Diable boiteux*, — un vieux garçon de bonne famille, lequel n'a pas plutôt un ducat qu'il le dépense, et qui, ne pouvant se passer d'espèces, est capable de tout faire pour en avoir. Il y a quinze jours que sa blanchisseuse, à qui il devait trente pistoles, vint les lui demander, en lui disant qu'elle en avait besoin pour se marier à un valet de chambre qui la recherchait. — Tu as donc d'autre argent? lui dit-il, car où diable est le valet de chambre qui voudra devenir ton époux pour trente pistoles? — Eh mais! répondit-elle, j'ai encore, outre cela, deux cents ducats. — Deux cents ducats! répliqua-t-il avec émotion; tu n'as qu'à me les donner, à moi; je t'épouse, et nous voilà quitte à quitte. La blanchisseuse est devenue sa femme. »

C'est de Dufresny qu'il s'agit, ce Dufresny dont la Comédie-Française vient de reprendre *l'Esprit de contradiction*. Je vous donne cet écrivain comme une des figures les plus originales et les plus riantes qui se soient jamais épanouies dans le monde littéraire. Dufresny le Prodigue! ainsi l'appelait-on, et Dieu sait que ce surnom n'est pas commun parmi nous. Il était, dit-on, petit-fils de Henri IV, et la légende veut trouver dans cette origine le secret des libéralités dont Louis XIV se plut à le combler. Charles Dufresny fut tour à tour valet de chambre du grand roi et contrôleur de ses jardins. C'était un bourreau d'argent, comme on disait alors, un panier percé, jetant sa vie à tous les plaisirs et à tous les luxes. Que de bonnes parties n'a-t-il pas faites avec son ami Regnard, Regnard le voyageur, Regnard l'esclave, Regnard le cuisinier, Regnard le grand seigneur! Il est consolant de voir quelquefois la fortune se poser sur le seuil d'un homme spirituel et bien portant. Dufresny était l'un et l'autre; après le succès de *l'Esprit de contradiction*, il se mit en tête de régaler ses amis, et il leur offrit un dîner dont les *ana* nous ont conservé le menu : un potage de petit lait d'œufs frais, un plat de noix ou glandes extraites d'une grande quantité d'épaules de veaux, enfin un plat de langues de carpes au coulis de perdrix.

Ce n'était pas trop pour une comédie de ce charme et de ce naturel. *L'Esprit de contradiction*, que j'ai revu l'autre soir, est un de ces petits actes qui, avec *le Legs, la Gageure imprévue* et cinq ou six autres encore, vivront autant que le Théâtre-Français. L'effet en a été fort agréable, de plus, je suis convaincu qu'à l'époque de sa création, la pièce n'était pas mieux jouée que par madame Nathalie, parfaite de tous points dans le personnage de madame Oronte, et par M. Barré.

Est-ce avant ou après *l'Esprit de contradiction* que Dufresny épousa sa blanchisseuse? Je ne sais, j'ai la paresse de me lever pour aller atteindre le *Dictionnaire de la Conversation.* Peut-être faudrait-il consulter sur ce point une poétique pièce de MM. Philoxène Boyer et Théodore de Banville, *le Cousin du Roi*, représentée, il y a quelques années, à l'Odéon, et où le mariage de Dufresny est mis en scène de la façon la plus gracieuse et la plus compréhensible. — Le plat de langues de carpes au coulis de perdrix semblerait indiquer dans l'existence de l'auteur une période assez satisfaisante; il est vrai que, du jour au lendemain, Dufresny, joueur et amoureux, passait par toutes les phases de la fortune. Louis XIV se lassa de toujours signer des bons de caisse à son cousin du côté des jardinières; ce qui n'empêcha pas celui-ci, chantant, rimant, dessinant, buvant, d'arriver à sa soixante-seizième année.

ROSE CHÉRI

(Septembre 1861.)

Lorsque j'appris la mort de madame Rose Chéri, je venais précisément de feuilleter un *Almanach des Spectacles* de 1828, où son nom m'était apparu dans le personnel de la troupe du théâtre de Bourges. Et je n'avais pu m'empêcher de sourire, car cette *troupe* ne se composait que de deux familles : la famille Garcin et la famille Cizos. Je transcris ici le tableau :

MM. Garcin père, directeur et chef d'orchestre.
   Prosper Garcin, premières haute-contre et *Philippe*.
   Théophile Garcin, premières basses-tailles et *Laruette*.
   Chéri Cizos, *Martin* et jeunes premières basses-tailles.
   Cizos père, *Laruette*.

Mmes Joséphine Garcin, fortes premières, *Dugazon*.
Adèle Garcin, première chanteuse.
Chéri Garcin, *Dugazon*, soubrettes, ingénuités.
Cizos, souffleuse.
Manuel Garcin,
Hippolyte Garcin,
Clarice Garcin,
ROSE CHÉRI.
} Rôles d'enfants.

Rose Chéri! J'étais resté rêveur devant ce nom, mignard comme un nom de conte de fées, et qui me révélait toute une enfance prédestinée. Ainsi les élevait-on dans ce temps-là, les petites filles, et ainsi sans doute les élèvent encore les comédiens de province. A l'heure où les autres enfants sont profondément endormis dans leur berceau, Rose Chéri, en jupe pailletée, une couronne de fleurs au front, attendait derrière une coulisse le moment de son entrée en scène; elle était tour à tour le petit génie qui sort d'un bosquet, et l'enfant volée qu'un tyran de mélodrame suspend au-dessus d'un torrent. Combien de fois, entre onze heures et minuit, ne fallut-il pas la réveiller sur les genoux de son père ou du pompier de service!

A voir ce point de départ et à deviner les hasards de la vie dramatique, on se demande où madame Rose Chéri prit cet air de distinction, de réserve, qui est demeuré toujours le caractère dominant de son talent. Pour n'avoir pas été bruyants, ses débuts à Paris (elle était entrée au Gymnase par la petite porte) n'en furent pas moins remarqués; le public se laissa peu à peu gagner et charmer par cette jeune fille d'un maintien si modeste, d'une voix si sympathique, d'un regard si pur, que les moindres vaudevilles en recevaient une poésie inaccoutumée. Elle ne fit pas sa place, elle la prit sans secousse, simplement, comme tout ce qu'elle faisait, et il se trouva que c'était la première place, malgré tant de belles et savantes comédiennes, malgré madame Volnys, mademoiselle Nathalie, mademoiselle Melcy. Il me fut donné de la voir pour la première fois, en 1846, dans un vaudeville intitulé : *la Belle et la Bête*, vaudeville qu'elle me fit trouver bon, et où, comme tout le monde, je subis l'influence de son jeu gracieusement honnête.

Quelque temps après, on écrivit pour elle une *Clarisse Harlowe*, et c'est de cette crétion que date sa grande renommée. Je crois, Dieu me pardonne! que la pièce était de M. Clairville. Jusqu'alors mademoiselle Rose Chéri n'avait pas abordé le drame; elle s'était contentée de rôles à demi-teintes. Elle fut touchante autant qu'il est possible de l'être; son agonie du troisième acte est restée célèbre dans l'histoire du théâtre.

Peu de carrières ont été plus glorieusement remplies que la sienne. Elle a attaché son nom et son souvenir aux pièces les plus différentes de ton et d'allures; elle a été la jeune fille, l'épouse, la mère; à mesure qu'elle avançait dans la vie, elle faisait de nouvelles conquêtes dans l'art. Un instant seulement, on put craindre qu'elle ne tombât dans la *manière*, et que son talent si ferme, si vrai, si sérieux, ne s'en allât où est allé le talent de madame Volnys. Elle devenait nerveuse, elle soulignait, elle ne souffrait personne autour d'elle; c'était le temps où M. Jouvin la définissait en ces termes. « Un piano, une fleur, un cri. » La faute en était, croyons-nous, aux pièces élégiaques et sans portée qu'elle jouait alors, échos attiédis du répertoire de Scribe, et à des proverbes prétentieux, où tout était sacrifié au *mot*. Cette période, heureusement, ne fut pas de longue durée; elle entrevit le péril, et sa nature reprit le dessus. Sur ces entrefaites, la littérature fit invasion au Gymnase; George Sand l'arracha au vaudeville; Alexandre Dumas fils la sauva de Bayard.

Pour comprendre l'étonnante souplesse de son talent, il faut l'avoir vue dans *le Mariage de Victorine* et dans *le Demi-Monde*. Victorine et la baronne d'Ange sont les deux figures antipodiques par excellence : une vierge, une courtisane. Dans la première, jamais personne ne poussa plus loin que madame Rose Chéri la candeur, la bonté; elle marchait comme enveloppée d'une nuée divine; son sourire était une caresse, son accent était une prière. Sedaine le maçon aurait baisé la trace de ses pieds dans cette suite du *Philosophe sans le savoir*, égale au *Philosophe sans le savoir !* Elle avait des tressaillements de sensitive, des rougeurs subites, suivies de pâleurs et de défaillances à vous étreindre le cœur. C'était la vérité dans sa délicatesse infinie.

Sous la robe tapageuse de la baronne d'Ange, la métamorphose devenait incompréhensible. Où avait-elle pris tant de réserve? demandais-je au commencement de cette chronique, et maintenant je demande : Où avait-elle pris tant d'effronterie et de perversité? Nous en frémîmes tous, le soir de la première représentation, en nous regardant les uns les autres. Cette incarnation inattendue d'une des comédiennes les plus chastes, d'une des femmes les mieux abritées dans la vie intérieure, avait de quoi surprendre en effet. Tout était complet et nouveau dans cette révélation : attitudes, gestes, coups d'œil. Elle, dont la beauté venait surtout de l'intelligence, elle avait atteint du premier coup à la splendeur insolente des Célimènes après la lettre. Mélusine ne devait pas imprimer à sa taille plus d'ondulations serpentines. Et quelle parole sifflante! Et dans ces sourcils imperceptiblement agités, que d'orages! Et dans ces petits gants soyeux quels doigts crispés! La passion et l'esprit grondaient à la fois dans sa poitrine; aucun auteur ne se vit plus merveilleusement rendu, plus effrayamment compris. C'était la vérité dans son outrance la plus saisissante.

Après ces deux physionomies typiques, qui semblent tout absorber autour d'elles, je puis cependant citer encore la grande dame de *Diane de Lys*, la grisette du *Fils naturel*, la délicieuse bourgeoise de *la Crise*. Je m'en voudrais d'oublier une de ses dernières créations, la plus douce peut-être, la plus sensée à coup sûr, cette Suzanne des *Pattes de Mouche*, qui nous a mis à même d'apprécier une suprême fois son naturel exquis et sa sensibilité. De nombreux jours lui semblaient alors promis, et je m'accoutumais à regarder comme certains ses progrès et ses succès dans l'avenir. Notez (ceci est à l'adresse de ceux qui suspectent toujours les enthousiasmes de la critique) que je n'ai jamais eu l'honneur d'approcher et de saluer madame Rose Chéri.

On a paru plusieurs fois mettre en question son désintéressement artistique; on a prétendu qu'elle n'était pas assez empressée à placer les jeunes talents en lumière autour d'elle. La pauvre femme s'en va de ce monde en laissant, comme la plus éloquente et la plus émouvante protestation, mademoiselle Victoria, son élève chérie, son enfant d'adoption, celle à qui elle s'est sentie heureuse de céder les rôles de *Cendrillon,* des *Comédiennes* et de *Piccolino.* Le bon cœur ne se justifie pas, il se prouve.

En perdant madame Rose Chéri, le théâtre perd une des quatre ou cinq grandes comédiennes de ce siècle. Je n'ai pas vu mademoiselle Mars, mais j'ai vu mademoiselle Rachel et madame Allan. Il nous reste encore Augustine Brohan et Anaïs Fargueil.

BOURGUIGNON

(Octobre 1861.)

La dernière nouvelle dont j'ai à vous faire part, et qui ne fera pas détourner la foule, celle-là, est la mort d'un pauvre bouffon, peu connu à présent, mais qui a eu son heure lui aussi, et qui a passionné le public des petits théâtres du boulevard du Temple. On l'appelait Bourguignon, comme le valet du *Jeu de l'amour et du hasard*, avec qui d'ailleurs il n'avait de commun que le nom. Il jouait aux Délassements-Comiques, à côté de mademoiselle Alphonsine, qui n'a jamais été plus fantasque et plus éblouissante qu'à cette époque; et les auteurs du quartier faisaient pour eux des parades intitulées : *Monsieur Vert-Pomme, Adrienne de Cardoville, la Débine,* etc. Bourguignon était d'allure placide; il avait l'œil terne, un petit œil en vrille, la voix cassée à force de rhumes, de bronchites et de verres d'absinthe; on pouvait le prendre pour un figurant au premier aspect; mais il possédait ce qui n'appartient qu'aux grands comédiens : l'imprévu, le sursaut, l'éclair. Grassot avait dû étudier les saccades de Bourguignon ; Lassagne avait dû copier les pirouettes de Bourguignon, son rire de coq, ses ahurissements de myope condamné à la danse des œufs. Bourguignon s'ignorait, je suis tenté de le croire, mais aucun artiste n'ignorait Bourguignon. — L'homme était pour le moins aussi bizarre que l'acteur. A un certain moment, il avait joint à son art un petit commerce de pâtisserie sur le boulevard du Temple ; entre deux actes il s'échappait pour aller couper aux titis un sou de flan ou de galette. Un jour, le directeur de la Porte-Saint-Martin a fait venir Bourguignon et lui a donné un rôle dans *les Sept Merveilles du monde*. Ce fut son apogée. Depuis lors, on n'a presque plus entendu parler de Bourguignon ; il est allé aux théâtres de la banlieue, il a erré, il s'est éteint.

COMÉDIE-FRANÇAISE

On ne badine pas avec l'amour, comédie en trois actes, par M. Alfred de Musset. (Novembre 1861.)

Le pays où se passe l'action de *On ne badine pas avec l'amour* est le pays azuré de Marivaux. Voici une salle de château donnant sur un parc, qui laisse soupçonner un village à l'horizon, un village du dix-huitième siècle. Au lever du rideau, des paysans en veste rouge et en bas à pois s'entretiennent de la prochaine arrivée de Perdican et de Camille, le fils et la nièce de monsieur le baron, leur *bon maître*. Ils arrivent, en effet, les deux jeunes gens, — l'un gai, gracieux, pétulant, la jambe bien tournée, l'œil de poudre, en bel habit de velours; l'autre, glaciale, muette, toute d'une venue, en robe blanche. Perdican sort de l'Université; Camille sort du couvent. Perdican est accompagné de son gouverneur, Bridaine, un ivrogne; Camille est escortée de dame Pluche, la plus noire et la plus sèche des duègnes. Perdican ne se sent pas de joie et de jeunesse;

tout lui est souvenir; il saute au cou de tout le monde, excepté au cou de sa cousine. « — Camille laisse-moi te donner un baiser, » lui dit-il. Et Camille de détourner sévèrement la tête. « — Camille, abandonne-moi ta main, comme autrefois. » Et Camille de croiser ses deux mains sans répondre. « — Camille, viens te promener en batelet jusqu'à ce vieux moulin que nous aimions tant. » Et Camille de le regarder de haut en bas et de se retirer dans son appartement.

M. le baron est confondu de la belle éducation de sa nièce; il apostrophe vertement à ce sujet dame Pluche et la traite de pécore; après quoi, il s'enferme gravement dans son cabinet pour y rêver. Pendant ce temps, Perdican, comme un écolier en vacances, court les champs, entre dans toutes les chaumières, repasse par tous les sentiers aimés; et quand, essoufflé et poudreux, il revient au château, c'est pour se retrouver en face de Camille, aussi immobile et aussi guindée qu'auparavant. Il essaye encore une fois, pour l'acquit de sa conscience, d'attiédir ce beau marbre. « — A quand notre noce, cousine? lui demande-t-il. — Je ne me marierai jamais, Perdican. — Comme tu voudras, Camille. » Cela dit et le dos tourné, Perdican, qui aime à employer son temps, avise sur la place du hameau une jeune fille en jupon rayé et court, avec des roses sur les joues, la petite Rosette, comme on l'appelle. Il prend bravement Rosette sous le bras, en lui disant : « — Viens avec moi, tu dîneras au château! » Ainsi finit le premier acte.

Vous avez vu le décor du deuxième acte dans les

aqua-tintes et dans les frontispices des idylles de Léonard. A gauche, la cabane de la mère de Rosette, à demi cachée dans les feuilles et dans les fleurs; à droite, une fontaine; au milieu de la scène, un grand arbre, et sous cet arbre un banc. Là sont assis, les mains entrelacées, Perdican et Rosette, les nouveaux amoureux. Je n'entreprendrai pas de donner une idée de ce dialogue, tout plein d'une fraîcheur émue, harmonieux comme un chant de fauvette, et fait pourtant des mots les plus simples. Ils sont interrompus par Camille, sur qui les airs indifférents de Perdican ont produit leur effet et qui vient à son tour, le sourire aux lèvres, lui tendre la main. « — Soyons amis, Perdican, lui dit-elle; et pour commencer, racontez-moi vos amours. » Il les raconte, le beau jeune homme, sans se douter d'aucun piége, et cette narration ne fait qu'encourager Camille dans son projet de quitter le monde. Elle écrit, le jour même, à une de ses amies de couvent, en lui annonçant son retour; mais la vaniteuse ne peut résister au désir de lui apprendre que ses rigueurs ont réduit son cousin au désespoir. La lettre tombe entre les mains de Perdican; je laisse à juger de son ébahissement. Il jure de punir cette étrange fille, et, déchirant une feuille de ses tablettes, il lui demande en deux lignes un rendez-vous près de la fontaine. Un homme passe. « — Holà! l'ami, dit-il, portez tout de suite ce billet au château et remettez-le à mademoiselle Camille. »

Que va faire Perdican? L'imprudent jeune homme va tout simplement rendre sa cousine témoin de ses protestations d'amour à Rosette. Ah! Perdican, murmure à ce moment la voix secrète du poëte, *on ne badine pas avec l'amour!* Penchés tous deux sur le bord de la fontaine, Perdican et Rosette se plaisent à contempler leur sourire encadré d'herbes et de marguerites, pendant que, cachée derrière un arbre, Camille dévore silencieusement son offense. Il entasse avec un cruel plaisir les promesses sur les serments et les baisers sur les promesses; un de ses bras est passé autour de la taille de la petite paysanne; il fait plus, il jette dans l'eau un anneau qui lui avait été donné par Camille. « — Je t'aime, Rosette! murmure-t-il d'une voix brûlante à son oreille; et toi? — Hélas! monsieur le docteur, je vous aimerai comme je pourrai, répond l'innocente. — Tu seras ma femme! »

Le troisième acte est consacré aux explosions et aux flammes de la passion. Camille aime Perdican, elle ne s'en fait plus mystère à elle-même; elle l'aime et elle l'avoue hautement. Dans son oratoire, agitée, fiévreuse, elle se pare comme pour un bal; adieu la robe montante de la novice! il lui faut aujourd'hui les étoffes brillantes et bruissantes; elle fait courir des bijoux sur sa poitrine découverte; elle resplendit; elle est sûre d'elle; et quand vient à passer Rosette, tout effarouchée de son récent bonheur, elle lui dit d'un ton et d'un regard compatissants : « Tu te crois aimée, pauvre petite; eh bien! place-toi à ton tour contre ce rideau, et tu verras; retiens ton souffle, et tu entendras! » Tout arrive, en effet, comme le veut cette damnée fille : Perdican, vaincu par tant de beauté et par tant d'éclat, n'en a pas pour dix minutes à reprendre ses fers. Mais pourquoi ce rideau qui s'agite et quel est ce soupir qui s'exhale? C'est Rosette qui s'enfuit, cachant dans ses mains sa tête baignée de larmes. Et Perdican de courir après Rosette.

Le cœur se serre et se révolte au spectacle des tortures dont ces deux bourreaux accablent cette enfant. Je ne sais pas de scène plus touchante que celle où elle s'agenouille devant Perdican, en le priant de reprendre le collier qu'il lui a donné, et de lui permettre de se retirer chez sa mère, parce que tout le monde se moque d'elle dans le village. C'est fait avec rien et cela tire les larmes. Enfin, lorsque l'un et l'autre, Camille et Perdican, ont assez joué avec cette pauvre âme, Rosette, brisée par ces odieuses alternatives de joie et de douleur, meurt sans bruit, comme elle avait vécu, tout à coup, comme elle avait aimé. Ce dénoûment, farouche comme un coup de faux, terrifie Camille, qui retourne au couvent sans regarder derrière elle...

Ce chef-d'œuvre, dont je n'ai pu faire entrevoir les délicatesses infinies et les ardeurs puissantes (à quoi bon d'ailleurs, puisque depuis plus de quinze ans il est entre les mains de tout le monde?), ce chef-d'œuvre a beaucoup impressionné l'auditoire de la première représentation, mais pas autant peut-être que l'auraient désiré les lettrés. Ces phrases, dont on suit le contour exquis à mesure qu'elles sortent de la bouche de l'acteur, ce langage qui a la précision d'une ciselure et la couleur d'un trait de pinceau, me semblent avoir causé moins de ravissement que d'étonnement. « Cela n'est pas du théâtre », dit-on assez généralement en parlant des pièces d'Alfred de Musset; « cela n'est ni charpenté, ni agencé, ni machiné. — Cela n'est pas du théâtre? Eh! tant mieux, si le théâtre, tel que vous le comprenez, est la négation de toute poésie, de tout enthousiasme, de toute sincérité! Tant mieux, si le théâtre ne doit pas s'arrêter dans les chemins ombreux, ni rêver aux étoiles, ni s'accouder au bord des fontaines! Tant mieux si le théâtre n'est qu'un jeu mathématique, une chose qui s'apprend chez le dramaturge du coin ou chez le vaudevilliste d'en face! Cela n'est ni machiné ni charpenté, dites-vous encore? C'est vrai; on y parle et on y agit, on y aime et on y souffre, on y rit et on y sanglote, on y meurt comme dans la vie réelle. Cela n'est pas du théâtre, vous avez raison, et il est heureux que cela ne soit pas du théâtre!

On ne badine pas avec l'amour est aussi bien joué qu'il est possible de le souhaiter. Mademoiselle Favart, vouée d'habitude aux sensitives de la comédie de deuxième ordre, a révélé dans le rôle de Camille des qualités de composition et même d'énergie. Le don de la mesure et la science indélimitable du détail lui viendront avec les représentations suivantes. En paysanne idéale, mademoiselle Emma Fleury a réalisé les types dessinés par Binet et par Moreau le jeune, ces poupées coiffées d'un petit bonnet à lucarne, à la gorgerette défendue par un saint-esprit en or, et montées sur des talons de deux pouces; mais, plus que les paysannes de convention, mademoiselle Fleury a eu la naïveté et l'accent naturel. Nul autre que M. Delaunay n'aurait donné autant de chaleur et de vivacité à Perdican. J'ai peu parlé du baron, figure comique d'une minime importance ; M. Provost lui prête des airs tour à tour solennels et ahuris qui achèvent de la soulever de terre et de la réintégrer dans le royaume du fantastique. Ses deux acolytes, Blasius et Bridaine, le tabellion et le gouverneur, sont très-originalement représentés par M. Monrose et par M. Barré, l'un noir comme un corbeau, l'autre rouge comme une betterave.

ODÉON

Gaetana, drame en cinq actes, par MM. Edmond About et de Najac. (Janvier 1862.)

L'ancienne cabale est revenue, la cabale d'autrefois, organisée, puissante, avouée; par bonheur, elle n'a écrasé ni un débutant ni un chef-d'œuvre. M. Edmond About possède le privilége, tantôt heureux et tantôt funeste, d'éveiller le bruit autour de tout ce qu'il fait. Le bruit est devenu tempête l'autre soir. Que M. Edmond About ne s'en montre pas trop fier cependant : il n'a pas encore eu, comme l'auteur de *l'Ami des Lois*, les honneurs de deux pièces de canon braquées sur le théâtre. En attendant, le voilà en hostilité réglée avec une partie de la jeunesse du quartier studieux.

Au premier abord, cela doit surprendre, car M. Edmond About, par son âge, par son esprit aventureux, semblait en communion directe avec cette jeunesse, de qui lui viennent aujourd'hui de si rudes coups. Je crois qu'il faut chercher en dehors de sa personnalité les causes de cette cabale et remonter jusqu'à l'origine de *Gaëtana*. Ce drame fut reçu d'abord par la Comédie-Française et répété à plusieurs reprises, mais avec de tels caractères de lenteur et d'indécision que M. About s'en alarma. On ne pouvait le jouer qu'en été, les tours d'hiver étant retenus; or, il paraît qu'il est désastreux d'être joué pendant les chaleurs. J'en sais beaucoup que cette considération n'arrêterait pas. Elle arrêta M. Edmond About, qui obtint avec assez de facilité de la Comédie-Française et du ministère d'État la permission de porter son drame à l'Odéon. Combien il doit regretter, à l'heure qu'il est, les ardeurs de la canicule!

De son côté, le public de l'Odéon est très-jaloux de ses priviléges. Il veut bien faire des réputations; il se méfie des réputations toutes faites, et surtout faites sans lui. Il ne demande pas mieux que de donner son chaleureux coup de main au poëte qui commence, à M. Louis Bouilhet, à M. Amédée Rolland, à M. Edmond Pailleron; un instinct fraternel le guide en cela : il sent le travail, il devine la modestie, il soupçonne la crainte; il aime à encourager et à protéger. Mais de ce que *Gaëtana* lui arrivait triomphalement, comme un don, avec cette prétention bien affichée de s'emparer de la saison meilleure, en événement doublé d'une bonne affaire, mon jeune public s'est trouvé froissé; il n'est pas habitué aux façons confiantes de M. About; il est le parterre, c'est-à-dire un pouvoir; et, en qualité de pouvoir, il aura voulu donner une leçon. Le fait est tellement évident qu'on sifflait avant que la toile fût levée, qu'on sifflait dès les premiers mots des acteurs, qu'on sifflait dans les entr'actes, qu'on sifflait le lendemain et le surlendemain, qu'on sifflait même dans la rue. *Gaëtana* dut être retirée — ou se retirer — le quatrième jour.

Il va sans dire que je déplore à tous les points de vue cet excès, cet abus, cette injustice. Le but a été dépassé, la leçon a été trop forte. M. Edmond About, à qui ne déplaît pas l'atmosphère des polémiques, a failli en être déconcerté pendant quarante-huit heures. Peut-être même a-t-il gâté ses affaires en se hâtant de publier, le lendemain de la première représentation, une récrimination qui porte parfois à faux. Sous le coup d'un procédé impitoyable, il a rendu aux siffleurs protestation pour protestation, et à son tour il a perdu la mesure. Des mots malséants ont été prononcés : le souvenir importun d'une bohême souvent jalousée a été évoqué avec aigreur. M. About s'est étonné du nombre de pipes que contiennent les cafés du pays Latin. Eh! mon Dieu! il fallait s'en apercevoir plus tôt et rester à la Comédie-Française. Le plus grand mal est venu de ce malencontreux feuilleton. Mieux eût valu en cette circonstance, pour M. Edmond About, suivre l'exemple de son collaborateur, c'est-à-dire

> Imiter de Najac le silence prudent.

Un public plus calme aurait pareillement condamné *Gaëtana*, que rien ne rattache aux grandes œuvres littéraires et qui ne vaut pas un regret de son brillant auteur. Avant quinze jours, il n'y songera plus, j'en suis certain ; et, selon l'expression de Hugo, il se corrigera de ce drame dans un autre drame. Pourquoi y songerait-il, en effet? Le sujet ne lui appartient pas, il est à Charles de Bernard ; c'est l'histoire d'un mari profondément jaloux, qui, frappé d'un coup de poignard par un bandit subalterne, accuse de cette tentative d'assassinat un jeune homme amoureux de sa femme et que la fatalité avait précisément amené à ce moment-là sur le lieu du crime. Le jeune homme aime mieux s'avouer coupable que de compromettre l'honneur de la femme. MM. Edmond About et de Najac ont placé cette action à Naples, sans doute pour justifier, avec la présence du Vésuve, comme toile de fond, la violence des passions qu'ils ont mises au cœur de leur barbon exaspéré.

Je ne nie pas, et personne n'a nié la vigueur de certaines situations, principalement au deuxième acte. Le reste tourne trop au mélodrame des extrêmes boulevards; les caractères sont forcés dans tous les sens; et le Birbone, sur qui les auteurs avaient compté, cet assassin mâtiné de pitre, qui cite La Fontaine et qui tue en pirouettant, n'est qu'un amalgame de tous les drôles connus, y compris le récent Zorzo des *Funérailles de l'Honneur*. Quant à l'héroïne, qui donne son nom à la pièce, ce n'est ni une femme ni une jeune fille, ou du moins mademoiselle Thuillier n'a su lui donner aucune de ces deux physionomies; elle demeure une figure blanche qui traverse l'intrigue en criant. J'aurais voulu asseoir un jugement sur le style; on comprendra que je m'abstienne et que j'attende la pièce imprimée.

Mais je puis déjà affirmer, afin d'atténuer les torts du parterre de l'Odéon, que ce n'est pas contre un de ces impérissables monuments de notre langue et de notre esprit qu'il a ce soir-là élevé sa brutale clameur.

Pauvres artistes! Je crois les voir encore, interdits, attristés, courageux, se reprenant sans cesse à ce drame condamné d'avance. Dire qu'ils ont trouvé le moyen d'avoir du talent, et beaucoup, au milieu de ce tumulte! Si quelque chose avait pu arrêter ce débordement, cela aurait été le geste très-digne et très-fier de M. Ribes, un jeune homme qui exprime déjà la passion en comédien de haute race.

ODÉON

La Dernière Idole, drame en un acte, par MM. Ernest Lépine et Alphonse Daudet. (Février 1862).

« Approchez mon café de cette fenêtre, ma chère Gertrude ; un rayon de soleil dans une demi-tasse, cela vaut mieux que toutes les eaux-de-vie du monde : *c'est le gloria du bon Dieu.* » Ainsi s'exprime en ce style pittoresque, au commencement de *la Dernière Idole*, un vieux bonhomme de soixante-dix ans, qui habite, dans une ville de province, un rez-de-chaussée sur la place de l'église. Évidemment, un rentier aussi audacieux dans ses images ne doit pas être resté étranger au mouvement littéraire de son époque ; il a dû avoir, pendant longtemps, sa pipe marquée à ses initiales dans quelque estaminet romantique. A l'heure qu'il est, vertueusement couvert d'un habit marron, suffisamment goutteux, tabatière en main, M. Ambroix se complaît dans les béatitudes du repos et dans les souvenirs d'un passé exempt d'orages. Sa femme est beaucoup plus jeune que lui et beaucoup plus sévère ; ses yeux presque toujours baissés, ses lèvres closes, ses vêtements modestes trahissent un fond de mélancolie qu'elle essaye de dissimuler en présence du vieillard, dont elle est la dernière affection, *la dernière idole*. Le moment est venu pourtant où cette idole va s'écrouler comme les autres, comme les précédentes. Pendant que madame Ambroix assiste aux vêpres, un facteur apporte à M. Ambroix, à demi endormi dans son fauteuil, un paquet contenant un portrait et une lettre. Ce portrait est celui d'un amant, décédé, il est vrai ; la lettre apprend au pauvre rentier que sa femme l'a trompé, il y a huit ans. Cette révélation manque de le tuer ; il voudrait se refuser à l'évidence, mais les preuves sont sous ses yeux. Alors, prenant sa tête à deux mains, il éclate en sanglots ; et c'est dans cette position que madame Ambroix le trouve, à son retour de l'église.

Les scènes qui suivent laissent déborder le drame entièrement. Le mari de *la Dernière Idole* emprunte ses fureurs au mari de *Térésa* ; il interroge, il maudit, il va même jusqu'à percer le portrait d'un coup de couteau ; ensuite, fou, tête nue, il sort de sa maison profanée, avec l'intention de n'y rentrer jamais... Dix minutes ne se sont pas écoulées qu'il reparaît abattu, chancelant, ramené par la destinée, vaincu par la vieillesse, terrassé par l'habitude. Voici ce qui lui est arrivé : sur la place, il a été environné par les petits enfants, salué par ses voisins ; interrogé, il a eu honte de son égarement, de son courage ; il a répondu qu'il allait chercher dans l'église le paroissien de sa femme, dans l'église où il n'avait pas mis les pieds depuis de nombreuses années; là, il s'est agenouillé machinalement, et Dieu lui a enseigné le pardon. Cela est fort bien, mais je ne saurais dire à quel point la rentrée de ce vieillard est pénible, ce qu'elle a de secrètement humiliant pour lui et quelles perspectives lugubres elle déroule à l'esprit.

Malgré cette impression dernière, qui m'est peut-être toute personnelle, la petite pièce de MM. Ernest Lépine et Daudet a paru émouvoir le public. Elle n'en est pas plus nouvelle pour cela : c'est *Misanthropie et Repentir* dans le cadre du *Village*. Ce dont il convient beaucoup, par exemple, de féliciter les deux auteurs, qui commencent, c'est d'avoir fait une pièce de sentiment, au lieu de cette éternelle pièce de mots qu'apportent tous les débutants. Ce grand avantage reconnu, qu'ils me permettent de les engager à se méfier de la fausse poésie, de la poésie de souvenir et de reflet à laquelle ils sont enclins. La littérature a ses rengaines comme le mélodrame, ses bijoux en similor, ses vêtements déjà portés.

COMÉDIE-FRANÇAISE

La Loi du cœur, comédie en trois actes, par M. Léon Laya.
(Mars 1862.)

Voilà une pièce bien mal à propos appelée comédie, et qui en remontrerait aux drames les plus éplorés. *La Loi du cœur* est une variation mélancolique sur des motifs du code, avec accompagnement de polices d'assurance; cette nuance de tristesse était inconnue à La Chaussée. Il y a trois pères dans *la Loi du cœur*, tous les trois honnêtes et excellents : d'abord, M Richaud, un homme enrichi dans les affaires, bien élevé d'ailleurs, esprit positif, raison un peu froide; — ensuite, le colonel d'Orémond, le type du militaire cordial et enjoué; enfin, M. Morin, personnage énigmatique et sombre, qui ouvre la pièce et qui la referme. Le premier de ces trois pères, Richaud, a marié sa fille au fils du colonel d'Orémond et il lui a assuré, par contrat, une belle fortune; de son côté, le colonel a donné deux cent mille francs à son fils. Ainsi pourvu, le jeune ménage semble n'avoir qu'à se laisser vivre pour être heureux ; mais la fatalité est là qui frappe à la porte, et qui réclame ses droits, et qui s'impatiente...

Elle arrive, cette fatalité, sous la forme d'un incendie, qui, pendant l'absence du colonel d'Orémond, dévore en une nuit ses propriétés et le laisse, pour comble d'infortune, débiteur d'une centaine de mille francs environ. Devant ce désastre, son fils et sa bru n'hésitent pas un seul instant, et ils se proposent de lui restituer la dot qu'ils en ont reçue ; c'est la loi du cœur, ils n'écouteront qu'elle. Cela ne fait pas l'affaire de M. Richaud qui, averti par le notaire, voit dans ce généreux mouvement une grave atteinte aux intérêts de sa fille. Il essaye de combattre les idées de son gendre, dans un entretien particulier, et il s'évertue à lui prouver qu'il ne doit autre chose à son père que *des aliments ;* — c'est le texte de je ne sais plus quel article du code. « Recueillez-le chez vous, dit-il en manière de conclusion ; mais ne vous dépossédez pas, vous et vos enfants à venir. » La fierté du sang monte au front du jeune homme, qui déclare ne pas vouloir faire à son père une position aussi humiliante. Pendant que l'un discute et que l'autre s'emporte, survient le colonel d'Orémond ; il ignore encore le désastre qui l'a frappé. A bout d'arguments, M. Richaud va pour l'interpeller directement, lorsque le jeune homme, pris d'une inspiration subite, l'arrête par le bras, et, changeant hardiment la situation, dit au colonel : « Mon père, voici M. Richaud qui est ruiné, et qui refuse de reprendre la dot de sa fille ! »

Cette volte-face inattendue, et que je crois neuve

au théâtre, est d'un effet saisissant. Elle a été applaudie autant qu'elle mérite de l'être. Elle arrive au milieu de l'action et elle lui donne un coup de fouet nécessaire; mais la physionomie de la pièce n'en est pas modifiée : l'appréciation de la loi, commencée par Richaud avec d'Orémond fils, se continue avec d'Orémond père. Seulement, les rôles sont intervertis; c'est le colonel qui, croyant de bonne foi Richaud ruiné, l'engage chaleureusement à accepter la restitution de la dot de sa fille, restitution qui lui paraît, à lui, toute simple. Je conviens que ce double plaidoyer est traité avec une habileté remarquable; je lui ferai même le reproche de viser à une perfection oratoire incompatible avec les mouvements naturels; les arguments s'y succèdent dans un ordre admirable, chaque mot est à sa place; mais tout cela sent trop l'apprêt; le théâtre vit un peu plus d'improvisation et d'inégalités. Au milieu de ce flux et de ce reflux de syllogismes, une lettre adressée au colonel d'Orémond vient rétablir à ses yeux la vérité; qu'on juge de son trouble et de sa honte : il plaidait sa propre cause !

L'action subit donc un nouveau retour sur elle-même. Cruellement atteint dans sa dignité, le colonel est décidé à refuser une situation qu'on lui marchande : il enverra sa démission au ministère de la guerre et s'emploiera dans une opération industrielle. Richaud ne sait où donner de la tête; il se sent ébranlé dans sa conviction; encore un dernier coup, et il abdiquera sa croyance absolue au code. Ce dernier coup va lui être asséné par un passant, un personnage épisodique, par ce M. Morin, dont j'ai indiqué plus haut la silhouette. M. Morin raconte à Richaud, son camarade de collége, les souffrances raisonnées dont l'abreuve son fils, un homme irréprochable selon la loi, un drôle selon le cœur. Ce récit, auquel ne manquent ni la sincérité ni l'émotion, détermine chez Richaud une réaction prévue : il rassemble tous les siens et fait devant eux l'aveu complet de sa défaillance, en leur en demandant pardon. Le dénoûment est une embrassade générale.

La Loi du cœur est un succès, mais ce n'est pas une récréation. L'auteur, expert dans tous les genres, qui a écrit *l'Étourneau* pour M. Ravel, et *le Duc Job* pour M. Got, semble avoir voulu, cette fois, composer un drame puritain, sobre, enseignant. Il a commencé par en bannir l'élément comique ; je suis loin de blâmer ce parti pris, à la condition cependant qu'on supplée à l'absence du rire par une succession rapide de situations intéressantes. Je vois bien que M. Léon Laya a été préoccupé par le *Philosophe sans le savoir;* la conception seule du personnage de Morin me l'indique suffisamment. Mais dans Sedaine, quelle naïveté de langage et quelle douceur d'allure ! Lui aussi a montré un intérieur de famille, et quelle différence avec le tableau de M. Laya, aussi vertueux et aussi digne pourtant ! Quelle fleur de poésie et de réalité chez Sedaine : les volets qu'on ferme, les grosses clefs, la ronde avec la lanterne, les serviteurs à qui l'on sourit, et la montre de Victorine. Ah ! cette montre, ce rien, ce détail, c'est tout le charme de la comédie. Je cherche ce charme dans *la Loi du cœur*.

COMÉDIE-FRANÇAISE

Dolorès, drame en quatre actes et en vers, par M. Louis Bouilhet.
(Septembre 1862.)

Un vrai drame de Tolède, c'est la *Dolorès* de M. Louis Bouilhet. Cela commence par *vive Dieu!* et cela va pendant quatre actes au milieu des sérénades et des rendez-vous. Les femmes passent enveloppées dans la mante, au bras des jeunes seigneurs qui portent la plume rouge au chapeau, sous les ombrages coupés de marbres, au bruit des fontaines jaillissantes, *par une belle nuit d'été*. Pour ma part, je goûte un certain plaisir à ce spectacle; et pour peu que les personnages s'expriment dans une langue choisie, emploient des images gracieuses, se servent de rimes éclatantes, je me confesse aussi satisfait qu'à la représentation d'une des grandes comédies actuelles, où la Bourse et le notariat jouent les principaux rôles.

Donc, un hardi capitaine, répondant au nom sonore de don Fernand de Torrès, aime depuis longtemps une noble et pure jeune fille dont il veut faire sa femme. Il se croit un cœur inaccessible à toute autre passion; et cependant, dès le premier soir de son arrivée à Tolède, il tombe dans les filets d'une coquette renommée, la comtesse Laura, qui, pendant l'absence de son époux, traîne à sa suite tout un cortége d'adorateurs, attachés aux longs plis de sa robe de velours cerise brodée d'or. Don Fernand oublie Dolorès; le caprice impétueux remplace chez lui l'amour chaste et loyal. La pauvre Dolorès veut douter de cet abandon, de cette perfidie ; il lui faut des preuves visibles : une nuit (les deux premiers actes de cette pièce se passent pendant la nuit), elle s'embusque, afin d'épier les actions de don Fernand. Sa curiosité n'est que trop satisfaite : elle le voit tomber aux genoux de la comtesse, lui baiser la main, et s'offrir avec instance à la reconduire chez elle. Remarquez qu'il est minuit : la crainte qu'inspire toujours une pareille heure décide la comtesse Laura à accepter cette proposition ; c'est sans doute cette même crainte, poussée à l'excès, qui fait que la porte de son logis se referme sur elle et sur don Fernand à la fois. Jugez des angoisses de Dolorès, témoin caché de ce galant accommodement!

A minuit, tous les hidalgos sont gris. En ce moment, un homme, le marquis d'Avila tombait sous le poignard d'un inconnu. Les gens accourus au bruit n'ont pas eu le temps de s'emparer de l'assassin, mais ils déclarent avoir reconnu le manteau brun et la plume rouge de don Fernand de Torrès. En conséquence, don Fernand est accusé de meurtre sur la personne du marquis d'Avila, et, comme tel, condamné à avoir la tête tranchée. Il pourrait facilement prouver son alibi, mais pour cela il faudrait compromettre la comtesse Laura ; en digne gentilhomme, il préfère mourir. La bienveillance royale lui accorde une heure *pour faire des révélations*. Ses amis le pressent inutilement ; son père arrive, vieillard tout de noir vêtu, et joint ses supplications aux leurs ; il est plus heureux : sous la menace de sa malédiction, il parvient à lui arracher un aveu complet.

Dès lors, maître de la situation, ce père, que sa tendresse rend aussi indiscret que possible, va prosterner son front blanchi et joindre ses mains tremblantes aux genoux de la comtesse, en l'adjurant de prononcer le mot qui peut sauver son fils. Mais ce mot serait son déshonneur, à elle, et elle repousse le vieillard avec fureur. Fernand va périr sans rémission. C'est alors que Dolorès, la sublime enfant, se dévoue au prix de sa propre réputation et imagine de déclarer au roi que c'est chez elle que don Fernand a passé la nuit. Il va sans dire que Fernand repousse ce sacrifice inattendu ; Dolorès persiste ; le roi ne sait que penser. Cet héroïque débat se prolongerait outre mesure, lorsqu'on apprend tout à coup l'arrestation du véritable assassin. Don Fernand de Torrès est rendu à la vie et à l'honneur ; mais sa joie est de courte durée : Dolorès a pris du poison, et elle expire sous ses yeux. Il semblerait que cette mort fût suffisante au double point de vue de l'expiation et de la fatalité ; l'auteur n'en a pas jugé ainsi : il a voulu encore, pour que la leçon fût plus forte, que Fernand se jetât sur l'épée d'un de ses amis et s'en perçât le cœur. La toile tombe sur ces deux victimes.

Dolorès a grandement réussi, grâce surtout à un acte qui renferme des vers d'une très-énergique facture. Je veux parler de l'entrevue du père et du fils; on s'est souvenu à ce moment dans la salle que M. Louis Bouilhet est Normand comme Corneille. Il y a toujours, dans toutes les pièces de ce jeune poëte, un acte incontestablement beau : dans *Hélène Peyron*, c'est le premier acte ; dans *Dolorès*, c'est le troisième. Je ne sais si la pièce est bien faite dans le sens des auteurs habiles; je ne le crois pas. Les personnages entrent et sortent comme dans la vie réelle, c'est-à-dire quand cela leur plaît, quand ils ont affaire, ou même par hasard; ils n'ont point *d'ordres à donner* ni *quelques lettres à écrire*. En outre, ils ne sont occupés que d'une seule chose qui fera sourire de pitié les hommes sérieux : l'amour. Moi, j'admire le courage de M. Louis Bouilhet, qui ne doute de rien, pas même de son époque, et qui a pris, l'autre soir, quatre heures pour lui parler de la lune, des étoiles, des cédrats et de l'honneur.

ODEON

Le Mariage de Vadé, comédie en trois actes et un prologue, en vers, par MM. Amédée Rolland et Jean Du Boys. (Octobre 1862.)

« Mamselle, quand d'abord qu'on n'a plus son cœur à soi, c'est signe qu'une autre personne l'a; et pour afin qu'vous n'trouviez pas ça mauvais, c'est que j'vous dirai qu'vous avez l'mien. J'ai eu la valissance et l'honneur d'vous voir dans un endroit de danse au Gros-Caillou par plusieurs différentes fois, et qui pis est, j'ai dansé aveuc vous trois m'nuets et puis le passe-pied, en payant, dont j'ne regrette pas la dépense, parce que ça n'est pas suivant c'que vous valez. J'm'appelle Jérôme Dubois, et en tout cas qu'vous ne remettiez pas mon nom, j'suis ce grand garçon qui a ses ch'veux en cadenette, et puis une canne, les dimanches, et qui a aussi un habit jaune, couleur de ma culotte neuve, et des bas à l'avenant... »

Ainsi commencent les *Lettres de la Grenouillère entre M. Jérôme Dubois, pêcheur du Gros-Caillou, et mademoiselle Nanette Dubut, blanchisseuse de linge fin,* un des ouvrages les plus amusants de ce Vadé, le héros de la nouvelle comédie de l'Odéon.

Mademoiselle Nanette n'est pas en reste de beau style avec M. Jérôme, et voici la *magnière* dont elle lui répond : « Monsieur, j'n'avons pas le cœur aussi dur que du mâchefer; j'ne d'mandons pas la mort d'un vivant comme vous, ben du contraire. Si j'ne vous ons pas écrit une réponse à l'autre lettre d'avant advant-z-hier, c'est que mon frère Jean-Louis, qui s'est brûlé une de ses mains droite, a pris toute l'encre pour mettre dessus sa brûlure. » A la bonne heure, au moins ! voilà des amours qui s'annoncent de la bonne sorte. Jérôme Dubois obtient la permission de faire visite à mademoiselle Nanette Dubut. « En revenant nous revoir demain, lui écrit-elle, n'manquez pas d'amener aveuc vous ste chanson qu'vous avez chantée d'votre voix ; ma mère m'a dit qu'alle était gentille à manger. Gnia itou un jeune garçon qui y sera, Cadet Hustache, qui en sait tout fin plein; tâchez qu'votre cousin, en revenant de Sèves, tombe cheux nous; ça fra qu'plus on est de fous et plus on rit. Ma marraine Marie Barbe et puis sa fille, alles vienront exprès. Je leur ai fait envoyer dire par hasard qu'alles n'auriont qu'à venir, à moins qu'alles n'ayont pas le temps, comme de raison queuquefois. »

Mais à cette *soirée*, le pêcheur du Gros-Caillou devient jaloux, et il s'en ouvre le lendemain à la blanchisseuse de fin : « Pour au sujet de Cadet Hustache, qui a chanté l' plus fort, pendant deux heures, de la compagnie, c'est un fignoleux, qui fait trop le fendant à cause qu'il a du bec ; y veut fringuer par d'ssus nous. Y m'a fait tout devant vous une dérision sur la chanson que j'avons chantée en votre honneur. Qu'il n'y ravienne pas davantage, car j'le r'muerais d'un fier goût, et sans l'honnêteté que j'vous dois j'y aurions fait voir qu'j'avons des bras qui valont ben sa langue. »

Ces passe-temps, dont le ton est celui de la vérité même, obtinrent, lors de leur apparition, un succès incroyable. Vadé donna son nom à un genre. Personne n'a mieux que lui saisi l'accent du bas peuple; et je ne sache pas de toile de Van Ostade qui vaille le petit poëme de la *Pipe cassée*, qui a eu un nombre considérable d'éditions, et des plus belles. Ainsi donc, ce que l'on a appelé le *réalisme* dans ces dernières années, — cette tempête dans un baquet, — est loin d'être une chose nouvelle. C'est tout au plus l'écho affaibli des essais de cette école populaire du dix-huitième siècle, très-heureusement représentée, en outre de Vadé, par Caylus, Grosley, Maurepas, Moncrif, d'autres encore.

Ce n'est pas la première fois qu'on fait paraître Vadé au théâtre : il y a eu à Feydeau un *Vadé chez lui* et aux Variétés un *Vadé à la Grenouillère*. Il a figuré également, comme personnage accessoire, dans quelques pièces plus récentes ; mais sa physionomie n'a jamais été plus fidèlement rendue que dans la jolie comédie de MM. Amédée Rolland et Jean Du Boys. Comme tout le monde le sait, Vadé ne se contentait pas d'observer les mœurs du fond de son cabinet; il se mêlait aux commères des halles et faisait sa partie dans des colloques dont ses *Bouquets pois-*

sards ont tâché de nous rendre toute l'énergie et tout le pittoresque. Les assonances étaient alors la base du langage des marchandes en plein air, qui égrenaient pendant des heures entières des chapelets de tropes dans le goût suivant : « — D'mandez-moi quoi qu'il me d'mande, avec son visage sans viande ? — Ah ! la belle veste au fond bleu ! C'est tout comme un r'posoir, et saint Gille au milieu ! — Sa bouche commence à s'fendre ; c'serait ben dommage de l'pendre ! — Il est ben dégourdi pour son âge ; trois poulets d'Inde et lui f'raient un fringant attelage ! — Quoi donc ! qu'est-ce qui le fait rire ? Parle donc, petit Jésus de cire ! — Tu vois ben c'monsieu ! c'est un chien qui m'tromperait s'il n'valait rien ! — Eh mais ! il est en deuil ; il a les grâces d'un cercueil. — Thérèse, finis, tu fais bisquer les gens ; faut qu'il aille porter ses billets d'enterrement ! — Il a l'mors aux dents, y va regimber ! Courez donc pas si fort, vos mollets vont tomber ! — C'est pas par là ; comme il s'en va ! C'est pourtant l'bon Dieu qu'a fait ça ! »

Le Mariage de Vadé est précédé d'une courte et vive allocution, tout à fait dans le goût du temps, que vient débiter une jeune femme en habit de Folie. Ce prologue a pour but d'aguerrir le public contre les mots un peu gros et les propos salés qu'il va entendre. Ensuite le rideau se lève sur le cabaret de madame Rabavin :

On sait, ou peut-être on ignore
Que tous les jours, avant l'aurore,
Ces beaux muguets à bran de vin
Vont chez la veuve Rabavin

> Tremper leur cœur dans l'eau-de-vie,
> Et fumer, s'ils en ont envie.

Le sujet est peu de chose : le cœur de Vadé hésite entre le caprice d'une marquise et l'amour d'une écaillère. Qui l'emportera, de madame de Beaupré ou de Nicolle? Tout est là. Les deux premiers actes se passent au cabaret, le dernier à un bal masqué donné par la marquise. Nicolle y vient au bras d'un jeune seigneur, par qui, dans un instant de dépit, elle s'est laissé conter fleurette; elle y rencontre Vadé, dont l'amour se réveille au feu de la jalousie. Vadé s'emporte, l'accable de reproches, et... lui propose de l'épouser. Il renonce aux marquises et à leurs pompes.

> Au poëte du vin, la muse populaire!

Avant MM. Rolland et Du Boys, M. Arsène Houssaye, un rêveur attendri, avait déjà rêvé et raconté les passions en partie double de Vadé, dans sa séduisante *Galerie des portraits du dix-huitième siècle*, faite moitié d'intuition et moitié de poésie. Ajouterai-je qu'il n'y a aucune trace de ce mariage dans l'histoire? cela est de peu d'importance. Il aurait été fâcheux que les deux auteurs n'eussent jamais songé à marier Vadé : cela nous aurait privé d'une foule de vers aimables et coquets, brillants comme des fleurs, gazouillants comme des oiseaux, et auxquels le public de mercredi dernier a fait le plus chaleureux accueil. Les côtés poissards sont ménagés, malgré l'avertissement du prologue; je m'attendais à un échantillon plus complet de la rhétorique des halles.

COMÉDIE-FRANÇAISE

Le Fils de Giboyer, comédie en cinq actes, par M. Émile Augier.
(Décembre 1862.)

I

Il faudrait un cautionnement pour discuter cette pièce, qui est avant tout une comédie politique. Déjà, dans les grands journaux, le premier-Paris, devançant le feuilleton, s'est emparé du *Fils de Giboyer* et en a fait sa proie. On n'a point paru surpris des hardiesses de M. Emile Augier; on était prévenu; on savait que son haut talent l'avait affranchi des formalités de la censure. Reste à savoir le parti qu'il a tiré de cette situation exceptionnelle. Je ne peux ni ne veux entrer dans cette critique, qui comporterait des développements périlleux. Le mieux pour moi est de raconter *le Fils de Giboyer*, en tâchant de me garer de la passion ou plutôt des passions qui y débordent.

Voilà donc qui est convenu : Giboyer devient un type. Prenez-le, si vous voulez, comme le Figaro du dix-neuvième siècle, un Figaro crotté, affamé, ébouriffé, sans guitare, hélas! Il a fait tous les petits métiers oubliés par Privat d'Anglemont : il a écrit des biographies à cinquante centimes, il a tenu un bureau de nourrices. Il ne lui a manqué que d'être berger en chambre et vernisseur de pattes de dindons. Pour le moment, la pièce nous le montre contrôleur dans un petit théâtre et employé aux pompes funèbres; c'est lui qui est chargé de dire aux parents et aux amis : « Messieurs, quand il vous fera plaisir! » Le mot est de Henri Monnier et n'en produit que plus d'effet. Tel est le personnage que le marquis d'Auberive mande auprès de lui pour le mettre à la tête d'un journal légitimiste, sous le pseudonyme de M. de Boyergi. Les journaux légitimistes ne seront guère flattés du cadeau, et j'imagine que les choses se passent un peu plus dignement chez eux. Mais vous en verrez bien d'autres tout à l'heure: Laissez passer le poëte comique, les mains pleines d'audaces et de violences, avec son sauf-conduit au chapeau!

Giboyer ou Boyergi demande douze mille francs d'appointements pour mentir à sa conscience, exalter l'ancien régime, battre en brèche l'Université, et, selon ses propres termes, « exécuter le *Dies iræ* sur le mirliton. » S'il se cote aussi cher, ce n'est point par un sentiment exagéré de son mérite, c'est pour rendre l'existence facile à son fils, car le drôle a un fils, issu d'une plieuse de journaux, un grand garçon de vingt ans, joli, brave élégant. Giboyer, soudainement transformé par cette paternité inattendue, a tout sacrifié pour faire de lui un savant et un gentleman, et il y a réussi ; nous savons à quel prix. « J'ai léché la boue sur son chemin », dit-il. Le jeune Maximilien Gérard ignore la plupart de ces sacrifices ; il est anonyme, comme tous les ouvrages de son père ; Giboyer a voulu lui épargner jusqu'à l'outrage de son nom, et il s'est donné pour un cousin à un degré éloigné. Le petit n'en a pas demandé davantage. De tout cela, Giboyer se console avec des mots : « Cet enfant, c'est ma vertu ; je veux qu'il soit ce que j'aurais voulu être, etc. » Et encore : « Il me plaît d'être un fumier qui fait pousser un lis. » Ou je serais bien trompé, ou j'ai lu quelque chose de semblable dans *Vautrin*.

Avec la protection du marquis d'Auberive, Giboyer a pu placer son fils en qualité de secrétaire chez un député ridicule, M. Maréchal, taillé dans l'ample redingote de M. Prud'homme. Il va sans dire que le fils de Giboyer s'éprend de la fille de la maison, qui est une jeune personne accomplie et qui a un million de dot. Il va sans dire aussi que M. Maréchal est à un million de lieues de se douter de cet amour, et qu'il est sur le point d'accepter pour gendre un petit gentilhomme Avignonnais, pincé, aux cheveux plats, « figure de sacristain et de donneur d'eau bénite ». La politique arrive au secours de Maximilien Gérard ; il est, ai-je dit, le secrétaire de M. Maréchal ; comme tel, il lui compose un discours, que celui-ci débite intrépidement à la tribune et qui le campe immédiatement au premier rang des orateurs du parti démocratique. Voilà mon député aux anges ; il se pavane dans sa gloire nouvelle, il ne connaît plus de limites à son ambition, il rêve déjà un portefeuille. Qu'on juge donc de sa stupeur et de sa chute, lorsque Giboyer père vient lui apporter la démission de Giboyer fils. Hé quoi! son marchand d'éloquence l'abandonnerait au beau moment; il lui jouerait le méchant tour de lui ôter la parole alors qu'il ouvrait une si belle bouche! Son triomphe serait sans lendemain! sa victoire n'aurait été qu'un hasard! Ses rêves de pouvoir s'écrouleraient comme un château de cartes! Maréchal ne peut supporter cette idée : il est décidé à tout pour s'attacher Giboyer fils; il lui fera un pont d'or, s'il le faut. Mais Giboyer père tient bon : il veut autre chose, il veut la main de Fernande pour Maximilien Gérard, — et il l'obtient!

Voilà ce qu'on appelle la carcasse de la pièce; il en est de plus compliquées. L'auteur a dédaigné d'exciter un grossier intérêt; il a visé plus haut; il a voulu enseigner, moraliser, flageller, satiriser. Je respecte les projets immenses. Tout le monde, en cette occasion, saisit aux cheveux le moindre prétexte pour parler politique. Cela nous vaut des brocarts sur la bourgeoisie, « qui ne veut plus des révolutions depuis qu'elle n'a plus rien à y gagner; » sur la noblesse « qui s'entend si bien à verser les chars qu'elle conduit »; sur le clergé, qui refuse « du monde » aux prédications de Saint-Thomas-d'Aquin; sur le gouvernement actuel, qui a « fermé la carrière des prisons aux martyrs du socialisme ». Tous ces mots, si gros de tempêtes autre part, sont articulés à la Comédie-Française tranquillement, impunément, sur une pirouette ou avec un claquement de doigts. Les femmes elles-mêmes s'abordent avec des paroles semblables à celles-ci : « Vous êtes donc républicaine, ma chère? je vous croyais légitimiste. »

J'ai parlé d'impunité. Le danger de la pièce est là, en effet. L'impossibilité de la riposte, avec les mêmes armes, rend une telle audition choquante. Vainement la loyauté de l'auteur perce-t-elle par vingt étourderies; vainement, champion imprudent, se découvre-t-il en mainte occasion, faisant la part belle à ses adversaires; on sent trop que les adversaires ne seraient pas admis dans ce champ clos, visière découverte ou baissée. On sent trop qu'une réfutation dramatique de M. de Montalembert, avec des franchises analogues, n'aurait aucune chance d'être acceptée et jouée. M. Emile Augier triomphe solitairement, la pire manière de triompher. Le nom d'Aristophane a été prononcé; mais les pièces d'Aristophane se jouaient à ciel ouvert; tout spectateur pouvait se lever et protester. Personne n'a protesté l'autre soir, au *Fils de Giboyer*, lorsque dans le salon d'une femme diplomatique, on a vu passer la silhoutte raide et protestante d'un homme d'État trois fois protégé par son talent, par son âge et par son malheur, — le Socrate de M. Augier! Personne n'a protesté, en entendant accoupler, par un acteur de la pièce ces trois noms : *Montmorency, la Trémouille et la Pretintaille!*

A l'heure qu'il est, probablement, toutes ces choses ont été dites à l'auteur du *Fils de Giboyer* avec plus d'autorité et de conviction que par moi. Malheureusement sa comédie ne comporte point d'atténuations. Elle est telle quelle ou elle n'est pas. Au lieu de m'obstiner à une pénible discussion, je préfère me rabattre sur l'éloge, et dire combien toutes les parties taillées en plein cœur humain sont excellentes et ont été comprises de tous. La scène où Maximilien Gérard devine à un mot, à un cri, à une larme, qu'il est le fils de Giboyer, cette scène est une belle et digne scène. J'en écrirais autant du débat du dernier acte, où le même jeune homme est prêt à renoncer à la main de son amante pour suivre la triste fortune de son père, si ce débat n'était encadré dans une scène caricaturale et impossible.

Du moins, j'ai toute liberté pour rendre hommage au style, — le plus vigoureux, le plus substantiel, le plus net, le plus français, le plus parisien, le plus spirituel qui soit au monde et au théâtre. Répulsif ou sympathique, chaque trait enferme une pensée. La figure de Giboyer appartient bien maintenant à M. Émile Augier ; il se peut qu'on vienne lui dire qu'elle rappelle le Tyrrel des *Enfants d'Édouard*, le Carlos Herrera de Balzac, le Schaunard de la *Vie de Bohême*, l'*Escamoteur* de M. d'Ennery, et même le *Père de la Débutante* de Théaulon ; elle les rappelle en les réunissant et en les agrandissant, à la façon formidable de la tête de Méduse. Le type est atteint, cela suffit.

Le Fils de Giboyer est admirablement joué, surtout par M. Got et par M. Delaunay. Je reviendrai d'ailleurs sur la comédie et sur les comédiens.

II

J'ai promis de revenir sur *le Fils de Giboyer*. La pièce fait plus que du bruit, elle fait du fracas. Il n'y a qu'une voix pour constater la grande somme de talent qui y est dépensée. Il y en a quelques-unes pour protester contre l'emploi de ce talent. Le goût de M. Émile Augier pour la leçon politique n'est pas nouveau : il date de son drame de *Diane*, où l'on voyait le cardinal de Richelieu exposer tout un système de gouvernement. On retrouve ce même penchant, à des doses plus discrètes, dans *le Gendre de M. Poirier* et dans *la Jeunesse*; enfin il envahit *les Effrontés*, et il déborde dans *le Fils de Giboyer*. M. Émile Augier s'est voué entièrement, pendant ces dernières années, à la peinture de la société moderne, à la reproduction presque photographique des mœurs de l'heure présente; et il pense avec raison que ses tableaux seraient incomplets s'il en excluait la politique. Je suis de son avis; mais de là à l'absorption de ses tableaux par la politique il y a une mesure que je regrette de lui voir dépasser. Je crois peu, dans le temps où nous sommes, à l'enseignement politique par le théâtre. Autrefois, je ne dis pas; aujourd'hui, c'est l'affaire de la tribune, du journal et du livre. L'art dramatique, par la raison même qu'il est un art, n'est pas fait pour se mêler à des discussions d'un ordre trop spécial et à des luttes d'un intérêt trop direct.

Parmi les dangers des pièces politiques, dangers qu'il serait oiseux d'indiquer, il en est de particuliers à l'auteur. Tout autre que M. Emile Augier n'y aurait peut-être pas échappé d'une manière aussi absolue. Il a fallu l'indépendance bien connue du poëte et son caractère élevé pour qu'on vît dans *le Fils de Giboyer* autre chose qu'une variation brillante sur des motifs du *Moniteur*. Comme je l'ai dit déjà, c'est une distribution de bois vert à tous les partis, excepté, bien entendu, à celui de qui M. Augier tient sa liberté de parole. Si son programme n'a rien d'officiel, il n'a non plus rien d'individuel, et son idéal se dérobe à toutes les perquisitions. Il reste dans la satire et s'élève rarement à l'éloquence; s'il cherche cependant à dégager une formule, et à définir, par exemple, l'égalité, il n'aboutit qu'à une banalité redondante comme celle-ci : « A chacun selon ses œuvres! » Mieux servi par son époque, M. Scribe, en ses esquisses politiques, avait du moins le bénéfice d'une certaine opposition, partant le prestige d'un certain courage.

On a prétendu que M. Emile Augier avait voulu d'abord appeler sa pièce : *les Hypocrites*. Ce titre disait mieux son dessein que celui qu'il a adopté définitivement. C'est, en effet, un hypocrite, que le marquis d'Auberite, un hypocrite que le député Maréchal, un hypocrite que le comte d'Outreville. Hypocrite encore la baronne Pfeiffer, qui joue à la princesse de Liéven dans un salon puritain, et qui guette un second mari à travers la « chouannerie des salons ». Hypocrite aussi, la bonne madame Maréchal, qui se fait lire *Jocelyn* par les secrétaires de son mari. Hypocrites aussi, archi-hypocrites, Giboyer père et fils, secrétaires anonymes ou pseudonymes d'une faction ou d'un homme, marchands d'opinions en gros et en détail. Je regrette ce titre, qui délimitait la pièce.

Je regrette bien d'autres choses encore, et surtout d'être obligé de me désaccoutumer à regarder le théâtre comme un lieu de refuge, comme un asile de distraction et de plaisir. C'est me donner un vernis bien bourgeois, mais enfin j'avais l'habitude d'y aller, — comment dirai-je cela? — pour m'amuser; faut-il donc que j'y aille à présent pour entretenir mes ressentiments ou raviver mes sympathies politiques? — Je relirai ce soir *la Ciguë*, au coin du feu.

L'espace m'a manqué la semaine dernière pour parler de l'interprétation du *Fils de Giboyer*. J'ai à peine eu le temps de dire le grand succès de M. Got et le relief extraordinaire qu'il a su donner à une figure effrayante de trivialité. On ne sculpte pas la boue avec plus de génie; on ne tire pas avec plus de puissance de la poitrine d'un goujat ces cris sublimes de sensibilité; on n'illumine pas le cynisme avec une pareille crânerie et un plus sauvage délire.

Giboyer fils, c'est M. Delaunay, une autre note, brillante et chaleureuse. Les deux doyens de la Comédie-Française, MM. Samson et Provost, apportent là leur autorité : l'une aristocratique et railleuse du bout des lèvres; l'autre vulgaire et tout épanouie. Madame Arnould-Plessy passe, un manchon aux mains, laissant après elle une singulière odeur de boudoir et de banc-d'œuvre. Madame Nathalie lui donne la réplique avec un air sucré. Mais les honneurs du drame, en ce qui concerne ces dames, sont tous pour Mademoiselle Favart, dont la distinction et l'énergie ont triomphé d'un dénoûment difficilement admissible.

ODÉON

Misanthropie et Repentir, drame en quatre actes, par Kotzebue ; traduction nouvelle de M. Alphonse Pagès. (Décembre 1862.)

Une femme a trahi son mari et déserté la maison conjugale ; après plusieurs années, le hasard les fait se rencontrer chez un ami commun. L'époux est vaincu par les larmes sincères de l'épouse, et aussi par la vue de ses enfants qu'on lui jette dans les bras. Il pardonne. Voilà, je crois, un sujet bien simple ; ajoutons qu'il est traité de la façon la plus ordinaire du monde, que les scènes s'en succèdent comme dans la vie réelle, que les situations sont amenées par la force des choses. Ce drame, intitulé *Misanthropie et Repentir*, et arrivé en droite ligne de l'Allemagne, il y a une soixantaine d'années, a fait pendant longtemps pleurer tout Paris, et a eu plus de représentations que *la Dame blanche*. Les maris y conduisaient leurs femmes pour les effrayer par le tableau des remords et de la honte d'Eulalie ; les femmes y menaient leurs maris pour apprendre de Meinau la grandeur d'âme et la sensibilité; tout le monde y trouvait un enseignement et une émotion. Heureux résultats d'un sujet bien choisi !

L'Odéon reprend aujourd'hui la pièce de Kotzebue, après l'avoir jouée pour la première fois en 1799. Il s'est mis en frais d'une traduction nouvelle, qui se distingue de l'ancienne par la suppression d'un acte. Je ne sais pas assez d'allemand pour me prononcer sur les autres différences, mais je dois dire que l'effet général est satisfaisant. L'impression produite par le dénoûment, vers lequel l'action marche avec une lenteur calculée, a été ce qu'elle est toujours, forte, profonde. Les comédiens se sont assez inégalement acquittés de leur tâche : une étrangère, du nom ou du pseudonyme de Béatrix, débutait dans le rôle d'Eulalie; il a fallu l'encourager. Le personnage de Meinau convient à la nature sérieuse et triste de M. Ribes; aussi l'a-t-il rendu d'une façon convaincue. Kotzebue aurait été content de lui, et cependant Kotzebue était difficile : à l'un de ses voyages à Paris, en 1804, ayant assisté à la représentation de *Misanthropie et Repentir*, par Madame Talma et Saint-Phal, il se montra médiocrement satisfait. « Saint-Phal fut loin de remplir mon attente, écrit-il dans ses *Souvenirs*; d'abord, un homme aussi épais, aussi joufflu, ne devrait pas jouer le rôle de Meinau; en second lieu, il ne doit pas se démener ainsi; enfin, il ne doit pas être vêtu comme un ouvrier. Or, Saint-Phal portait un habit bleu foncé, à l'ancienne mode, avec des boutons jaunes; une veste écarlate, avec de grandes poches carrées; des culottes noires et des bottes montant jusqu'au-dessus du genou. Lorsque je témoignai mon étonnement de ce costume bizarre, on me répondit qu'il était Allemand. J'eus beau protester, et montrer mon frac qui avait été fait en Allemagne, on ne voulut point en démordre, et l'on persista à me soutenir que c'était le costume allemand. Enfin, je terminai en disant qu'il n'y avait chez nous que les garçons bouchers qui fussent ainsi vêtus. » Ce n'est pas sous le rapport du costume, non plus que sous celui de l'embonpoint, que Kotzebue pourrait se plaindre aujourd'hui de M. Ribes.

La destinée de l'auteur de *Misanthropie et Repentir* a été étrange et funeste. On sait son trépas violent; on connaît moins sa vie, pleine de romanesque et de traverses. Comme Beaumarchais, dont il rappelle quelquefois la turbulence, il a été marié deux ou trois fois. La littérature et la politique se sont continuellement disputé plutôt que partagé son temps; neveu de Musœus et dirigé par lui dans l'étude des lettres, il s'est acquis une réputation méritée comme écrivain dramatique. On le joue et on le jouera toujours. Ses *Deux Frères*, pris comme *Misanthropie et Repentir* aux plus intimes racines du cœur humain, sont un chef-d'œuvre de sentiment et de comique aimable. Le Kotzebue homme politique laisse une mémoire plus obscurcie. Ayant beaucoup habité la Russie et y ayant occupé des emplois, il avait fini par oublier sa nationalité, et par adopter sur les formes du gouvernement les opinions alors passablement absolues du cabinet de Saint-Pétersbourg. Aussi, lorsqu'il revint dans sa patrie, se trouva-t-il heurter de front les idées d'indépendance qui agitaient toute l'Allemagne et particulièrement la jeunesse des Universités. Un journal qu'il fonda et dans lequel il ne cessa de plaider des doctrines anti-libérales, quelques brochures véhémentes et ironiques, tout cela joint à son titre d'agent diplomatique et de correspondant de l'empereur de Russie, qu'il ne prenait pas la peine de cacher, exaspéra un grand nombre d'esprits contre lui et précipita la catastrophe qui mit fin à ses jours.

Cette catastrophe est des plus farouches et des plus horribles. Un matin du mois de mars 1819, un tout jeune homme, aux longs cheveux blonds, d'un extérieur agréable et doux, se présenta deux fois chez Kotzebue, à Manheim. Il voulait, disait-il, lui remettre *une lettre de sa mère,* une bonne vieille de plus de quatre-vingts ans, qui demeurait à Weimar. Voilà ce que, dans sa candeur, avait imaginé cet adolescent pour être introduit plus vite! Comme Kotzebue était très-occupé à écrire, on le pria de revenir dans la soirée. Le jeune homme rentra à son auberge, dîna de fort bon appétit à la table commune, et causa gaiement avec ses voisins. Gaiement, entendez-vous? A l'heure indiquée, il était à la porte de Kotzebue. Un domestique lui ouvrit et le fit entrer dans un cabinet, en lui disant qu'il allait prévenir son maître. Celui-ci, assis au milieu de sa famille et de quelques dames en visite, tenait dans ses bras son plus jeune fils, âgé de deux mois, et il disait : « J'avais précisément le même âge que cet enfant, lorsque j'eus le malheur de perdre mon père! » Sur quelques mots prononcés par le domestique, Kotzebue remit l'enfant à sa mère et passa dans son cabinet. Le jeune homme n'attendait que cet instant. Il se jeta sur Kotzebue, et, avec autant de sûreté que de vigueur, il lui enfonça un long poignard dans la poitrine. Tous deux roulèrent sur le plancher, la victime entraînant l'assassin, et luttant. Dans ses efforts inutiles, Kotzebué reçut encore trois coups, dont l'un lui traversa les poumons. Il expira sur-le-champ. L'effroi fut tel parmi les personnes accourues au bruit, que le meurtrier put sortir de l'appartement, descendre l'escalier et se frayer un passage au milieu de la foule amassée déjà.

Alors, tombant à genoux et levant ses regards au ciel, il s'écria d'un ton enthousiaste : « Je te remercie, ô Dieu ! de m'avoir permis d'accomplir avec succès cette œuvre de justice ! » Puis il se frappa à son tour du même poignard qu'il n'avait pas lâché, et s'affaissa dans son sang...

Ce jeune homme, qui était un étudiant de l'Université d'Iéna, s'appelait Charles Sand. Je voudrais pouvoir dire à l'honneur de l'humanité que sa conduite ne provoqua qu'une réprobation universelle, mais la vérité m'oblige à avouer que « sa jeunesse, sa modestie et la pureté de ses mœurs » lui gagnèrent des sympathies en assez grand nombre, sinon des apologies, chez le peuple le plus renommé pour sa sensibilité. Encore aujourd'hui, il n'est pas rare d'entendre quelque bonne Allemande murmurer en soupirant : « Pauvre Charles Sand ! »

Moi seul, en me rappelant tant de chefs-d'œuvre d'honnêteté et de tendresse, je me surprends à plaindre Kotzebue.

Misanthropie et Repentir m'a entraîné un peu loin. C'est qu'il y a tant de souvenirs attachés à cette pièce! Il y a même plus, il y a comme une fatalité douloureuse. N'est-ce pas, en effet, peu de temps après avoir traduit, lui aussi, le drame de Kotzebue pour la Comédie-Française, que Gérard de Nerval fut trouvé pendu, une nuit d'hiver?

SAMSON

(Mars 1863.)

M. Samson se retire décidément du théâtre, au mois d'avril. Ce n'est pas qu'il se trouve ou qu'on le trouve trop vieux. Bien qu'il ait dépassé soixante-dix ans, il a encore, comme on dit, bon pied, bon œil ; et, ne jouant que les rôles de son âge, il lui serait aisé de prolonger sa carrière comique. Il ne le veut pas ; il met à se retirer à temps une coquetterie que n'ont point ses confrères. Que la volonté de M. Samson soit faite !

En attendant le moment fatal, M. Samson passe actuellement en revue les principaux rôles de son répertoire. C'est une série de représentations extrêmement intéressantes, et auxquelles ne manquent pas les amateurs. Il nous a rendu *l'Étourdi, Sganarelle, le Joueur, Bertrand et Raton;* nous aurons successivement : *la Femme Juge et Partie, le Festin de Pierre, le Vieux Célibataire,* etc. En un mois, un jeune homme pourra connaître M. Samson aussi bien que nous, qui l'étudions depuis quinze ans. Il est inutile de dire que dans ces soirées suprêmes, le comédien s'efforce de donner la plus complète expression de son talent.

Ce talent, auquel personne plus que moi ne rend justice, n'a rien, au premier abord, de saisissant ni de séduisant. M. Samson parle du nez de façon à rendre des points à un canard; il laisse tomber ses paroles goutte à goutte; sa démarche est aussi lente que sa diction; son masque est sans variété. Jamais acteur n'eut plus besoin d'art, de science, d'expérience; jamais acteur, il est vrai, n'en posséda et n'en acquit davantage. Il joue *la nuance*, comme les joueurs de billard jouent *l'effet*. Son habileté est prodigieuse : il est à l'aise dans ses défauts comme un autre dans ses qualités. Un des premiers inventeurs du jeu froid, il a conquis le public par la seule force de la vérité, de la raison, de l'esprit. L'horreur du mauvais goût est innée en lui. Aussi se tient-il toujours en dehors de l'éclat; il ne sollicite pas le succès, il l'attend avec une sorte de fatuité tranquille qu'on devine au bout de quelque temps. C'est plaisir de lui voir donner la vie à des riens par son accentuation mordante, et découper le vers comme on découpe de la dentelle. Il réussit moins bien les rôles de sensibilité; alors il ne vaut pas Bouffé.

PORTE SAINT-MARTIN

Reprise de *Don Juan de Marana*, drame fantastique en cinq actes et en quatorze tableaux, par M. Alexandre Dumas. (Mars 1863.)

Quelques jours avant le *Don Juan* de M. Alexandre Dumas, j'avais vu le *Don Juan* de Molière à la Comédie-Française.

Don Juan, ou plutôt *le Festin de Pierre*, produit toujours un grand effet sur le public; c'est une pièce à tableaux, et j'imagine que Molière, chez qui le poëte n'absorbait pas le directeur, l'a composée plutôt en vue de l'argent que de la gloire littéraire. Le sujet en traînait partout lorsqu'il s'en est emparé; Dorimont et Villiers, deux comédiens, l'avaient traité avec assez de succès. Molière en a tiré certainement tout le parti qu'on devait attendre de sa supériorité; mais, je ne crains pas de le répéter, malgré les côtés satiriques et philosophiques que les commentateurs prétendent y découvrir, j'y vois surtout une pièce à spectacle. Les scènes patoisées du deuxième acte ont été fournies, prétend-on, par Champmêlé ; elles sont même imprimées à la suite de ses œuvres. Ce n'est donc pas dans *le Festin de Pierre* qu'il faut trop chercher notre grand comique. Ceux qui baisent la trace de ses œuvres me semblent faire un bon marché étonnant de la pièce primitive de Gabriel Tellez, le Christophe Colomb de don Juan Tenorio, pièce fort belle. Molière, trop fidèle à son principe de prendre son bien partout où il le trouve, joue un peu, dans cette circonstance, le rôle d'un Améric Vespuce. Je suppose qu'en Espagne les choses sont plus justement replacées.

Cette légende de don Juan Tenorio est d'ailleurs plus que jamais populaire chez nos galants voisins. Elle tapisse les murs des remparts de Cadix, elle s'étale aux vitrines des papetiers de Séville, comme chez nous le *Juif errant*. J'ai acheté, l'an dernier, dans cette dernière ville, une de ces images sur bois, divisée en vingt-quatre petits carrés, enfermant chacun un des épisodes de la vie du terrible séducteur. Le marchand m'a appris qu'on découpait ces petits carrés de papier pour les répandre, du haut des balcons sur le passage des processions, en même temps que les fleurs, et indistinctement avec d'autres images représentant des courses de taureaux et des tableaux militaires.

On sait que Thomas Corneille, bizarrement inspiré, a mis la pièce de Molière en vers, d'ailleurs très-spirituels, et que pendant longtemps les comédiens français ont substitué cette version poétique à l'œuvre originale. Ce n'est que dans ces dernières années qu'on est revenu au texte en prose.

Si j'avais à écrire une liste de tous les don Juans issus du don Juan de Tellez, je ne pourrais mieux faire que d'emprunter à M. Théodore de Banville les vers suivants :

> A ce festin royal, de leurs pays venus,
> Soupaient tous les don Juans et toutes les Vénus.
>
> D'abord tous les don Juans des pièces espagnoles,
> Avec leurs airs de rois et leurs amours frivoles.
>
> Et puis tous ces don Juans sans nulle profondeur,
> Qui tuaient pour la forme un petit commandeur.
>
> Et puis, après ceux-là, le don Juan de Molière,
> Avec sa théorie atroce et singulière.
>
> Le don Juan de Mozart et celui de Byron,
> Tous deux songeant encore à leur décaméron ;
>
> Et celui qui trouva chez notre Henri Blaze
> L'amour qui sauve, après la volupté qui blase ;
>
> Et ce don Juan, pareil au poëte persan,
> Que Musset déguisa sous le surnom d'Hassan.

Le don Juan de M. Henri Blaze figure dans un roman dialogué en prose et en vers, paru en 1835 sous ce titre : *le Souper chez le Commandeur*. Le repentir de don Juan y rachète Anna du purgatoire. — Il y a aussi un *Don Juan barbon*, par M. Gustave Levasseur, petit drame rimé avec une grande verve.

Enfin me voilà arrivé, par un détour assez long, au *Don Juan de Marana* de M. Alexandre Dumas. A propos de cette reprise deux lettres fort intéressantes ont été échangées entre MM. Alexandre Dumas et Méry. Il fallait une main poétique pour opérer quelques soudures, et un œil ami pour surveiller des changements nécessaires. On ne pouvait choisir mieux qu'en choisissant M. Méry. Toutefois, celui-ci, désireux de mettre sa conscience littéraire à l'abri, a voulu en référer à qui de droit. M. Alexandre Dumas lui a crié merci du fond du *palais Chiatamone*, en ajoutant : « Je me serais fait un scrupule de réclamer de toi ce modeste service, mais je suis bien aise qu'un autre ait osé le faire à ma place. »

Les deux lettres sont charmantes ; elles témoignent de part et d'autre d'une sincère amitié, ce qui est d'un bon et consolant exemple. Mais la réponse de M. Alexandre Dumas n'est pas exempte de quelques erreurs ou au moins de quelques oublis. Dans son effusion, il s'exprime ainsi sur *Don Juan de Marana* : « Si ce n'est pas une de mes meilleures pièces, c'est au moins une des œuvres les plus caressées de ma jeunesse, une de celles où j'ai cru mettre le plus d'originalité vraie et de cachet individuel. Tu sais comment j'en conçus le plan : au fond d'une loge du Conservatoire, bercé par une symphonie de Beethoven, qui me plongea comme dans un rêve d'opium mélodique, et me fit voyager à travers le domaine de ce grand maître : l'infini. »

Tout cela est fort joli ; mais, comme souvent, M. Alexandre Dumas est mal servi par ses souvenirs. Cette œuvre, où il croit avoir mis le plus de « cachet individuel, » est simplement et entièrement tirée d'une admirable nouvelle de M. Prosper Mérimée, intitulée : *les Ames du Purgatoire*. Beethoven ne vient qu'en second, ou plutôt il n'est là que pour la miseen scène, dans laquelle il faut reconnaître que M. Alexandre Dumas a toujours excellé.

Don Juan de Marana, dans son origine, n'obtint pas tout le succès auquel il pouvait prétendre, malgré les gracieuses romances dont il était semé.

> En me promenant ce soir au rivage
> Où, pendant une heure, à vous j'ai rêvé,
> J'ai laissé tomber mon cœur sur la plage;
> Vous veniez ensuite et l'avez trouvé.

Voilà surtout ce qu'on avait retenu de *Don Juan de Marana*; c'était alors un *mystère*, aujourd'hui, c'est un drame fantastique; mais l'étiquette n'y fait rien, le sac est toujours le même. Le compte rendu de Gustave Planche, que j'ai consulté, s'exprimait ainsi : « Ce roman confus et bruyant, qui ne dure pas moins de six heures, est un entassement singulier de caractères, d'épisodes et de scènes dérobés aux gloires et aux fortunes les plus diverses, à Molière et à Goethe, à M. Hugo et à M. de Musset, à Shakspeare et à M. P. Mérimée. Pour compter les plagiats dont se compose ce drame en cinq actes et sept tableaux (il y en a quatorze maintenant!), il faudrait plus que de la patience, il faudrait la résignation d'un saint. Pour moi, j'y renonce, et j'abandonne volontiers aux Scaliger et aux Saumaise du feuilleton la gloire d'éplucher le nouveau mélodrame, et de rendre à la France, à l'Allemagne, à l'Angleterre, tous les lingots que M. Dumas leur a dérobés et qu'il n'a pas même eu le courage de frapper à son effigie. »

Gustave Planche était sévère, comme toujours; il était sévère et sec. Je prends *Don Juan de Marana* pour ce qu'il est, sans y chercher un chef-d'œuvre, ni même une œuvre littéraire dans la noble acception du mot. Mais en dépit des plagiats, — ou peut-être à cause des plagiats, — personne, aucun grand critique, ne m'empêchera d'y relever une très-brillante allure, un sentiment poétique fort prononcé, de la couleur à l'excès. Vous dites que c'est un résumé de toutes les légendes; eh bien! va pour un résumé! Va pour cette accumulation d'aventures, si les aventures sont intéressantes! Va pour les fanfaronnades du romantisme, si elles me font ouvrir de grands yeux et de grandes oreilles! J'aime les fantômes, comme les enfants; servez-moi donc des fantômes, entre onze heures et minuit! J'aime aussi les coups d'épée sous les réverbères, les sérénades sous les balcons, les parties de dés, les trappes qui s'ouvrent; tout cela est prodigué dans *Don Juan de Marana*. Ma foi! Gustave Planche en murmurera; je prends mon plaisir où je le trouve!

La pièce n'a pas subi de transformations radicales; je me contenterai de l'esquisser à traits rapides. Au premier acte, don Juan donne une fête dans son palais, pendant que son père agonise; il assassine un prêtre venu pour confesser le comte de Marana, et il empêche que don José, son frère aîné, mais naturel, soit légitimé. Au deuxième acte ou au deuxième tableau, — il est permis de s'y égarer, — don Juan séduit la fiancée de don José, à qui il en veut décidément ; il va plus loin, il fait bâtonner et chasser don José. Sa fiancée se précipite dans le Mançanarès. J'oublie en chemin bien des petits crimes ; je laisse tomber à dessein quelques forfaits pour alléger mon analyse. Parvenu à un assez joli degré de perversité, don Juan rencontre dans une posada un bravache de son espèce, un fier-à-bras avec une grande plume au chapeau et une grande épée au côté, don Sandoval d'Ojedo, qui marque sa place à une table en disant : « Je vais donner une sérénade à dona Inès, comtesse d'Almeida ; s'il y a quelqu'un à Madrid à qui cela déplaise, il me trouvera sous ses fenêtres ! » Naturellement don Juan de Marana s'assoit à cette place marquée ; le Sandoval revient et s'étonne, comme un spectateur de l'orchestre qui trouverait sa stalle occupée. Don Juan tue don Sandoval, après lui avoir gagné au jeu sa bourse, sa chaîne, l'agrafe de son manteau, son château dans les Algarves, et, par-dessus le marché, sa maîtresse, dona Inès, comtesse d'Almeida. Rafaël Garrucci et Hannibal Desiderio ne font pas mieux dans *les Marrons du feu*. Mais la comtesse d'Almeida, pas plus que la Camargo, n'entend se laisser passer à l'ordre d'un inconnu ; elle s'empoisonne, après avoir inutilement tenté d'empoisonner don Juan, et en lui recommandant (l'imprudente !) d'aller trouver sa sœur, novice au couvent de Notre-Dame-du-Rosaire, et de l'informer de sa mort.

Continuons. Don Juan au couvent, c'est le loup dans la bergerie. Il voit sœur Marthe et s'en éprend ; ici commence la partie sentimentale du drame ; il serait trop long d'expliquer comment sœur Marthe est le bon ange de la famille des Marana, et comment elle a obtenu du ciel le privilége de séjourner sur la terre, afin de mieux veiller sur don Juan. Qu'il suffise de savoir que la pauvre enfant ne sauve personne, et qu'elle est au contraire sur le point de perdre son âme en s'abandonnant à l'amour qu'elle inspire. Heureusement que ses collègues de là-haut ont un œil sur elle : ils envoient à don Juan de Marana un avertissement suprême et lui donnent une heure pour se repentir. Don Juan se fait trappiste. Le tableau où on le voit creusant sa fosse et s'essayant à la prière est très-dramatique. Tout à coup se dresse devant lui son frère don José, la haine dans les yeux, l'insulte à la bouche, avide de vengeance; don José jette une épée à ses pieds; mais don Juan refuse de se battre ; sa conversion est sincère ; il s'humilie, il demande pardon à genoux. Inutile ! don José a juré qu'il se battrait, et pour cela, il le soufflette du plat de son épée... Don Juan bondit et saute sur l'autre arme; après un combat de quelques secondes, il est chargé d'un fratricide! « Allons! dit-il en jetant sa robe aux orties, il paraît que le diable ne veut pas que je me fasse ermite! »

Don Juan rentre dans le monde; mais ses jours sont désormais comptés. Dans les fêtes qui se succèdent autour de lui avec une sorte de vertige, dans l'orgie dont le tourbillon atteint au crescendo, son pied ne butte plus que contre les spectres de ses victimes. Les bals sentent le soufre ; le vin qu'on lui verse dans des coupes a une odeur de sang; les dominos dardent des éclairs sous leurs masques de velours ; les éventails bruissent avec un cliquetis d'ossements; la musique n'a plus rien d'humain; entre les fissures des planchers s'élancent déjà des jets de flammes; tout annonce le dénoûment et le châtiment. En vain sœur Marthe redouble-t-elle ses supplication et ses larmes, don Juan reste impénitent jusqu'à la fin, en face de la mort comme en face de la vie.

Ces événements, dont je n'indique pas la moitié, forment un spectacle assurément prestigieux, quoique approchant de la fatigue. Je suis littéralement ébloui de tout ce tohu-bohu de flambeaux, de poignards, de flacons, de madones, de fleurs, de perles, de statues, de tombeaux, de capuchons, de mantilles, de strophes, d'anges, de diables, d'alguazils, de festins, de cristaux, de sorbets, de guitares. Les décors et les ballets aidant, *Don Juan de Marana* va continuer la vogue du *Bossu*, qui a continué la vogue du *Pied de mouton*.

Dire que M. Mélingue est un peu mûr pour le rôle de don Juan, — un peu, beaucoup, — c'est rééditer une banalité. Il paraît qu'on ne fait plus d'acteurs jeunes.

VAUDEVILLE

Reprise des *Ressources de Quinola*, par Balzac. (Octobre 1863.)

Le théâtre a été une des constantes préoccupations de Balzac; on le voit à toutes les époques de sa vie s'essayer à cet art exceptionnel et séduisant. A vingt ans, il écrit une tragédie sur *Cromwell*, qu'il brûle peu de temps après; plus tard, à l'âge d'homme, entre ses plus beaux romans, il s'occupe d'une *Marie Touchet*, drame historique. Mais il y perd son temps, il s'y fatigue et sent qu'il s'égare. Du château de Saché où il s'est retiré, il écrit à sa sœur : « Mes essais de théâtre vont mal, il faut y renoncer pour le moment. Le drame historique exige de grands effets de scène que je ne connais pas et qu'on ne trouve peut-être que sur place, avec des acteurs intelligents. Quant à la comédie, Molière, que je veux suivre, est un maître désespérant; il faut des jours sur des jours pour arriver à quelque chose de bien dans ce genre, et c'est toujours le temps qui me manque. Il y a d'ailleurs d'innombrables difficultés à vaincre pour aborder n'importe quelle scène, et je n'ai pas le loisir de jouer des jambes et des coudes ; un chef-d'œuvre seul et mon nom m'en ouvriraient les portes, *mais je n'en suis pas encore aux chefs-d'œuvre.* Ne pouvant compromettre ma réputation, il faudrait trouver des prête-noms ; c'est du temps à perdre, et le fâcheux c'est que je n'ai pas le moyen d'en perdre ! Je le regrette ; ces travaux, plus productifs que mes livres, m'auraient plus promptement tiré de peine. »

Voilà le grand mot. Le théâtre rapporte plus d'argent que la librairie. On conçoit la rage de Balzac et ses efforts en présence de cette iniquité qui dure toujours : la pièce dominant le volume ! Enfin, à quarante ans, il n'y put tenir. Il fit, — d'autres disent il improvisa — le drame de *Vautrin.* Quoiqu'il n'en fût pas encore aux chefs-d'œuvre, selon sa sincère expression, je considère ce drame comme chose puissante. *Vautrin* fut interdit par la maladresse d'un acteur. H. de Balzac resta deux ans à se remettre de cette secousse, au bout desquels il apporta à l'Odéon le manuscrit, ou plutôt *l'idée* des *Ressources de Quinola.* M. Léon Gozlan a raconté avec une verve infinie la légende de cette pièce faite pendant les répétitions, et dont le dénoûment n'existait pas encore la veille de la représentation ; il a dit les exigences et les fantaisies énormes de l'auteur, le parterre de chevaliers de Saint-Louis, et les bulletins portés chaque soir, à minuit, à un homme apposté dans les Champs-Élysées. La légende vaut mieux que la pièce, je suis forcé de l'avouer.

Les Ressources de Quinola exposent, comme on le sait, les épreuves et les souffrances d'un inventeur, — l'inventeur de la navigation à vapeur, rien que cela. Mais quel pauvre inventeur que celui-ci ! Au lieu d'une figure terrible et résolue comme celle de Balthazard Claës, nous n'avons qu'un petit jeune homme tremblant, amoureux d'une Marie quelconque, et ne parlant jamais que de sa Marie, et rapportant à sa Marie toute l'initiative et toute la gloire de son invention. C'est incroyable de la part de Balzac. La scène est en Espagne, à la cour de Philippe II ; moines, inquisiteurs, infantes, alguazils, courtisans et courtisanes, s'agitent pendant sept ou huit tableaux dans une action prévue, informe, puérile, et qui recommence sans cesse. Le drame a toutes les ambitions, toutes les visées ; c'est un drame philosophique, un drame politique, un drame de cape et d'épée, un drame de passion ; l'auteur y court après le mouvement du *Pinto* de Lemercier, et tâche de parler la grasse langue de *la Reine d'Espagne* de Latouche ; il n'y réussit que par intervalles.

Le succès des *Ressources de Quinola*, à l'Odéon, fut à peu près négatif ; on prétend que Balzac aida beaucoup à ce résultat par ses excentricités ; moi, je crois surtout que la pièce n'était pas viable. On peut s'exprimer librement sur la tentative d'un homme qui compte des chefs-d'œuvre par douzaines ; Balzac est au-dessus du respect. Quoi qu'il en soit, le directeur du Vaudeville a incontestablement fait un acte littéraire en reprenant les *Ressources de Quinola*, et il mériterait d'en être récompensé ; il les a mises en scène avec le même soin et le même luxe qu'il aurait apportés à l'ouvrage d'un auteur vivant; décors, et principalement costumes, sont d'une exactitude et d'une richesse rares. Je louerai également les acteurs pour leur conscience. — Mademoiselle Jane Essler manque visiblement de l'ampleur nécessaire au rôle de la Brancador, le meilleur de la pièce et le plus hardi, créé, il y a vingt ans, par Héléna Gaussin, une superbe et singulière créature, à qui le velours séyait magnifiquement. Mademoiselle Jane Essler remplace la taille par l'intelligence, par l'ardeur, par la flamme. Elle est, en outre, attrayante au possible avec sa coiffure de perles et sa pelisse de sultane de Favart.

Le couronnement du buste de Balzac a terminé cette représentation. Pauvre lutteur! pauvre vainqueur! Le voilà fêté et acclamé partout, même au théâtre, aujourd'hui que la terre le recouvre! Tout le monde s'évertue à lui chercher et à lui trouver les qualités scéniques qu'on lui dénia si longtemps; on rappelle avec éloge la *Marâtre*, si peu remarquée lors de son apparition au Théâtre-Historique ; on porte aux nues *Mercadet*, refusé pendant dix ans par tous les théâtres; on s'écrie : « Quel auteur dramatique il aurait fait, s'il avait vécu! »

C'était aussi son opinion à lui, Balzac; quelques mois avant sa mort, il écrivait, de Russie, à son ami Laurent-Jean : « Je pourrai être à Paris en février prochain, avec la ferme et *nécessaire* envie de travailler comme membre de la Société des auteurs dramatiques; car dans mes longs jours de traitement, j'ai trouvé une petite Californie théâtrale à exploiter... Pense qu'une scène écrite par jour fait trois cent soixante-cinq scènes par an, qui fait dix pièces. En tombât-il cinq, trois n'eussent-elles que des demi-succès, resteraient encore deux succès qui feraient un joli résultat. Oui, du courage, que la santé me revienne, et je m'embarque hardiment dans la galère dramatique avec de bons sujets! »

VAUDEVILLE

Les Diables noirs, pièce en quatre actes, par M. Victorien Sardou,
(Décembre 1863.)

« Eh bien ! mon ami, sachez donc qu'à cette heure, je sens autour de mes cheveux tous les diables de la migraine, qui sont à l'ouvrage sur mon crâne pour le fendre : ils y font l'œuvre d'Annibal aux Alpes. Il y a un farfadet, grand comme un moucheron, tout frêle et tout noir, qui tient une scie d'une longueur démesurée et l'a enfoncée plus d'à moitié sur mon front. Dans l'angle du sourcil sont blottis cinq diablotins, entassés l'un sur l'autre comme de petites sangsues, et suspendus à l'extrémité de la scie pour qu'elle s'enfonce plus avant dans ma tête ; deux d'entre eux sont chargés de verser, dans la raie imperceptible qu'y fait leur lame dentelée, une huile bouillante qui flambe comme du punch. Je sens un autre petit démon enragé; celui-ci a élu son domicile, en roi absolu, tout au sommet du crâne; il s'est assis, sachant devoir travailler longtemps; il a une vrille entre ses petits bras, et la fait tourner avec une agilité si surprenante que vous me la verrez tout à l'heure sortir par le menton...

« Le docteur demeura aussi froid que peut être la statue du czar, en hiver, à Saint-Pétersbourg, et il répondit à Stello :

« — Vous avez *les diables bleus*, maladie qui s'appelle en anglais *blue devils*. »

Les Diables noirs de M. Victorien Sardou sont *les diables bleus* de M. Alfred de Vigny poussés au sombre.

Je me trouve en présence d'une pièce profondément mutilée par la censure, paraît-il, et remaniée par son auteur dans un autre sens que le sens primitif. On avait vu, et quelques-uns persistent à voir encore une grande hardiesse dans le sujet, qui est la conversion d'un libertin par une femme. J'ai beau chercher, je ne vois ni hardiesse ni nouveauté là-dedans ; c'est la mise en scène d'un roman de George Sand, intitulé *Elle et Lui*. Elle, dans *les Diables noirs*, s'appelle la marquise Jeanne. Lui a pour nom Gaston de Champlieu ; il se présente avec des airs désabusés, moitié Lovelace et moitié Antony ; il s'accuse complaisamment de tous les vices ; il s'avoue, comme Tartufe,

. . . . Un méchant, un coupable,
Un malheureux pécheur, tout plein d'iniquité,
Le plus grand scélérat qui jamais ait été.

Il faut l'entendre raconter son enfance, comme quoi il mordit sa nourrice en venant au monde, et comment, plus tard, il goûtait un singulier plaisir à distribuer des bourrades à ses petits camarades et à les pousser dans un bassin, en s'écriant : *C'est fait!* Ce *C'est fait!* revient plusieurs fois dans la pièce, à toutes les situations importantes ; il équivaut au *Coucou!* du jeu de cache-cache. Au deuxième acte, Gaston de Champlieu, la cravate dénouée, pris de vin, se soutenant à peine, embrasse une femme de chambre... *Coucou!* Ensuite, il ramasse sur le tapis d'un boudoir un diamant, et il le met dans sa poche... *Coucou!*

Malgré ce vol, qui forme le nœud de l'intrigue, le caractère de Gaston manque d'ampleur et d'originalité. C'est un bambocheur bourgeois, plutôt né pour *célébrer le champagne et l'amour* que pour emboîter le pas de Leone Leoni et des autres célèbres meneurs d'orgie. M. Victorien Sardou en fait, par-dessus le marché, un menteur. O Dorante! ô Corneille! — Gaston de Champlieu ment comme il joue et comme il boit, petitement, misérablement, ridiculement. Sa maîtresse, la marquise Jeanne, a raison de le vouloir fumer comme un renard, en l'enfermant à clef dans une chambre et en mettant le feu aux rideaux.

Cette scène est une des meilleures de la pièce. Par malheur, ce ton audacieux ne se soutient pas, et *les Diables noirs* se terminent par cette agonie banale, que depuis la *Dame aux Camélias* toutes les actrices un peu influentes exigent des directeurs et des auteurs. Nous avons donc vu, encore une fois, une femme en robe blanche, soutenue de chaque côté, arriver et s'asseoir sur un canapé, bien en face du public, puis promener des regards étonnés au fond du parterre et dans les loges, désigner un être imaginaire, se lever, balbutier, essayer de dégager un cri de sa poitrine haletante, et retomber inerte. Nous avons vu aussi l'éternel jeune homme se rouler à ses pieds, embrasser ses genoux, interroger son haleine, invoquer le ciel, sangloter, et finalement rester étendu par terre sans mouvement. De la part de M. Sardou, si chercheur et si ingénieux dans ses précédents ouvrages, on s'attendait à autre chose qu'à ce dénoûment de convention.

Un autre motif de surprise pour le public et la critique, ç'a été de voir l'auteur des *Diables noirs* se répéter déjà, et faire des emprunts à son propre répertoire. Ainsi, il a rajusté de nouveau les morceaux de la lettre des *Pattes de mouche;* il a recommencé le tête-à-tête scabreux des *Intimes;* il a rendu à Numa son personnage grincheux, hargneux, poltron, méchant. On n'en revenait pas. En outre, ces quatre actes sont d'une longueur mortelle.

Quoi qu'il en soit, *les Diables noirs* ont été écoutés avec curiosité, avec sympathie même. Il était visible qu'on attendait et qu'on cherchait les occasions d'applaudir. Ce n'est point la faute des comédiens si ces occasions ne se sont pas plus fréquemment montrées. On n'est pas plus dramatique, on ne dit ni mieux ni plus juste que madame Fargueil. Je n'aime pas beaucoup le talent sec et contraint de M. Berton, sa distinction douteuse, son regard et son attitude monotones; mais je dois reconnaître qu'il a dépensé une somme de talent dans les scènes à effet du diamant volé. M. Félix s'est démené avec une verve incroyable; il fait un débauché lui aussi, encore plus commun que Gaston de Champlieu, et auquel M. Victorien Sardou a osé donner le surnom du héros de la terrible légende des *Treize*, Ferragus XXIV. Emprunt bien inutile, celui-là!

VAUDEVILLE

Monsieur et Madame Fernel, comédie en quatre actes et un prologue, par MM. Louis Ulbach et Crisafulli. (Février 1864.)

D'un roman attachant et sincère (que je m'accuse de n'avoir point encore lu) on a tiré une pièce sans intérêt, vide, froide et fausse. Je le regrette particulièrement pour M. Louis Ulbach, qui est un de mes confrères en critique et qui apporte un jugement très-sûr dans l'examen des productions d'autrui. Peu de mots suffiront à donner une idée de la comédie nouvelle du Vaudeville.

Deux honnêtes époux, M. et madame Fernel, habitent Troyes en Champagne. Le mari s'ennuie ; la femme ne s'amuse guère davantage, mais elle s'est résignée aux soins touchants de la mère de famille. C'est une madame de Mortsauf réduite à des proportions infiniment bourgeoises, le lis de la rue du Cloître. Comme dans le chef-d'œuvre de Balzac, madame Fernel aime, sans se l'avouer, un jeune homme, ami de son mari et rédacteur de l'*Étoile de l'Aube*. Ce très-chaste intérieur à trois (jeu de mots à part) est soudainement troublé par l'arrivée d'une Parisienne à tous crins, Adèle de Soligny, brillante veuve, enjouée, spirituelle, moqueuse, — de grands yeux et un tout petit cœur. Adèle de Soligny vient voir madame Fernel, avec qui elle a été élevée au couvent. Gare à la ville de Troyes!

A peine, en effet, la *sémillante* Soligny a-t-elle montré le bout de son toquet dans la rue du Cloître, que voilà tous les Troyens saisis d'un délire amoureux. Sa première victime est naturellement M. Fernel, notaire assoupi, qui se réveille au froufrou d'une robe de soie; sa seconde victime — non moins naturellement — est l'amoureux de madame Fernel, le petit journaliste non influent. L'incendie est allumé, et Dieu sait jusqu'où s'étendraient ses ravages, si un digne médecin à chapeau rond et à tabatière ne se mettait en tête d'en arrêter les progrès. Pour cela, il imagine de marier madame Adèle de Soligny au rédacteur de l'*Étoile de l'Aube;* les trois derniers actes de la pièce sont employés à cette machination sans délicatesse et sans habileté. On ahurit tellement la pauvre veuve, on lui fait de tels affronts, on lui adresse de tels reproches, qu'elle se sauve enfin de Troyes, après avoir lâché un demi-consentement à l'union à laquelle tout le monde la condamne.

Les époux Fernel sont doublement sauvés, et se précipitent dans les bras l'un de l'autre, après avoir répandu de ces bonnes larmes qui sont « *la rosée des ménages.* »

Je suis peut-être bien curieux, mais j'aimerais

savoir à qui des deux collaborateurs, M. Ulbach ou M. Crisafulli, revient la paternité de cette singulière image.

Du reste, tout est singulier dans cette pièce, que je considère comme une satire des plus violentes et des plus amères de la vie de province, satire involontaire et d'autant plus exacte. Certes, M. Fernel s'ennuie à bon droit dans le caveau de famille préparé de son vivant par sa femme. Le ciel nous garde de ces vertus sans sourires et de ces dévouements couverts de moisissures! Habillée de gris jusqu'au menton, les yeux baissés, le parler lent, madame Fernel ressemble moins à une bourgeoise qu'à une sœur de charité. Elle a de ces airs de résignation qui feraient fuir un mari jusqu'au Kamstchaska ou jusqu'à l'Opéra, — une nuit de bal. Elle accueille son amie Adèle de Soligny par ces mots : « Sais-tu ce que c'est qu'une lessive? » Oh! la détestable forfanterie que la forfanterie du devoir! Oh! le détestable orgueil que l'orgueil de la simplicité! Être ménagère, c'est très-bien, mais *poser pour la ménagère!* Voilà pourtant ce que fait madame Fernel, la pecque vaniteuse, cent fois au-dessous de la dernière femme de pêcheur, inconsciente de son dur labeur et s'agenouillant chaque soir avec ses enfants, sans s'en apercevoir!

Il y a aussi la mère du journaliste, dans *Monsieur et Madame Fernel*. J'ai oublié d'en parler. C'est une figure sèche et peu sympathique. Elle s'étonne beaucoup que la *belle dame* ne s'empresse pas d'offrir ses trente mille francs de rente à son fils, et elle vient lui dire son fait à elle-même, en plein salon. « Trouvez-moi des mères de ce calibre-là, à Paris ! » s'écrie un des personnages. Outre qu'il n'y a rien de plus désobligeant que ces différences entre Paris et la province, je doute, en effet, qu'il se rencontrât ici des mères aussi peu sensées que madame Renaud, la mère du rédacteur en chef de l'*Étoile de l'Aube*.

Ce rédacteur et le docteur Bourgoin, qui complètent l'ensemble provincial, sont à peu près insignifiants.

On dit cependant, — et personne plus que moi n'est disposé à le croire, — que toutes ces physionomies ont dans le roman une physionomie et un relief particuliers; que le petit drame qui les relie est bien agencé et plausiblement déduit; que tout y a sa raison d'être. Quel changement alors dans le passage du livre au théâtre! On n'y retrouve que le style, qui est tel qu'on devait l'attendre d'un écrivain châtié et distingué comme M. Louis Ulbach.

Si *Monsieur et Madame Fernel* a réussi, c'est donc par le souvenir du roman, et par ce parfum exagéré d'honnêteté qui impose toujours aux spectateurs frivoles. Les artistes du Vaudeville doivent se partager le reste de cette réussite, principalement madame Jane Essler, qui a prêté sa grâce mélancolique à madame Fernel. Mademoiselle Francine Cellier se tire agréablement d'un rôle qui flotte entre Célimène et la *grue*.

16.

COMÉDIE-FRANÇAISE

Moi, comédie en trois actes, par MM. Eugène Labiche et Édouard Martin. (Mars 1864.)

Si la pièce de MM. Labiche et Martin avait été représentée sur une scène de genre, que de personnes auraient crié au miracle et à la comédie! Jouée au Théâtre-Français, elle fera crier au vaudeville tout bonnement. Cela prouve une fois de plus que le cadre n'est pas aussi étranger qu'on le croit aux mérites d'une peinture, que les choses changent d'aspect selon le point de vue où l'on se place pour les regarder, que les hommes se comportent autrement dans un salon que dans une guinguette, et que, finalement, *Moi* ne vaut pas *le Misanthrope* et *l'Auvergnat*. Il est des chefs-d'œuvre inconscients, et je n'hésite pas à ranger dans cette heureuse série les premiers ouvrages de M. Eugène Labiche. Arrivé après Duvert et Lauzanne qui avaient agrandi le cercle du vaudeville et en avaient fait un des astres les plus vagabonds du ciel de la fantaisie, il a dû se donner un mal extrême pour conquérir une place après eux. Il y a réussi, à force de sujets plaisamment absurdes, d'inventions bouffonnes à outrance, de caractères accusés au microscope, de tropes disloqués comme des clowns de féerie. La comédie est venue toute seule alors, sans qu'il y pensât, — sans qu'il osât y penser, — comme autrefois elle était venue dans le *grenier à sel* du répertoire de Gherardi.

A cette période se rattachent de petits actes charmants, et ce miraculeux *Chapeau de paille d'Italie*, qui datera comme un des éclats de rire du dix-neuvième siècle.

Que, plus tard, M. Labiche, devenu maître de la situation par l'abdication de Duvert et Lauzanne, ait mesuré ses forces et se soit vu hanté par le fantôme de la comédie, c'est ce que, loin de nier, je suis au contraire très-porté à supposer. Sans renoncer à ce don d'excentricité auquel il doit tant, il s'est appliqué à l'observation; et l'on doit à cette seconde manière : le *Voyage de M. Perrichon, les Vivacités du Capitaine Tic, la Station Champbaudet, les Petits Oiseaux*, etc., toutes pièces côtoyant plus ou moins la comédie et imprimant à la gaieté un essor plus vaste que d'habitude. En présence de ces intéressantes tentatives et de ces succès si loyalement obtenus, le Théâtre-Français ne pouvait demeurer indifférent : il a fait des ouvertures à M. Labiche, et de ces ouvertures est résultée la pièce représentée lundi dernier.

Ce qui me plaît avant tout dans MM. Eugène Labiche et Édouard Martin, c'est que, pour entrer dans la maison de Molière, ils n'ont modifié en rien leur manière accoutumée. Ils ne sont point allés emprunter des échasses au voisin. On ne les a pas vus saisis d'un *effroi sacré* et en proie à de littéraires inquiétudes. Ils savaient ce qu'on attendait d'eux, et ils n'ont pas dépassé l'attente générale; ils ont donné ce qu'on leur demandait, ni plus, ni moins. Ils n'auraient pas fait autrement pour les Variétés ou pour le Gymnase.

Moi est, comme on le pressent, une étude de l'égoïsme. Cette étude, Cailhava l'avait déjà tentée dans une comédie en cinq actes et en vers. Plus modestes, MM. Labiche et Martin se sont contentés de trois actes, dans lesquels ils s'attachent à peindre deux figures d'égoïstes, Dutrécy et La Porcherais, le premier, égoïste honteux, timoré, « peint en rose »; le second, égoïste endurci, absolu, cynique. Ils ont fait connaissance dans un coupé de diligence dont ils occupaient les deux coins, et ils ont commencé à s'apprécier en admirant leur mutuelle persistance à ne point céder leur place à une dame. Dutrécy est un vieux garçon de cinquante-quatre ans, oncle d'une jeune fille qu'il oublie volontiers dans un pensionnat; forcé, à la fin, de l'en retirer et mis en demeure de la marier convenablement, il se demande s'il ne ferait pas bien de l'épouser lui-même, en dépit — ou à cause — de la disproportion d'âge. Il est encouragé dans cette idée par les soins mignons de la petite personne, qui le cajole uniquement pour n'être point renvoyée à sa pension. Elle le sert à table, elle lui lit les journaux. Dutrécy croit lire dans ces prévenances tout un avenir de félicité, et il se décide à disputer Thérèse à deux jeunes gens qui en sont vivement épris.

Ces deux jeunes gens, Armand et Georges, sont placés en opposition à Dutrécy et à La Porcherais; ils représentent le dévouement dans ce qu'il a de plus élevé, le sacrifice dans ce qu'il a de plus douloureux. Tous deux adorent Thérèse, et c'est à qui renoncera à son amour en faveur de l'autre. On a même vu le moment où ils allaient s'expatrier chacun de son côté. Pendant ce temps-là, l'égoïste Dutrécy essaye d'avancer ses affaires auprès de sa nièce; mais il est accueilli par un vif sentiment de répulsion lorsqu'il démasque ses projets. Tout le monde autour de lui se récrie; on lui fait de l'hymen le plus sombre tableau; il ne s'en émeut guère; il est philosophe; son œil perçant va même jusqu'à entrevoir d'agréables compensations aux catastrophes conjugales qu'on lui prédit. « Le vilain homme! » dit en le quittant une jolie veuve, qu'on lui avait dépêchée en ambassade. Heureusement que ce que ne peuvent les conseils, un médecin l'obtient à l'aide d'une feinte consultation : il persuade à Dutrécy que Thérèse est d'une complexion très-délicate, qu'elle *traînera* peut-être trois ou quatre ans, et qu'un voyage en Égypte est au moins indispensable. En Égypte! Dutrécy s'alarme, mais pour son propre compte; il se voit déjà garde-malade, donnant des soins au lieu d'en recevoir. Cette perspective change sa résolution; et, comme cédant à un accès de générosité, il abandonne la main de sa nièce à Georges de Verrières, l'un des deux nobles jeunes gens nommés plus haut.

On n'aura, d'après ces lignes, qu'une faible idée de la pièce, qui est surtout en détails et en mots, — mots de situation plutôt que mots d'esprit, les meilleurs, ceux qu'on doit préférer au théâtre. J'avoue que l'intrigue est ténue, et que les péripéties se laissent prévoir trop complaisamment. On a souri à la rencontre de Georges et d'Armand qui, après s'être connus dans une île de sauvages, se retrouvent à Paris, amoureux de la même femme. Rien n'eût été plus naturel au Palais-Royal. Un peu moins de naïveté dans les moyens est nécessaire à la Comédie-Française; les rouages y doivent être dissimulés avec plus de précaution. Les auteurs de *Moi* le comprendront tout de suite en regardant jouer *Il ne faut jurer de rien*, par exemple.

Leur meilleur acte est le premier. Les physionomies des deux égoïstes y sont touchées avec une vérité et un esprit des plus amusants. En réalité, ils sont toute la pièce. Régnier et Got les jouent supérieurement, — mais Geoffroy et Lesueur les auraient bien joués, eux aussi.

Est-ce une gageure (et si c'en est une, va-t-elle durer longtemps?) que M. Lafontaine a faite d'accepter tous les petits rôles qui se présenteront à lui? Le voilà revenu à jouer les aspirants de marine maintenant!

Il y a toujours eu au Théâtre-Français une comédienne qui a éternellement dix-sept ans. C'est de fondation. Autrefois, c'était mademoiselle Mars; ensuite est venu le tour de mademoiselle Anaïs; aujourd'hui, c'est mademoiselle Émilie Dubois. Rien ne conserve une sociétaire comme l'ingénuité.

En résumé, le public a fait un bon et cordial accueil à la comédie nouvelle et aux auteurs nouveaux.

Je suis certain qu'un grand succès est réservé... à la seconde œuvre de MM. Labiche et Martin.

GYMNASE

L'Ami des Femmes, comédie en cinq actes, par M. Alexandre Dumas fils. (Mars 1864.)

Il y a deux Gymnase : l'un qui est l'asile des mœurs bourgeoises, des chastes amours, le temple du bon motif. Son répertoire ne se compose que de petites pièces d'une heure ou deux, miroirs d'un monde riche, élégant, moral. Là fleurissent la plaisanterie discrète, l'observation urbaine, l'émotion arrêtée à point. Ce Gymnase, il faut l'avouer, est un peu à l'état de souvenir et ne vit guère que sur son passé; ses desservants sont partis ou dispersés : Bayard est mort; Dumanoir sacrifie aux faux dieux ; Gustave Lemoine se tait. — L'autre Gymnase, le nouveau, est tout acquis à un genre dont il a singulièrement développé l'importance, c'est-à-dire à l'étude des phénomènes de la passion, à l'analyse des sentiments exceptionnels. Son répertoire est comme une audacieuse parenthèse ouverte dans la société actuelle. Il se plaît dans l'illicite, il va droit au scabreux. A lui les situations compromettantes, les turpitudes froides, les effronteries calculées. Il a une loupe pour tous les scandales. Ses pièces durent toute une soirée ; ses comédies ne reculent ni devant les coups de pistolet, ni devant les sanglots, ni devant les agonies. C'est le Gymnase du *Demi-Monde,* de *Diane de Lys,* de la *Famille de Puyméné,* des *Fous,* du *Démon du Jeu,* de *Montjoie.* C'est le Gymnase tel que l'ont fait MM. Alexandre Dumas fils, Émile Augier, Édouard Plouvier, Théodore Barrière, Octave Feuillet.

Alexandre Dumas fils surtout ! Son œuvre est déjà assez étendu pour qu'on puisse arrêter un jugement sur lui. Dans ses six grandes pièces, dont chacune a retenti dans la foule parisienne comme un coup de canon, il a donné la formule d'un talent plein de force et d'éclat. La force a diminué aujourd'hui, mais l'éclat est resté. Comme écrivain dramatique il possède toutes les habiletés et toutes les séductions ; nul n'a le dialogue plus aisé, la répartie plus alerte, la tirade plus ouvragée ; c'est un arrangement, une disposition, une harmonie qui semblent la nature elle-même. Pourquoi faut-il que le choix de ses sujets le classe parmi les *désenchanteurs ?* Il m'apparait comme le Choderlos de Laclos du dix-neuvième siècle, et je me sens inquiété en présence de telle de ses comédies autant que devant un chapitre des *Liaisons dangereuses.*

L'*Ami des Femmes* n'est pas fait pour diminuer cette impression ; au contraire. Jamais le sarcasme de M. Alexandre Dumas fils n'avait encore été poussé aussi avant que dans cette production, lentement ourdie et parachevée comme une vengeance. Son esprit y a des raffinements de cruauté inattendus, avec un ton didactique qui le transforme en professeur de scepticisme. Il blesse savamment, en annonçant les coups; d'autres fois, il s'emporte en détonations choquantes; il perd la mesure; son mot émerge du limon grossier du Danube. — Si friand que soit le public de ces agressions, de ces exécutions, de ces répressions, il a trouvé cette fois que notre redresseur de torts y mettait une violence trop impitoyable; il n'a pas tenu à être aussi *désenchanté* qu'on voulait le faire; il a pris le rôle de Philinte, et il a essayé de rappeler doucement ces vers à Alceste-Dumas fils :

..... Parfois, n'en déplaise à votre austère honneur,
Il est bon de cacher ce qu'on a dans le cœur.
Serait-il à-propos et de la bienséance
De dire à mille gens tout ce que d'eux l'on pense?
Et, quand on a quelqu'un qui hait ou qui déplaît,
Lui doit-on déclarer la chose comme elle est?

DUMAS FILS.

Oui.

LE PUBLIC.

Quoi! vous irez dire à la vieille Émilie
Qu'à son âge il sied mal de faire la jolie,
Et que le blanc qu'elle a scandalise chacun?

DUMAS FILS.

Sans doute.

LE PUBLIC

A Dorilas qu'il est trop important,
Et qu'il n'est à la cour oreille qu'il ne lasse
A conter sa bravoure et l'éclat de sa race?

DUMAS FILS.

Fort bien.

LE PUBLIC.

Vous vous moquez.

DUMAS FILS.

Je ne me moque point,
Et je vais n'épargner personne sur ce point.
Mes yeux sont trop blessés, et la cour et la ville
Ne m'offrent rien qu'objets à m'échauffer la bile.
J'entre en une humeur noire, en un chagrin profond,
Quand je vois vivre entre eux les hommes comme ils font.

On vous aura sans doute déjà dit qu'il y a peu d'action dans l'*Ami des Femmes;* c'est en effet un des ouvrages les moins intrigués qui se soient produits au théâtre. Les personnages entrent et sortent, préoccupés exclusivement du soin de poser leur *caractère*, par axiomes, ou par apologues dans le goût du fameux panier de pêches. Les récits y ont une longueur inusitée. Un M. de Ryons, — qu'on pourrait appeler aussi bien Olivier de Jalin, ou Desgenais, ou Bordognon, — est le héros de la pièce et celui qui a mérité le surnom de l'*Ami des Femmes*. On ne s'en douterait pas au premier abord, car je vous le signale comme un impertinent de la plus insupportable espèce. Il n'a pas autour de lui assez de plats pour y mettre les pieds. Cependant, lorsqu'on s'habitue un peu à ses manières, on s'aperçoit que cet animal a un cœur à sa façon, et qu'il est même susceptible de quelque dévouement. C'est le terre-neuve des ménages; il plonge, pour ramener sur la berge les maris infidèles. Dans la nouvelle comédie du Gymnase, M. de Ryons réconcilie Madame de Simerose avec M. de Simerose : voilà qui est bien; mais, avant cela que d'aboiements inutiles, que de gambades importunes! Les figures accessoires de cette pièce, qui en contient beaucoup, sont traitées et fouillées avec une recherche aiguë, souvent plaisante, toujours spirituelle (le mot esprit est inutile quand on parle d'Alexandre Dumas fils); mais, comme les figures principales, elles manquent toutes plus ou moins d'attraction sympathique. Les qualités ardentes de la *Dame aux Camélias*, les effusions encore assez nombreuses de *Diane de Lys*, les élans plus rares du *Fils naturel*, tout cela s'est retiré absolument de l'*Ami des Femmes*. M. Dumas fils ne peut pas aller plus loin dans le désenchantement et dans la désillusion; autrement il deviendrait méchant. Il faut que son talent se transforme.

L'*Ami des Femmes* est bien joué, mais il l'eût été mieux au temps de Bressant, de Dupuis et de Madame Rose-Chéri; bien des brutalités alors eussent été adoucies, bien des scènes pénibles eussent été sauvées à force de délicatesse et d'art.

COMÉDIE-FRANÇAISE

Reprise du *Gendre de M. Poirier*, comédie en quatre actes, par MM. Émile Augier et Jules Sandeau. (Mai 1864.)

Il y a juste cent trente-six ans qu'un pauvre diable, moitié gentilhomme, moitié abbé, mais tout à fait écrivain, dînant de deux jours l'un, et couchant pendant les nuits d'hiver dans une chaise à porteurs, Soulas d'Allainval, faisait jouer à la Comédie-Française la très-brillante comédie intitulée l'*École des Bourgeois*. La noblesse d'alors y était représentée sous les traits du marquis de Moncade, un mauvais sujet, un fat, un impertinent, ruiné, ruinant; au demeurant, plein de charmes; d'une jolie figure et d'un joli esprit, habillé à ravir, débraillé à point. Moncade est resté un type au théâtre, et un *emploi*; s'il est venu après don Juan, il a devancé Lovelace et Almaviva; il a fait souche de libertins élégants. On sait le sujet de l'*École des Bourgeois*, qui s'est toujours maintenue au répertoire de la Comédie-Française : le marquis de Moncade veut rétablir sa fortune en épousant la fille d'une bourgeoise enrichie ; il brave les brocards de ses amis à pirouettes, et fait consciencieusement sa cour à sa nouvelle famille, composée de marchands et de robins ; il séduit tout le monde, jusqu'à l'oncle Mathieu, un bourru, dont il a raison avec quelques accolades. Benjamine elle-même n'est pas aussi insensible à ses belles manières qu'elle feint de le paraître, et cette petite fille va devenir marquise, lorsque, à l'heure de la signature du contrat, une lettre de Moncade, se trompant d'adresse, tombe tout à coup au milieu des bourgeois rassemblés et rompt le mariage. Cette lettre commence par ces mots célèbres : « *Mon cher duc, enfin c'est ce soir que je m'encanaille...* »

Cette comédie, qui donnait une vigoureuse leçon à la bourgeoisie, sans ménager la noblesse, a été jugée depuis longtemps comme une des meilleures et des plus charmantes qui aient été faites après Molière et Regnard. Cela n'a pas empêché son auteur, le pauvre d'Allainval, de mourir dans la peau d'un indigent.

Après cent trente-six ans, il a plu à deux hommes en renom, académiciens ou en passe de le devenir, MM. Émile Augier et Jules Sandeau, il leur a plu, dis-je, de continuer l'*École des Bourgeois* et de la compléter. L'idée était heureuse ; le temps avait marché, les opinions s'étaient élargies, — le sujet était mûr. Ils ont repris l'intrigue de d'Allainval au point où celui-ci l'a abandonnée. Dès que le rideau se lève sur leur pièce, on apprend que *le duc est encanaillé*. Le marquis de Presles marié à Antoinette Poirier ; c'est, en effet, Moncade ayant épousé Benjamine.

L'ami Verdelet n'est pas non plus sans quelque ressemblance avec l'oncle Mathieu.

La leçon, dans le *Gendre de M. Poirier*, est moins brutale que dans l'*École des Bourgeois*. Gaston de Presles n'a pas le cynisme de Moncade ; c'est un galant homme, qui essaye de prendre honnêtement et gaiement son parti d'un alliance inégale. Ses torts viennent des circonstances plutôt que de son caractère, loyal et décidé au bien ; ils viennent surtout de son beau-père, qui joint à un petit esprit des côtés ridicules, des allures mesquines, un caractère à la fois despotique et hypocrite, bien capable d'agacer n'importe qui et particulièrement un gendre. L'action, très-simplement conduite et déduite, traverse des périodes diverses : le premier acte est tout contentement, tout accord ; le marquis fait à ses amis les honneurs de sa nouvelle position avec une aisance sincère ; à peine si quelques plaisanteries décochées à M. Poirier laissent pressentir des dissensions lointaines. Au deuxième acte, cependant, l'amertume gagne le bourgeois ; un vieux levain d'antagonisme fermente dans ses veines ; on ne le regarde que comme un beau-père à écus ; eh bien ! c'est avec ses écus qu'il se défendra contre les sarcasmes du gentilhomme ; il payera ses dettes, mais il demandera des réductions aux créanciers ; il remettra les manches en lustrine du commerçant et rognera sur le train de la maison. — Bien rugi, Poirier !

Le troisième acte se passe en pleine lutte ; le marquis sans argent et le quincaillier archimillionnaire se jettent leurs vérités à la face : école des bourgeois et école des nobles ! « O mes aïeux ! s'écrie le gendre en levant le front au ciel ; ô tous les de Presles morts à Bouvines et à Fontenoy ! pouvez-vous entendre sans rougir ce cuistre, ce pelé, ce vilain ! » Et de son côté, la tête non moins haut levée, le bonhomme se lamente ainsi : « O mes longs jours de labeur ! ô mes nuits passées sur des chiffres ! ô ma jeunesse sans plaisirs ! ô ma vie tout entière, est-ce donc uniquement pour redorer le blason de cet escogriffe et de ce fainéant que je vous ai consumée ! » Alors la pièce atteint aux sommets extrêmes du tragique et du bouffon : le beau-père veut faire *travailler* son gendre ; M. Poirier exige que le marquis de Presles accepte un emploi et gagne sa vie. Ce *rinforzando* est plein de verve et d'enseignement.

Je ne prétends point suivre pas à pas les péripéties de l'œuvre bien connue de MM. Augier et Jules Sandeau.

On se rappelle qu'à un moment donné, la jeune femme, justement froissée par l'évocation d'une liaison ancienne, entre dans la conspiration contre son mari. On se rappelle aussi comment cette nouvelle alliée en arrive à faiblir et à pardonner. C'est là un dénoûment de complaisance, une concession aux usages consolants, et qui ne vaut pas la brusque moralité de la vieille comédie de d'Allainval. Pour mieux dire, ce n'est qu'un demi-dénoûment. Le jeune ménage se sépare de Poirier et va vivre à la campagne ; le bourgeois seul est puni. C'est injuste ; il fallait punir aussi le gentilhomme.

Le Gendre de M. Poirier, dont la reprise est, assure-t-on, l'avant-courrière d'une pièce nouvelle de M. Émile Augier, sera aussi bien placé au Théâtre-

Français qu'au Gymnase. M. Bressant, qui compte Moncade parmi ses bons rôles, représente, à mérite égal, le marquis Gaston de Presles. C'est M. Provost qui fait Poirier : masque, attitude, diction, tout est fidèle et comique en lui.

VICTORIA

(Août 1864.)

Bon Jérôme Coton! honnête comédien lyonnais! illustre professeur de mélodrame! que dirais-tu si tu voyais ta jeune et gentille élève, la petite Victoria, devenue aujourd'hui actrice accomplie et applaudie, et pensionnaire du Théâtre-Français de Paris? Sache, excellent Jérôme, que le Théâtre-Français est le premier théâtre du monde depuis que ton théâtre à toi, le petit théâtre de la galerie de l'Argue, est démoli. L'avais-tu devinée, cette charmante enfant dont tu fus le Samson, et à laquelle tu voulus bien révéler le secret de cet art qui, pour les uns, est et demeure éternellement le secret du sphinx, et qui, pour les autres, comme pour Victoria, n'est autre chose que le secret de Polichinelle? Avais-tu deviné tout ce qu'il y a en elle de grâce émue, de charme délicat, de fleur de sympathie? Oui, sans doute; aucune de ces qualités natives, qui n'échappent à personne, ne pouvait t'échapper à toi, comédien enthousiaste et professeur convaincu. Tu aurais souhaité de la diriger vers le répertoire de tes grands maîtres, vers les œuvres immortelles des Caigniez et des Guilbert de Pixérécourt ; tu avais commencé à la former pour les rôles d'héroïnes innocentes et persécutées, de *damoiselles* qui gémissaient dans des tours, de servantes accusées injustement. Je te soupçonne même de lui avoir inculqué les premiers éléments du *combat à l'hache*. Tu lui montrais un avenir resplendissant de feux de Bengale, à côté de toi, dans *Robert, chef de brigands*, ou dans *le Château périlleux*.

Elle a trompé ton espérance, mon pauvre Jérôme Coton ! Le vent de la bohême l'avait apportée sous ton toit, le vent de la bohême la remporta. Elle alla on ne sait où ; et toi, suprêmement bon, tu l'oublias peut-être. Tu retournas majestueusement à tes forêts ténébreuses, à tes chaumières abandonnées, à tes ponts du torrent, à tes palais en ruines ; tu retournas à tes tyrans, à tes traîtres, à tes niais, à tes gardes, à tes ermites ; tu retournas à ta toque, à tes bouffants, à tes crevés, à tes bottes molles, à ta grande épée, à ton style solennel, à tout ce qui a toujours été ton admiration, ta vocation, ta vie !

Mais tu avais communiqué l'étincelle sacrée à cette obscure petite fille. Ton héroïque amour de l'art était passé dans son âme. Elle appartenait désormais tout entière aux tréteaux, au public, aux poëtes divins et aux fabricants de vaudevilles. Scribe la réclama le premier ; — Scribe ! tu as dû entendre quelquefois ce nom ; il a fait des mélodrames, lui aussi. — Elle s'accommoda des petites intrigues, des petits sourires et des petites larmes. On la trouva intelligente. Je le crois bien! Louis Lurine et Raymond Deslandes écrivirent pour elle une comédie trop vite oubliée : *les Comédiennes;* Théodore Barrière recommença l'adorable légende de *Cendrillon;* Édouard Plouvier la choisit pour ses *Fous*, et Victorien Sardou pour ses *Ganaches*. Le sort en était jeté, la renommée l'avait marquée du doigt. Elle allait grandir et rayonner. Des propositions lui arrivèrent de cinq ou six théâtres à la fois; elle les refusa; elle aimait le Gymnase, où la reconnaissance la liait, car elle ne garde pas tout son cœur pour les choses de la scène seulement.

Molière la voulut. On ne résiste pas à Molière. L'intéressante orpheline dut prendre le chemin de la Comédie-Française, non sans un grand effroi. Peut-être, en songeant aux visages sévères des membres du comité, se rappelait-elle, ô Jérôme Coton, ton imposante incarnation d'*Hariadan Barberousse!* Ce n'étaient pas les encouragements qui lui manquaient cependant. En route elle avait épousé M. Lafontaine, le dernier jeune-premier. Elle n'osa pas, pour ses débuts, aborder du premier coup ce rôle d'Agnès qu'elle vient de jouer la semaine dernière; elle s'y était préparée par celui de Cécile, de *Il ne faut jurer de rien*, une autre Agnès, l'Agnès d'Alfred de Musset et du dix-neuvième siècle. Il fallait pourtant se conformer au programme de la maison et obéir aux traditions des sociétaires. Les réceptions au numéro 4 de la rue Richelieu ont leurs épreuves inflexibles, comme les réceptions maçonniques.

Madame Victoria Lafontaine a donc pris son courage à deux mains, et interprété ce rôle si doux et si charmant, dont on a bien tort de faire un épouvantail aux jeunes actrices. Gestes, regards, attitude, voix, tout a été harmonieux et simple. Le côté *victime* a été principalement accusé d'une façon nouvelle et inattendue. D'ordinaire, les débutantes insistent faiblement sur l'amour d'Agnès pour Horace, qui est sa justification; elles se contentent de sautiller et d'ouvrir des yeux aussi naïfs que possible. Madame Victoria Lafontaine a étudié le rôle à un autre point de vue. Elle a cherché à faire aimer Agnès malgré Arnolphe, et peut-être un peu aussi malgré Molière. Elle y a complétement réussi.

PORTE SAINT-MARTIN

Les Flibustiers de la Sonore, drame en dix tableaux, par MM. Amédée Rolland et Gustave Aimard. (Septembre 1864.)

> Mon cœur, en désespéré,
> Court la pretentaine ;
> Qui peut savoir si j'irai
> Jusqu'à la trentaine !
> Mais que l'avenir soit gai
> Ou qu'on me *fusille*,
> Un baiser, Camille, ô gué !
> Un baiser, Camille !

Celui qui improvisait ces couplets prophétiques, dans un souper de la Maison-d'Or ou du café Leblond, il y a vingt ans à peu près, était un jeune Provençal du nom de Raousset-Boulbon. On ne le connaissait guère que comme viveur ; il était en train de dissiper une assez belle fortune ; mais, au moins, sa prodigalité se doublait d'une forte dose de fantaisie. C'est ainsi qu'il vécut pendant trois mois entiers sur la Seine, dans un bateau à vapeur qu'il avait acheté et meublé élégamment, et où des musiciens et des cuisiniers formaient le meilleur de sa compagnie. — Sa fortune mangée au son de la musique, Gaston de Raousset-Boulbon chercha un but à sa vie ; il avait essayé de la littérature, et même, ainsi qu'on l'a vu, de la poésie ; mais ce n'était pas un aliment assez actif pour son organisation. Il se fit colon en Algérie ; et, à la veille de la révolution de février, il était sur le point d'obtenir du gouvernement une concession importante.

Une nature du genre de la sienne ne pouvait rester indifférente à la politique. Le comte de Raousset-Boulbon brigua la représentation nationale dans son département et échoua. Il fonda un journal et échoua encore. — Qu'allait-il tenter de nouveau ? Cette fois, il était bien ruiné. Il interrogea le vent ; le vent soufflait à la Californie. L'ex-viveur, l'ex-colon, l'ex-journaliste eut rapidement pris son parti : il s'embarqua, comme passager de troisième classe, sur un steamer en partance pour San-Francisco. Pendant deux ans, dans cette étrange capitale, on le vit exercer les plus étranges métiers, jusqu'au jour où un traité conclu avec une maison de banque de Mexico le plaça à la tête d'une compagnie française, autorisée à reconnaître et à exploiter les mines d'or et d'argent de la Sonore, depuis longtemps abandonnées à cause du voisinage redoutable des Indiens-Apaches. Cette concession, librement et régulièrement faite par le gouvernement mexicain, devait éveiller de nombreuses convoitises, et, par suite, rencontrer une foule d'intrigues et d'obstacles. — Ce fut d'abord le général Blanco, chef militaire de la province de Sonore, qui, prétendant n'avoir point reçu d'instructions, s'opposa à l'envahissement des deux cent soixante-dix hommes commandés par Raousset-Boulbon. Un temps précieux fut perdu en difficultés et en correspondances ; on imagina mille vexations contre les Français, qui se virent insensiblement conduits à se mettre sur le pied de guerre.

Leur petite troupe, dont l'effectif fait sourire à distance, eut ses jours de triomphe ; elle s'empara d'Hermosillo, une ville de douze mille âmes, et elle put se flatter un instant de l'espoir de tenir la campagne. Cet espoir fut détruit par la maladie qui s'abattit sur le comte de Raousset-Boulbon. Il fut obligé, clopin-clopant, de regagner San-Francisco. Mais la Sonore était devenue son idée fixe ; il en parlait à tout le monde, il en rêvait, il en écrivait surtout : « Oui, mon idée est grande, noble, pleine de promesses ! Elle a mieux que l'attrait d'un roman, que l'éclat d'une aventure... Un peuple n'a pas le droit aujourd'hui de laisser ses champs infertiles, ses mines enfouies, ses frontières murées ; il faut périr ou marcher avec les siècles... S'agit-il de recommencer les invasions du moyen âge, de voler et de massacrer, de crier : *Væ victis!* et d'établir le servage? Non, certes. Mes hommes portent avec eux la prospérité et non la désolation. Le peuple de la Sonore le sait bien : il est pour moi. »

Cette lettre à un ami est du 28 janvier 1854 ; le 28 juin de la même année, l'obstiné Provençal, ayant rallié une nouvelle *troupe*, entrait pour la seconde fois en Sonore, et tentait un coup de main malheureux sur Guaymas. Après un combat de trois heures, il brisait son épée, et se réfugiait au consulat de France avec ses compagnons d'armes. La partie était définitivement perdue. Traduit devant un conseil de guerre, comme conspirateur et comme révolté, Gaston de Raousset-Boulbon fut passé par les armes, un matin d'une belle journée d'août.

> Mais que l'avenir soit gai
> Ou qu'on me fusille...

Il était âgé de trente-six ans. Son souvenir est encore aujourd'hui gardé fidèlement par ses amis, qui le considéraient tous comme un esprit d'élite et comme un digne cœur. Un d'eux, M. Henry de la Madelène, a écrit sur lui une notice fort touchante et que je voudrais voir plus répandue. — A quelque époque de sa vie qu'on le prenne, le comte de Raousset-Boulbon apparaît comme une figure très-caractéristique et singulièrement intéressante ; le coup de volonté de ses dernières années l'isole en partie de son temps, et le rattache à cette dynastie de hardis coureurs d'équipées, grands hommes lorsqu'ils réussissent, aventuriers lorsqu'ils échouent.

Un fragment de sa correspondance semble avoir fourni aux auteurs de la Porte-Saint-Martin l'épisode principal de leur drame : « Peu de jours après que le gouvernement de la Sonore m'eut déclaré rebelle et pirate, écrit Raousset-Boulbon, au moment même où j'étais mis hors la loi, où tout individu avait droit de me tuer comme un chien enragé, il se trouvait, à ces fêtes qui réunissent l'élite du pays, une grande et belle jeune fille, nommée dona Maria-Antonia ***.

Elle appartient à une famille considérable; son père, qui est une des principales autorités du pays, figure nécessairement parmi mes ennemis. On parlait de moi, on m'attaqua. Elle prit ma défense. Sa tante, une vieille dame de beaucoup d'esprit, lui dit assez sérieusement : — Est-ce que tu serais amoureuse du chef des pirates? Mon cher ami, Antonia se leva sans hésitation, se drapa dans son *rébozo*, et, du plus grand sang-froid : — Oui, j'aime celui que vous appelez un pirate! A cette heure de malédiction pour la Sonore, il n'y a qu'un seul homme qui pense réellement à la sauver de sa ruine, c'est *le comte*. Oui, j'aime le comte!

« Antonia, mon cher, est grande, belle et blonde. Elle était là, au milieu de ses brunes compagnes, comme une rose au milieu d'un bouquet de tulipes noires. »

Dans la pièce de MM. Amédée Rolland et Gustave Aimard, cette Antonia s'appelle Angela; elle est également fille ou pupille d'un notable de l'endroit, du général Guerrero. Le comte de Raousset-Boulbon, ou plutôt le comte Horace d'Armançay, — c'est son nom de théâtre, — la demande en mariage, et l'obtient. Empoisonné par l'oncle Guerrero, il est désempoisonné par l'Indien Curumilla. Ces événements se produisent dans un cadre de divertissements empruntés aux mœurs mexicaines : *tertullias*, fêtes du Soleil, etc. Le dénoûment est celui de l'histoire. — Constatons le succès justifié des *Flibustiers de la Sonore*, dont le style dépasse le niveau des drames ordinaires.

Les opinions sont partagées au sujet de M. Berton

qui remplit le rôle du comte, et qui, selon le goût de quelques-uns, en accuse trop le dandysme. Ses gants blancs et ses bottes molles au pays des Incas avaient égayé légèrement le public de la première représentation.

COMÉDIE-FRANÇAISE

Maître Guérin, comédie en cinq actes, par M. Émile Augier.
(Octobre 1864.)

Maître Guérin est un notaire chauve et retors, qui porte avec vanité les favoris de Joseph Prud'homme, et qui, dans les circonstances solennelles, s'affuble volontiers des lunettes de Jacques Ferrand. Il vit dans une grande maison, froide, meublée de fauteuils verts, avec sa femme, humble et craintive créature, qui excelle à faire des *soufflés*. Maître Guérin a un fils, lequel a embrassé la carrière des armes, où son avancement a été rapide : lieutenant-colonel au premier acte, il revient colonel au second, et commandeur de la Légion d'honneur. C'est sur ce fils unique que le vieux notaire a concentré, je ne dirai pas sa tendresse, — le cœur lui fait absolument défaut, — mais ses rêves d'ambition, et ils sont nombreux. Pour commencer, il veut s'anoblir; il cherche à devenir propriétaire du domaine de Valtaneuse, afin de pouvoir signer Guérin de Valtaneuse, et, plus tard, Valtaneuse tout court. Ensuite, il médite d'obtenir pour son garçon la main d'une veuve opulente, la belle Madame Le Coutellier. Ces deux projets réalisés, il vendra son étude ; et, comme il faut bien s'occuper, son intention est de briguer la députation, « avec l'agrément du ministère », dit-il.

Eh bien! mais, voilà un programme ingénieusement combiné ; et peu de personnes trouveraient à y reprendre, si l'astucieux notaire. n'employait, pour arriver à ses fins, des moyens réprouvés par la probité. La terre de Valtaneuse appartient à un inventeur, dévoré, comme tous ses semblables, par de continuels besoins d'argent ; maître Guérin ne se fait pas scrupule d'abuser de son désordre intellectuel et de lui extorquer sa terre à vil prix, avec le concours d'un homme de paille. Mais ces trames se font peu à peu visibles aux yeux de Guérin fils, et même à ceux de la placide Madame Guérin ; leur honnêteté s'indigne ; tous deux supplient leur père et leur époux de ne pas consommer la ruine du pauvre inventeur. A cela, le notaire répond qu'il est en règle avec la loi. C'est la thèse soulevée, il y a quelques années, par M. Léon Laya. — « De quoi vous inquiétez-vous? s'écrie maître Guérin stupéfait ; je travaille à votre bonheur. » Le colonel refuse nettement ce bonheur-là ; il déclare ne reconnaître d'autre loi que la *loi du cœur ;* et, après avoir été revêtir son grand uniforme, il annonce qu'il quitte pour toujours la maison paternelle. Sa mère se précipite alors au-devant de lui... et demande à le suivre. Maître Guérin étouffe de colère, mais il tient bon. Il reste seul. C'est alors qu'une scène effroyable termine la pièce : un drôle entre-bâille une porte, moitié usurier, moitié paysan, l'homme de paille dont il a été question. Le notaire le regarde pendant quelque temps en silence et d'un air farouche, puis, secouant la tête, il dit : « — Va chercher ta nièce Françoise ; nous dînons tous les trois ! »

Cette nièce Françoise-là est le dernier mot du réalisme. — O voûtes classiques du Théâtre-Français, comment ne vous êtes-vous pas écroulées !

On porte depuis quelque temps de rudes atteintes à la paternité. Ne nous parlez plus du *Père prodigue* de M. Alexandre Dumas fils, nous avons maintenant *le Père odieux :* L'hiver dernier, *Montjoye* nous avait préparés à *Maître Guérin*. Peut-être notre époque n'est-elle pas encore accoutumée à ces hardiesses ; certaines leçons nous froissent, nous épouvantent. Pourtant le public de la première représentation a accueilli sans broncher ce dénoûment. Il a accueilli également, avec une extrême faveur, les situations moins tendues et les détails spirituels qui sont prodigués dans ces cinq actes. Il m'eût été difficile de suivre la pièce pas à pas ; ses développements sont nombreux, patiemment exposés, — même lentement. On ne manquera pas de vouloir comparer *Maître Guérin* au *Fils de Giboyer ;* et, de fait, ces deux comédies ne sont pas sans corrélation. Elles prennent à partie un père toutes les deux ; je ne serais flatté de devoir la vie pas plus à l'un qu'à l'autre ; mais enfin il faut convenir que le bohême Giboyer a plus de droit à la sympathie, ou plutôt à l'indulgence, que le notaire Guérin. M. Émile Augier a-t-il cherché ce parallèle ? Je suis tenté de le croire.

Excepté la principale figure, étudiée avec beaucoup de soin, les autres personnages de *Maître Guérin* sont un peu ternes. Tout le monde, à propos de l'inventeur, avait sur les lèvres le nom de Balthazar Claës. On s'est étonné aussi de retrouver dans Madame Le Coutellier la baronne du *Fils de Giboyer*, l'éternelle veuve aux aspirations aristocratiques et aux coquetteries mûrissantes. Le colonel, avec son amour tout d'une pièce, a déjà servi au Gymnase. — Il en résulte moins d'inattendu et de petillement dans la facture qu'avec les personnages neufs des dernières pièces de M. Émile Augier. Il en reste cependant suffisamment pour y reconnaître la marque de ce talent plein de séve. Son dialogue est particulièrement empreint de *modernité*, une qualité bien à lui. Le millésime de 1864 éclate sur chacun de ses mots.

Maître Guérin est joué par M. Got avec ce naturel comique et cette science du détail pittoresque qui ont établi sa réputation. Son succès a été grand. — On ne peut que savoir gré de leur concours à MM. Geffroy, Lafontaine et Delaunay, qui, dans les rôles de l'inventeur, du colonel et d'un petit cousin, ont été bons, comme de coutume, mais n'ont révélé aucune face nouvelle de leur mérite. Il était peut-être inutile à Madame Nathalie de tant accuser le parler *innocent* de Madame Guérin ; on l'a excessivement applaudie ; c'est donc moi qui ai tort. Je suis très partisan du jeu digne et en même temps ému de mademoiselle Favart. Quant à madame Plessy, si je ne sais qu'en penser, en revanche je ne sais qu'en dire ; elle me paraît en possession de l'admiration du public ; pour moi, son jeu me fait rougir jusqu'au blanc des yeux. Elle a une bonne petite robe au cinquième acte ; il ne lui manque qu'un bichon havanais sur les bras.

J'ai oublié de dire : dans ma trop brève analyse de la pièce, que le colonel Guérin fils engage ses appointements pour racheter le château de Valtaneuse et le restituer à l'inventeur, dont il épouse la fille.

FIN

TABLE DES MATIÈRES

	Pages.
Porte Saint-Martin. — *William Shakspeare*	1
Vaudeville. — *Dalila*	6
Gymnase. — *Les Comédiennes*	12
Gaîté. — Reprise d'*Antony*	20
Comédie-Française. — Reprise des *Comédiens*	25
— Madeleine Brohan	1
— Reprise de *Bertrand et Raton*	32
— Reprise de *Philiberte*	35
Cirque impérial. — *Le Roi Lear*	41
Comédie-Française. — Augustine Brohan	46
— *Le Pamphlet*	51
— *Le Fruit défendu*	61
Au petit-fils de M. Legouvé en son berceau	67
Comédie-Française. — Reprise de *Chatterton*	69
Vaudeville. — *Les Fausses Bonnes Femmes*	76
Comédie-Française. — Rachel	84
Gymnase. — *Le Fils naturel*	89
Comédie-Française. — *Les Doigts de Fée*	98
Gaîté. — *Germaine*	103
Vaudeville. — *Les Lionnes pauvres*	110
Gymnase. — *Les Trois Maupin, ou la Veille de la Régence*	119
Gaîté. — *Cartouche*	126
Porte Saint-Martin. — Reprise de *Richard Darlington*	131
Variétés. — *Le Capitaine Chérubin*	136
Gaîté — *Micaël l'esclave*	141

	Pages.
Fabre d'Églantine.	147
Gymnase. — Reprise de *Marie ou Trois Époques*.	150
Ambigu. — *Le Roi de Bohême et ses sept châteaux*	155
Vaudeville. — *Ce qui plaît aux Femmes*	162
— *Rédemption*	167
Odéon. — *L'Oncle Million*	173
Comédie-Française. — *Les Effrontés*	178
Vaudeville. — *Je vous aime*	185
Porte Saint-Martin. — *Les Funérailles de l'honneur*	187
Relâche.	194
Gymnase. — *Piccolino*	198
Dufresny.	202
Rose Chéri.	205
Bourguignon.	211
Comédie-Française. — *On ne badine pas avec l'amour*	213
Odéon. — *Gaëtana*	220
— *La Dernière Idole*	225
Comédie-Française. — *La Loi du cœur*	228
— *Dolorès*	232
Odéon. — *Le Mariage de Vadé*	237
Comédie-Française. — *Le Fils de Giboyer*	241
Odéon. — *Misanthropie et Repentir*	251
Samson.	257
Porte Saint-Martin. — Reprise de *Don Juan de Marana*	259
Vaudeville. — Reprise des *Ressources de Quinola*	269
— *Les Diables noirs*	273
— *Monsieur et Madame Fernel*	278
Comédie-Française. — *Moi*	283
Gymnase. — *L'Ami des Femmes*	288
Comédie-Française. — Reprise du *Gendre de M. Poirier*	293
Victoria.	298
Porte Saint-Martin. — *Les Flibustiers de la Sonore*	302
Comédie-Française. — *Maître Guérin*	308

TABLE DES NOMS PROPRES

A

About, 102, 220.
Aimard, 302.
Alexandre, 201.
Allan (madame), 46, 81, 210.
Alphonsine, 211.
Anaïs, 286.
Ancelot, 150.
Ancelot (madame), 150.
Andrieux, 25, 60, 61.
Apulée, 55.
Aristophane, 245.
Arnal, 23, 107, 140, 194.
Arnould (Soph.), 49.
Aubigné (d'), 55.
Aubryet (X.), 17.
Augier (E.), 35, 110, 178, 214, 289, 293, 308.
Avenel, 194.
Avrigny (d'), 13.
Aycard (Marie), 17.

B

Bache, 196.
Balzac, 8, 56, 81, 88, 103, 246, 268, 278.
Banville (Th. de), 204, 261.
Baour-Lormian, 28.
Barré, 204, 210.
Barrère, 147.
Barrière (Th.), 76, 289, 300.
Barthélemy, 56.
Barthet, 47.
Bayard, 79, 208, 288.
Beaufort (de), 114.
Beaumarchais, 46, 48, 51, 56, 91, 103, 110, 136, 253.
Beethoven, 262, 263.
Belloy (de), 17, 196.
Béranger, 56, 57.
Bernard (Ch. de), 32, 223.
Berton, 276, 306.
Berquin, 52, 64.
Biéville (de), 15.
Binet, 218.
Blaze (Henri), 261.
Bocage, 3, 187.
Boccace, 47.
Boisseaux, 119.
Borel (Petrus), 29.
Bouchardy, 141.
Bouffé, 258.
Bouilhet, 172, 224, 232.
Bouilly, 64.
Bourg-Saint-Edme, 74.
Bourguignon, 211.
Boyer (Philoxène), 204.
Bressant, 292, 297.
Brindeau, 171, 186.
Brohan (Augustine), 46, 210.

Brohan (Madeleine), 30.
Buloz, 56.
Byron, 8.

C

Caignez, 141, 299.
Caylus, 238.
Calonne (de), 13.
Camoëns, 74.
Capendu, 76.
Carmontelle, 32.
Cartouche, 126.
Cellier (mademoiselle), 281.
Champmêlé, 260.
Chapisseau, 206.
Chateaubriand, 28, 56, 81.
Chenier, 148.
Chéri (Rose), 39, 93, 153, 154, 171, 205, 292.
Clairville, 194, 207.
Cizos, 205.
Colin d'Harleville, 25, 61.
Cormenin, 56, 57.
Corneille, 85, 235, 275.
Corneille (Thomas), 260.
Coton (Jérôme), 298.
Courier (Paul-Louis), 51.
Crémieux (Hector), 102.
Crisafully, 41, 278.
Cuilhava, 284.

D

Darthenay, 16.
Daudet (Alph.), 225.
Daumier, 201.
Déjazet, 136.
Delaage, 91.
Delaporte (mademoiselle), 18, 125, 154.
Delaunay, 54, 218, 246, 249, 311.
Delavigne (Cas.), 25, 61.
Denis (Ach.), 16.
Derval, 154.
Deslandes (Raym.), 16, 300.
Desnoyers (Fernand), 15.

Devicque, 41.
Diderot, 89, 110, 196.
Didot, 154.
Dinaux, 131.
Dorimont, 259.
Doucet (Camille), 61.
Ducange, 141.
Dubois (Emilie), 286.
Duboys (J.), 236.
Duchesnois (mademoiselle), 85.
Ducis, 25.
Dufresny, 202.
Dumaine, 129, 146.
Dumanoir, 136, 288.
Dugué (F.), 12, 61.
Dumas (Alex.), 3, 20, 25, 32, 36, 44, 49, 56, 123, 131, 141, 259.
Dumas (fils), 80, 89, 104, 208, 288, 310.
Dupuis, 292.
Duval (Alex.), 5, 61, 148.
Duvelleroy, 201.
Duvert, 282.

E

Empis, 28, 154.
Empis (fils), 37.
Ennery (d'), 102, 126, 246.
Epagny (d'), 28.
Essler (Jane), 271, 281.
Euripide, 85.

F

Fabre d'Eglantine, 147.
Fargueil, 170, 171, 210, 276.
Fauchery, 82.
Favart, 271.
Favart (mademoiselle), 218, 250, 311.
Félix, 143, 171, 276.
Feuillet, 6, 167, 289.
Fiorentino, 13, 196.
Fix (mademoiselle), 54, 195.
Fleury (Emma), 218.
Florian, 200.

Foucher (Paul), 13.
Foussier, 110.
Frédérick Lemaître, 126, 132, 135.
Freron, 55.

G

Garcin, 205.
Garnerin (mademoiselle), 26.
Gautier (Th.), 85, 195.
Geffroy, 54, 69, 311.
Gérard de Nerval, 74, 256.
Ghérardo, 283.
Gœthe, 51, 164, 263.
Geoffroy, 18, 286.
Georges (mademoiselle), 85.
Got, 18, 29, 183, 184, 231, 246, 249, 286, 311.
Gouges (Olympe de), 139.
Gozlan, 16, 269.
Grassot, 212.
Grécourt, 129.
Grosley, 238.
Guinot, 17.

H

Heine, 55.
Henri IV, 203.
Horace, 10, 196.
Houdin (Robert), 122.
Houssaye (Arsène), 28, 240.
Hugo, 3, 25, 36, 56, 86, 103, 140, 185, 193, 223, 263.
Hugo (Charles), 185.
Hugo (François-Victor), 185.
Hyacinthe, 197.

J

Janin (J.), 18, 86, 103, 196.
Jenneval, 194.
Johnson, 55.
Journet (Jean), 44.
Jouvin, 13, 208.
Judith, 39.

K

Kopp, 197.
Kotzbue, 251.

L

Labiche, 282.
La Chaussée, 228.
Laclos, 147, 289.
Laferrière, 23, 135.
Lafont, 105.
La Fontaine, 223.
Lafontaine, 11, 171, 286, 300, 311.
Lamartine, 81.
Lambert-Thiboust, 136.
Lamennais, 56, 57.
Landrol, 154, 201.
Lassagne, 212.
Laurencin, 79.
La Touche, 270.
Laurent (madame), 191.
Laurent-Jan, 271.
Lausanne, 282.
Laya (Léon), 148, 228, 309.
Lebrun, 86, 115, 116.
Leclercq (Th.), 32.
Legouvé (Ernest), 51, 67, 98.
Legrand, 126, 130.
Lemercier, 86, 270.
Lemoine (Gust.), 288.
Léonard, 215.
Lepeintre aîné, 71.
Lépine (Ernest), 225.
Leroux, 149.
Lesage, 110, 202.
Lesueur, 18, 286, 184, 201.
Linguet, 56.
Lope, 27.
Luce de Lancival, 29.
Luchet, 56.
Lucien, 55.
Lurine, 16, 162, 300.
Louis XIV, 203, 204.
Louis XVIII, 56.
Louis-Philippe, 34, 100.

M

Madelène (Henri de la), 305.
Maintenon (madame de), 120.
Maquet, 128, 44.
Marc-Fournier, 188.
Marmontel, 57.
Marivaux, 31, 40, 48, 110, 213.
Marquet (Delphine), 128, 165.
Mars (mademoiselle), 153, 210, 286.
Martial, 55.
Martin (E.), 282.
Matharel, 154.
Maubrant, 195.
Maurepas, 238.
Mazères, 28, 92.
Meley, 207.
Mélingue, 4, 44, 146, 160, 247.
Mérimée, 33, 262, 263.
Méry, 56, 262.
Meurice, 155.
Meyerbeer, 139.
Michelet, 56.
Mirabeau, 8.
Molière, 26, 30, 41, 42, 45, 48, 126, 134, 149, 259, 260, 263, 268, 284, 294, 300, 301.
Moncrif, 238.
Monfleury, 48.
Monnier (Henri), 242.
Monrose (L.), 195, 219.
Montalembert (de), 245.
Montigny, 14, 122, 183.
Monvel, 56.
Montaigne, 37.
Moreau le jeune, 218.
Mürger, 184.
Musœus, 253.
Musset (A. de), 10, 31, 33, 48, 81, 115, 116, 262, 140, 163, 168, 213, 300.

N

Najac (de), 220.
Nathalie, 204, 207, 250, 311.
Nezel, 126.

Nisard (Désiré), 41.
Nodier, 17, 159.
Numa, 276.

O

Overnay, 126.

P

Page (mademoiselle), 194.
Pagès (Alph.), 251.
Pailleron, 221.
Palissot, 178.
Pelletier-Volméraye, 111.
Perceval-Grandmaison, 28.
Percy (Ch.), 130.
Picard, 25, 36, 92.
Pineux, 5.
Piron, 26.
Pixérécourt, 299.
Planche, 263, 264.
Plessy (madame), 70, 183, 250, 311.
Plouvier, 289, 300.
Ponsard, 4, 44, 162, 182.
Pradeau, 196.
Prémaray (de), 13.
Prévost (l'abbé), 8.
Privat d'Anglemont, 242.
Provost, 70, 183, 219, 249, 297.
Pyat (Félix), 56.

Q

Quinet, 56.

R

Rabelais, 56.
Rachel, 39, 46, 83, 140, 210.
Racine, 85.
Rancourt (mademoiselle), 85.
Raousset-Boulbon, 302, 303.
Ravel, 107, 194, 231.
Regnard, 48, 293, 294.

Regnier, 54, 183, 286.
Rembrandt, 168.
Reynaud (Ch.), 37.
Ribes, 171, 224, 252, 253.
Richelieu (cardinal de), 247.
Rolland (Amédée), 221, 236, 302.
Rolle, 154.
Romand, 86.
Rossini, 8.
Rousseau (J.-J.), 20.
Rouvière, 42, 69, 188, 191.

S

Samson, 70, 183, 249, 257.
Sand (George), 44, 92, 208, 274.
Sand (Charles), 255.
Sandeau, 116, 167, 293.
Sainte-Foy, 140.
Saint-Phal, 252.
Saint-Victor (de), 13, 196.
Saint-Ybars, 194.
Sardou, 198, 213, 231.
Schiller, 27.
Scribe, 13, 32, 36, 59, 78, 98, 110, 175, 248, 299.
Scudéry, 26.
Second (Alb.), 15.
Sedaine, 208, 213, 231.
Shakspeare, 3, 27, 41, 42, 155, 164, 263.
Sénèque, 85.
Socrate, 245.
Solar, 17.
Soulas d'Allainval, 293.
Staël (madame de), 28.
Struensée, 34.

T

Tallemant des Réaux, 158.
Talma (madame), 252.
Tellez, 260, 261.
Théaulon, 246.
Thuillier (mademoiselle), 223.
Topfer, 199.

U

Ulbach, 278.

V

Vacquerie, 187.
Vadé, 237, 238.
Vatel, 194.
Vergier, 129.
Véron (le docteur), 47.
Victoria, 18, 201, 210, 298.
Viennet, 28.
Vigny (A. de), 36, 44, 69, 81, 274.
Villiers, 259.
Voillemot, 199.
Voltaire, 20, 56, 91, 162, 163, 196.
Volnys (madame), 207, 208.

W

Wafflard, 163.

X

Xerxès, 113.

www.ingramcontent.com/pod-product-compliance
Lightning Source LLC
Chambersburg PA
CBHW071240160426
43196CB00009B/1129